管理的气质

秦 虹 著

东南大学出版社
·南京·

内容简介

本书对企业经营以及日常生活中撷取的一些案例、故事进行鲜活生动的管理学解读,使读者在轻松愉快中了解管理的相关原理及前沿管理思维。

图书在版编目(CIP)数据

管理的气质/秦虹著. —南京:东南大学出版社,2014.12

ISBN 978-7-5641-5334-2

Ⅰ.①管… Ⅱ.①秦… Ⅲ.①企业管理—通俗读物 Ⅳ.①F270-49

中国版本图书馆 CIP 数据核字(2014)第 270814 号

管理的气质

出版发行	东南大学出版社
社　　址	南京市四牌楼 2 号　邮编　210096
出 版 人	江建中
网　　址	http://www.seupress.com
电子邮箱	press@seupress.com
经　　销	全国各地新华书店
印　　刷	南京玉河印刷厂
版　　次	2014 年 12 月第 1 版　2014 年 12 月第 1 次印刷
开　　本	700 mm×1 000 mm　1/16
印　　张	17.75
字　　数	300 千
书　　号	ISBN 978-7-5641-5334-2
定　　价	36.00 元

本社图书若有印装质量问题,请直接与营销部联系。电话(传真):025-83791830

自　序

　　气质是一种非常微妙、抽象的存在,但它又是毋庸置疑的一种存在。人们常常会用诸如沉稳、胆识、细心等词语来形容气质,人们也常常喜欢用"气质不错"去赞美他们欣赏的人。大千世界,人的气质真可谓丰富多彩,气象万千,当一个人身处群体组织中时,神奇的气质就会如春风化雨般融入他们所从事的管理活动,于是就会在不知不觉中使组织被赋予复杂多样、超乎想象的气质,从而也使得了无生趣、一板一眼的管理活动充满了一种富有魅力的独特的气质。

　　谷歌的创始人是两位充满活力和想象力的年轻人,于是他们创建的公司总是给人年轻的感觉,总是在不经意中就扮演了朝气蓬勃的弄潮儿的角色,推出了很多充满奇妙想象力令人眼花缭乱的产品,不断给 IT 产业带来各种惊喜。但作为一个年轻的公司,生机盎然的另一面就是年轻人特有的初生牛犊不怕虎般的无所顾忌,因此伴随着这个公司蓬勃发展的除了花样不断翻新的各种 IT 产品,还有不断被报道出来的谷歌进入不同国家市场过程中与当地政府产生的冲突。比如最近,谷歌又和欧盟杠上了,谷歌因自身利益肆意操纵搜索结果而遭致欧盟的反垄断诉讼。总之,如果要勾勒谷歌的企业形象,在我看来,谷歌具备非常典型的精力充沛但又不时触犯点禁忌的年轻人的气质。

　　前几天,苹果推出了第六代 iPhone,尽管也在果粉中掀起不小的狂欢气氛,但已经失去了其鼎盛时期的那种强烈的王者归来般的乔布斯气质。乔布斯的性格中有一种强烈的表现欲,有艺术天分,积极进取,对自己和产品有苛刻的美学迷恋,自恋,易怒,有控制癖,这些良莠掺杂的气质特征使乔布斯时代的苹果公司也融入了浓重的乔布斯气质,体现在其产品上就是从内到外无与伦比的精致,因为他绝不能容忍平庸,基于对自己产品深入骨髓的自信,乔布斯甚至不屑于像大多数公司那样动用著名时尚明星来宣传产品,总是傲娇地穿着他那身简洁之至也经典之至的黑体恤加洗旧的牛仔裤,充满自豪如数家珍地介绍他那些"此物只应天上有"般的产品,当然,能让无可救药的完美主义者乔布斯都感到骄傲的产品,可想而知其在普通消费者中会掀起怎样的轰动效应。这种"乔式"气质所产生的气场效应即使在乔布斯逝去几年后都能从苹果公司及其产品中强烈地感觉到。

被称为日本"经营之神"的稻盛和夫先生是一位优秀的企业家,同时也是一位虔诚的佛教徒,因此他将佛教的悲悯情怀深深地融入企业经营中,形成独特的经营哲学。他特别强调在企业经营活动中对人与自然发自内心的敬畏之情,2009年,已经年近80岁的稻盛和夫先生原本打算潜心佛学,安度晚年,但当时世界第三大航空公司日本航空因经营不善,面临巨额债务,濒临破产边缘,日本政府特别邀请稻盛担任日航总裁,希望他能拯救日航。此时的稻盛和夫已经功成名就,但他临危受命,凭借自己一直坚持的经营哲学和与此一脉相承的经营方式,充分尊重员工,将员工的利益放在非常重要的位置,并推己及人地将这种对人真心诚意地尊重的理念融入到对旅客的服务中,使得日航的每一位顾客充分享受到具有浓重的人文情怀的优质服务,真正做到"物心两面"一致。稻盛的不懈努力,力挽狂澜,使日航在稻盛入主企业后的第二年,就成功实现扭亏为盈,同时也使日航的企业形象增加了更多基于稻盛个人气质的企业气质。稻盛和夫还投入很多的财力与精力,创办企业经营管理培训机构"盛和塾",免费为来自世界各地的创业者进行企业管理培训,他经常亲自为学员们授课,传授他带有强烈社会责任感的企业经营理念,"盛和塾"开办多年,培养和启迪了大批优秀创业者的同时,也使稻盛和夫特有的企业管理气质产生了巨大的影响力。

江志强,这个极其普通的名字很多人可能不太熟悉,但如果将他和《卧虎藏龙》《色·戒》《寒战》《金陵十三钗》《英雄》《不能说的秘密》《海洋天堂》等这样一些既叫好又叫座,既有优质艺术品质又有良好票房价值的电影联系在一起时,他的形象立刻就给人高大上的感觉,他是上述所有这些电影的投资人和发行人。他是商人,但他更是一位热爱电影的骨灰级影迷,多年从事电影制作的经历,使他有机会接触到全世界最优秀的电影作品,这种欣赏电影的"近水楼台"不仅使他对电影艺术产生了极大的兴趣,而且也培养了他卓越的电影品位。作为商人,他需要考虑投资的商业效应;而作为一位执着的电影资深发烧友,他更不能容忍自己去投资缺乏艺术品质的电影。这两种奇妙的气质特征同时在这个人的头脑中博弈,其结果就是那些我们所看到的令人爱不忍释、愿意不断重温的高品质电影。

综上所述,管理是有气质的,这气质从本源上说来自于不同组织中从事管理的人,尤其是一个组织的创始人,而一个具有独特气质的组织反过来又会影响到组织中的所有人,于是人与组织耳鬓厮磨,不知不觉中就养育了组织繁花似锦的管理气质。

上述这些经典案例让我们在看到这些具有独特气质的企业家造就成功而富有独特管理气质的企业的同时,也给了我们更多的启示。优秀的管理气质应该被欣赏,更应该被触类旁通地学习、效仿,如果有一天能将这些气质不失时机、恰如其分地融入自身的气质中,不同气质的碰撞、博弈就有可能产生不同凡响的化学效应。这些皆为笔者对气质的个人解读,权作抛砖引玉,以使读者在读本书时能有更多思索和评判的快乐与收获。

是为序。

秦　虹
2014 年 11 月 19 日

目 录

专题一　企业管理　　1

1　柯达：成也胶卷，败也胶卷　　3
2　乔布斯的苹果——有一个缺口　　5
3　乔布斯的角色启示　　7
4　小聪明与大智慧　　9
5　王老吉商标之争：拿得走的与拿不走的　　12
6　小卡片后的大营销　　15
7　也谈诚信　　17
8　由"没有想到"所想到的　　19
9　由"限塑"想到的　　21
10　质疑的底限在哪里？　　23
11　逛先锋书店之胡思乱想　　25
12　境界——读巴菲特　　27
13　简约与复杂　　30
14　纠结的较量　　32
15　制服　　35
16　没有烟花爆竹的春节将会如何？　　37
17　当梦想照进橙园——从褚橙说企业家精神　　39
18　从阿里巴巴看电子商务的虚与实　　42
19　跨界　　45
20　"两匹马"的战争　　47
21　免费模式背后的颠覆式价值链　　49
22　"土豪"是怎样练成的　　51
23　小米的蓝海生态　　53
24　关于转基因的纠结　　56

25	春晚大牌集体走音:这是肿么了?	59
26	竞技的魅力——失败也英雄	61

专题二　他山之石　63

1	致命的方法论	65
2	蓝天白云之梦	69
3	蓝天白云之梦(二)	73
4	文化之城魏玛	78
5	印记	80
6	二郎寿司的经营哲学	82
7	一个高科技的悖论——看纪录片《食品公司》	85
8	刺猬的困惑	88
9	德国职业教育中的"铁三角"	90
10	丛林	92
11	投资与投机	95
12	美剧的致命武器	97
13	一张纸的环保旅程	100
14	遇见另一个自己	102
15	由探春和王熙凤的管家模式所想到的	105
16	企业家的哲学情怀	108
17	激情的力量	111

专题三　看电影学管理　113

1	颠覆——看《点球成金》	115
2	电影是艺术与商业的博弈——对国产电影的管理学思考	118
3	于无声处,在黑白间——看《艺术家》	121
4	奇幻的真实与真实的奇幻	123
5	救赎	125
6	奥斯卡的回归	128
7	不止是一场风花雪月的事——看电影《日出之前》和《日落之前》	130
8	成为简·奥斯汀	132

9	当理想照进现实——看《白色巨塔》	134
10	国王的梦想	137
11	海豚在哭泣——看《海豚湾》	140
12	有一种精神叫专注——看《让子弹飞》	143
13	在世界转角遇见爱	146
14	天使在人间	149
16	白天鹅与黑天鹅	152
16	边缘	155
17	她	157
18	谜一样的双眼	160
19	命运的玄机——看《死神来了3》	162
20	如果爱——看《生死朗读》	164
21	我爱电影	167
22	一首优美得有些忧伤的诗——看《天堂电影院》	170
23	约定——看《我与狗狗的十个约定》	173
24	永远的奥黛丽·赫本	175

专题四　生活中的管理　　177

1	宗教的启示	179
2	感恩	181
3	花模样,玉精神	183
4	精灵一般的女人	185
5	拿什么拯救孤独?	188
6	你好,忧郁!	190
7	人生,诗意还是失意	192
8	说吧,就说你笨吧!	194
9	苏轼的政治智慧	196
10	最初的与最终的梦	198
11	做人如做事,做事如做人	200
12	悲情波兰	202
13	诗歌是一种崩溃的东西	204

14	看博客与写博客	206
15	昆曲之美——看青春版《牡丹亭》	208
16	另一种学习	210
17	如果我是那头公牛	212
18	生命的绚烂	214
19	我看于丹	216
20	一只特立独行的猪	218
21	向孩子学些孩子气——有感于网友的创意六一	220
22	旅途	222
23	烹饪之乐	224
24	人生如戏	226
25	早生活	228
26	中秋记事	230
27	一位奇迹般的女人，一本奇迹般的书	232
28	多年长辈成兄弟	234
29	小弟的管理"追求"	236

专题五　管理论文　　　　　　　　　　　　　　　239

1	提升"中国制造"的质量竞争力	241
2	提升高职院校产教结合执行力的途径	247
3	构建能力导向的高职院校管理学实训体系	253
4	基于能力提升的高职院校管理学教学模式探析	259
5	以可持续发展为导向的中小型电器零售企业物流绩效管理	263

跋　兰心蕙性的小妹　　　　　　　　　　　　　　269

专题一
企业管理

无论是从现代管理的起源,还是从现代管理诞生后与企业发展相辅相成、相互促进的关系看,管理与企业都如影随形,它们的相互结合给这个世界带来了令人惊叹的奇迹。

1 柯达：成也胶卷，败也胶卷

柯达挂了，挂得如此迅速，如此悲情。

曾几何时，柯达几乎就是影像行业的代名词。在过去的一个世纪，无论是世界历史上发生的那些重要时刻，还是我们每一个地球人生活中一些弥足珍贵的美好瞬间，都离不开柯达胶卷强劲的技术支持。

在上个世纪八九十年代，具有鲜明特色的柯达胶卷冲印店遍布大街小巷，"傻瓜相机"与柯达胶卷和那个年代最流行的歌曲、最新潮的服饰一起，作为一种标志性的文化符号，深刻地存留在了人们的集体记忆里。

"我能做的都做了，是不是还有什么在等着我？"1932年，处于事业高峰的美国胶片巨头柯达公司创始人乔治·伊斯特曼因疾病自杀前留下这样的遗言。这句遗言，从很大程度上也反映了这位伟大的企业家求新求变的经营理念和强烈的忧患意识。

回顾柯达公司130多年的发展历程，重温对于柯达公司来说那些流光溢彩的重要的华彩段落，不难发现，几乎都伴随着令人眼花缭乱、充满创意的各种创新。

事实上，柯达公司以其百多年的扎实积累，厚积薄发，造就了自己在影像行业的辉煌，尤其是柯达胶卷的巨大市场份额也在情理之中。

看到一个统计，2003年，柯达仅在中国就拥有8 000家连锁冲印店，这就不奇怪为什么那个年代满世界都是柯达专卖店了。由此也可以看出，柯达巨大的市场规模。

但美人终会迟暮，柯达也终难永葆青春。

在柯达的巅峰期，胶卷业务曾为其带来了巨大的商业收益，在"胶卷时代"柯达曾占据全球2/3的市场份额，柯达品牌的胶卷几乎成了胶卷的代名词，正因为如此，柯达的决策层对这项业务沉溺得不顾一切，难以自拔。以至于严重忽视了曾与公司发展如影随形的创新与变革理念，流连在既往传统的产业和品牌美梦中徘徊不前。

岂不知市场不相信品牌,只相信该品牌后面的产品所彰显的市场魅力。以往消费者青睐柯达,并不仅仅因为柯达本身,而是因为柯达的产品有着它致命的吸引力。可有一天,当这些曾经让消费者着迷的产品特质不复存在的时候,就会被毫不留情地淘汰。这才是市场不变的规则。

人们作为其他角色的时候,也许有一种名叫"忠诚"的可贵的性格特点,可一旦自己的角色转换为消费者的时候,立刻就会毋庸置疑地显示见异思迁的一面。柯达从1997年的市值310亿美元,跌到目前的21亿美元就是一个明证,柯达还在那里,但市场已不在原地了。

原本,企业潜心于其核心产品,将产品做深、做透、做到极致,这是一个不错的经营思路,但这种执着必须建立在市场需求这一基础之上。其实,柯达以往在影像行业所取得的辉煌业绩,也跟其经营者们适时瞄准市场需求甚至让产品超越市场预期,从而令消费者产生惊喜感有很大的关系。

以往没有数码相机的时候,传统相机就成了消费者别无选择的选择,柯达占领了先机,因而能在胶卷业务上取得巨大成功。但进入数码时代,数码相机所拥有的传统相机所无可比拟的优势,使数码相机成了传统相机难以逆转的替代者,在这种情况下,柯达如果不能赋予传统相机以更新更炫的性能,那么,胶卷就会立刻由"掘金者"的角色转换为它的"掘墓者"。

看到一则报道,说柯达通过百年积累,拥有1 100多项专利,可想而知,柯达胶卷的恢宏业绩与背后这强大的技术支撑不无关系。但柯达不是充分利用这些珍贵的资源为下一步的业务发展做准备,而是东奔西跑,联络相关企业试图出卖这些专利,以期获取周转资金,不由唏嘘:柯达这是怎么了?这无异于饮鸩止渴啊。

柯达有过这样自豪的口号:"你只要按下快门,其他的交给我们。"但现如今,也许最具有讽刺意味的在于,在按下快门以后,柯达公司可能将长久定格于灿烂辉煌的过去了。

在这个变革日新月异的时代,唯有"变革"才是不变的道理。不在变革中涅槃,就在变革中灭亡。

柯达真可谓是成也胶卷,败也胶卷。由此看来,胶卷本身没有问题,问题是柯达该如何在胶卷上做文章,并做出像它以往所做的那些"锦绣文章"。

2012 年

2 乔布斯的苹果
——有一个缺口

世界上最爱苹果的那个人走了!

尽管如今,苹果已成了这个世界很多消费者爱不释手的东西,并且罕见地拥有众多苹果粉丝,但他们更多的是爱苹果那超凡脱俗令人炫目的性能,还有那简洁到极致也美到极致的外型设计。只有他,才是那个对苹果倾注了最深的爱的人,因为是他一手缔造了苹果,他是苹果的灵魂。

不知最初是源于什么构想,使他确定了苹果的经典商标——一个像是被咬了一口的苹果。但是,我总觉得,这个商标似乎从一开始就预示了乔布斯和苹果纠缠不清的渊源和宿命。

他性格暴戾、桀骜不驯,同时他又有着无穷无尽的想象力和创造力,是一个典型的矛盾结合体。

他的性格让很多与他共事的人生厌,他刚愎自用,对同事苛刻之极,为此,他甚至在一段时间里被赶出了他自己一手缔造的苹果公司。但谁也无法否认,乔布斯对苹果无可替代的影响力,以及他对苹果刻骨铭心的钟爱。在他眼里,苹果已经不仅仅是一个在制造一件件产品的公司,而是他倾尽全力精心打造的珍宝,代表了他与众不同的存在方式和生活态度,是他人生不可或缺的组成部分。

乔布斯就像苹果商标上的那个缺口,似乎是完美中的缺陷,但凭借他对完美的近乎苛刻的追求以及他独特的审美,成功地让人们相信那缺口的不可或缺,因为恰恰是那个缺口又体现了致命的特立独行的美,这种美就像毒品,让人沉溺其中欲罢不能。

由此,他所缔造的苹果公司也打上了深深的乔布斯烙印,这种烙印在苹果的各款经典产品中得到了淋漓尽致的体现——无所不用其极地对完美的追求。比如:他坚持要求,哪怕消费者看不到,苹果产品的内部也必须美观,最后焦头烂额的只会是苹果的工程人员。再比如,典型苹果产品非白即黑的色彩和简约的外形设计，就像乔布斯在公众面前几乎一成不变的形象：一件黑色的套头 T 恤＋牛仔裤＋白色运动鞋，简单却尽显独特的乔氏气质，随和之中带着低调的霸气。

尽管他的个性很多时候不那么讨人喜欢，但他对苹果的影响力已经超越人们尤其是和苹果有关的利益相关者对他个人的喜好，苹果和乔布斯已融为一体，密不可分。有了乔布斯，苹果就算有缺口但仍然会鲜活灵动，因为他会用各种方式使那个缺口显示其独特的存在感；没有了乔布斯，苹果就会失去活力，了无生趣。正因为如此，在遭到了苹果公司的遗弃以后，他最终仍能以无与伦比的能量和勇气实现王者的回归。

乔布斯有句名言：活着就为改变世界！他以 iPod 更新了人们欣赏音乐的体验，他凭 iPhone 赋予了人们对手机概念的重新理解，他用 iPad 改变了人们多年形成的电脑使用模式。凡此种种，其中任何一项成就都足以证明他的预言绝不是大言不惭的豪言壮语。

这个世界有很多优秀的企业家，但像他这样使其产品完美地融合了实用性、前沿性和艺术性的，同时又对产品的未来具有很强预见性的实属凤毛麟角，唯其如此，才使乔布斯和他缔造的苹果世界显得如此的流光溢彩。

时光和坎坷的经历，将他从一个偏执、自私、无所畏惧，对家庭缺乏责任心的"愤青"乔布斯变成了如今谦和、隐忍、深爱家庭的拥有骄人业绩的苹果帝国的"乔帮主"，变成了万众瞩目的名人和偶像，但似乎总有一些缺憾。

纵观他辉煌夺目而又短暂的一生，总觉得他在有意无意地用有生之年的几乎所有时间来缔造完美，是个无可救药的完美主义者，可当他终于让自己的人生和事业几近完美达到巅峰时，也恰恰到了他必须离开这个世界的时候，这真是一个难以调和的无奈的悖论！

乔布斯走了，不知道没有了乔布斯的苹果将会有着怎样的发展趋势，但可以确定的是，乔布斯将会是苹果的发展历程中永远都无法弥补的缺口！

乔布斯时代，赋予这缺口以无穷的魅力与新意，后乔布斯时代，将会赋予这缺口以什么呢？

2011 年

3 乔布斯的角色启示

最近在看一部乔布斯的传记,名叫《缔造苹果神话》。传记没有一味美化乔布斯,个人认为作者从很大程度上展现了一个更加真实的乔布斯,更重要的在于本书还澄清了过往我对乔布斯的一些误解。

原本一直坚信乔布斯是一位对硬件和软件都很在行的技术专家,通过传记的描述才知道,乔布斯其实并不是一位学有专攻的技术专家。

他在苹果公司扮演的角色更像是饮食行业的美食评论家。

对于一个天才的美食评论家来说,虽然他不会做菜,但他能品出菜的成分组成、口味好坏以及厨师的烹饪水平的高低,甚至还知道将哪些食材搭配在一起能打造出精美而独具口感的菜肴。美食家看待菜肴的角度和厨师及普通食客都全然不同:在厨师的眼里,他们是最苛刻也最能看出门道的食客,时刻鞭笞着厨师们不断改进技艺,做出色香味更加精美的菜肴;在食客的眼里,他们又是最专业的美食引导者。正因为如此,在饮食行业,美食评论家的作用不可或缺、至关重要。

其实,岂止是饮食行业?任何一个行业都需要这样一些天才的鉴赏者和引导者。乔布斯就是IT行业不可多得的鉴赏者和引导者。他凭借自己对IT行业天然的敏锐感觉、天才的资源整合能力以及对未来准确的洞察力,起到了任何一个软件和硬件专家都难以起到的作用。他不会写程序,但他却对软件的质量水平及如何恰如其分地在整体产品中发挥作用有着独特的嗅觉;他不擅长硬件产品的制造,但他却有着对产品款式性能的独特审美和预见。他善于品鉴和预知哪些硬件和软件要素进行组合可能创造出对顾客产生致命吸引力的产品。他以一个极度苛刻的消费者对产品使用体验极致完美的要求去监督和促进他的下属在产品的各个方面都做到尽善尽美。他总能准确地预见到什么样的"菜"才是顾客的"菜",或者与其说他能预见,倒不如说他对产品的要求之高完全超出了消费者对完美产品的预期,当一件比消费者预想的还要完美的产品呈现在眼前时,消费者的反应就可想而知了。

惟其如此，在书中的很多章节都会有这样的情节，即一些技术专家私底下经常对乔布斯的一些"不够专业"的要求和行为嗤之以鼻，但谁都难以否认，乔布斯所起的作用是任何人都无可替代的，因为他对产品的整体设计和整合有着常人所难以企及的预见性，也就是说，他是一个特殊的顾客，一个比一般顾客更专业的顾客。由于他对 IT 产业无与伦比的投入与钟爱造就了他极其敏锐的职业嗅觉，他能嗅出市场的喜好，或者说他对一些市场领域的深刻了解造就了他的市场嗅觉。

乔布斯是一个段位很高的音乐爱好者，因此他很了解一个音乐爱好者对音乐播放媒体的一些重要诉求，这本没有什么出奇的，但要命的还在于，他同时还是一个 IT 行业的经营者，于是音乐与 IT 在他的头脑中就产生了奇妙而惊世骇俗的化学效应，那就是苹果公司在全球所向披靡的 iPod 系列产品。

由于他是一个 IT 行业品味无敌的鉴赏者，所以他极度不能容忍平庸，但对真正有创意的技术及技术天才，他却很知道如何充分挖掘出这些天才的内在潜力。

对于电脑动画制作，乔布斯同样是一个门外汉，但作为 IT 行业的一个管理者，他很快意识到电脑与动画制作之间的奇妙关联以及这种关联的重大商业意义，同时他也很清楚他手下的那些电脑天才需要在什么样的工作氛围下才能灵感迸发，于是原本最喜欢对下属指手画脚，同时也貌似在资金投入方面极其吝啬的他，却在此时表现出了超乎寻常的罕见的宽容，让这些电脑动画的制作天才们释放了极大的激情与能量，通过和迪斯尼公司合作制作了《玩具总动员》《海底总动员》等叫好又卖座的动画电影，让公司赚得盆满钵满的同时，也在电脑图像制作方面积累了足够扎实和前沿的技术，为日后苹果公司的再次腾飞打下了坚实的技术基础。

管理学理论中对一个组织的主要管理者所扮演的角色诸如挂名首脑、监督者、传播者、危机处理者、谈判者等等都做了详尽的阐述与强调。但乔布斯对苹果公司的成功运营却证明了，一个好的管理者还应该是一个好的鉴赏者和评论者，能够以专业而独特的行业嗅觉捕捉到市场释放出的那些凌乱而缥缈的讯息，从而对市场做出准确的判断。

由此看来，乔布斯在苹果公司的角色给企业高层管理者的启示意义非凡：对于一个企业的掌门者来说，可以不是学有专长的专家，但必须是一个善于对产品进行鉴赏和整合、富有洞察力的综合资源配置者，并能冲破各种障碍和困难，达成目标。如此，才有可能打造出独特的产品，开辟出一片蔚蓝的蓝海市场。

2011 年

4 小聪明与大智慧

2012年,当我准备装修房子时,曾经有两个工程队进入我的选择范围,其中A工程队确切地讲是由一个承包人负责的规模很小的装修团队,而B工程队则是隶属于一家很大的销售装潢材料的外资公司。于是,我就想当然地选择了貌似更有保障的B工程队。结果证明,我的判断完全错误,真是迷信害死人啊。但这不是我要说的重点,我想说的是,在同两个工程队的接触过程中,我深刻地体会到了两个工程队反差极大的赢利思路。

B工程队就是那种完全符合人们惯常对装修公司认知的典型工程队,那就是在装修过程中,使出全身解数与顾客周旋,挖空心思力争用更少的付出获得更多的回报,所做的一切完全是唯自身利益是从,甚至不惜为了自身的小利益而牺牲顾客的大利益。这样的工程队,大家都懂的,基本上是属于装修结束后就恨不得一辈子都不要见的那种。

而A装修队呢,呵呵,由于良好的口碑,目前还一直活跃于我们小区,业务繁忙,后面跟着长长的客户队伍哭着喊着等待与其合作。

差距咋这么大呢?都是赚钱,怎么会一个成了顾客的仇人,而另一个却成了顾客的亲人?

从企业经营的角度讲,赢利是企业生存的根本,是必须的,但关键是赢利的方式和方法。按照我们最常识性的理解,一个企业理应是先真诚地向顾客提供需要的产品和服务,然后获取一定的利润。

但问题在于一些商家实际运作的时候,不知不觉中就将这"真诚"的顺序搞拧了,加到了利润的前面,满脑子"最真诚"想的都是如何获取更大的利益,而如何为顾客提供更好的产品在它们头脑中则成了最不重要、不得已而为之的事情。有了这样的想法,在做工程时偷工减料,私吞顾客的材料,不遗余力地侵害顾客的利益,凡此种种就见怪不怪了。但当他们在为自己获得的那点利益而暗自窃喜时,却没有意识到,他们已经失去了更大的利益,那就是更多的潜在客户。殊不知,赢得一个新客户比获得老客户的订单,难度要大得多得多。

上述道理,表面看来就是两家装修队如何赚钱的思路问题,但内在本质上,却涉及两种不同的经营哲学。

想起了电影《蜘蛛侠》中的一句台词:一个人有多大的能力,就应该承担多大的责任。

我觉得,对于一个企业来说,将上述台词反过来也同样成立。如果能够在赚钱之前首先主动地为顾客着想,愿意并勇于承担更多的责任,为顾客提供更优质的产品,那么就算它的能力可能有所欠缺,但却能赢得更大的市场份额,取得更具持续性的发展,因为它展示了一种超乎利益以外的品质魅力,这其实是一种更高境界的市场营销。

以客户为导向,想方设法为顾客提供尽善尽美的产品和服务。在很大程度上,每争取到一个回头客,就意味着争取到了更多的顾客,因为,每个顾客都有他(她)的社交圈,都会情不自禁地将一个人对产品的支持变成一个亲友团的共同支持。

做企业的人不笨,顾客也不傻,因为信息不对称,顾客们会在某一个时刻受骗、上当,但最终他们一定会从林林总总的企业中选出最有诚意的那一些。反过来,能经过众多顾客挑选,仍然能够被青睐的企业也一定是有定力、有实力、有潜力的企业,当然也会比那些喜欢耍点小聪明的企业取得更快更强的发展。

企业是由人来经营的,所以从某种程度上说做企业也和做人一样,其能力和能量需要兢兢业业、脚踏实地地积累,需要在市场上勤奋、诚信地耕耘,有了这种理念,才有可能取得顾客更好的口碑,形成更大的气场。

松下有一句名言:"客户是我的亲家。"在他眼里,每天所经营的商品就是自己一手拉扯大的女儿。所以,请顾客购买商品,就等于把自己的女儿嫁出去,自己的商店与老主顾的关系是亲家的关系。"宝贝女儿"的婆家就是老主顾。这种观念,一方面说明日本企业格外注重客户的利益,对产品质量要求高;另一方面,也说明了松下公司为什么能成为今天这个举世闻名的松下,这是有大智慧之企业。

遗憾的是,在另一些企业看来,他们最心爱的女儿不是产品,而是利润。这就是差距啊。

B工程队也许已然习惯于自己的这种损人利己的经营模式而难以改变,也许还会沾沾自喜于从顾客那里取得的那点额外的蝇头小利,可却不知自己是聪明精明不高明,因为这点小利益却损失了更大的利益。

而 A 工程队虽然目前规模很小,但其真诚对待顾客,不贪顾客的材料,凡事尽量为顾客着想,貌似吃亏,但却于无形中开拓出了更源源不断的市场,这才是大智慧。

道理似乎很简单,最复杂的就是如何不折不扣富有创意地去落实。

通常情况下,最有生命力的企业,一般就是最重视产品质量和顾客的企业,也就是大智慧的企业。

2012 年

5 王老吉商标之争：拿得走的与拿不走的

纷纷扰扰的王老吉商标之争以广药集团获得商标使用权而暂时告一段落。不过，国进民退，总觉得辛辛苦苦重新打造王老吉品牌，赋予其巨大商业价值的加多宝公司有点委屈。

话说，王老吉原先是广药集团旗下的一个凉茶商标，虽然是个百年老字号，但该商标隶属广药的时候，远没有如今这么价值连城、风生水起。正因为如此，广药才会愿意出让其使用权。1997年，香港鸿道集团，也就是加多宝的母公司，与广药签订商标使用协议，授权加多宝公司在内地生产红罐王老吉，而广药则自主生产销售绿色盒装王老吉。原本红罐、绿盒各自经营，倒也相安无事，甚至借助红罐王老吉的声誉日盛，广药的绿盒王老吉也生意不错。

经过十几年的苦心经营，加多宝公司将红罐王老吉打造成了市场份额达160亿的凉茶帝国，巨大的利润空间也使得广药集团收回商标的意愿越发强烈。2011年年底，矛盾终于爆发，广药以商标权到期为理由，提请中国国际经济贸易仲裁委员会要求收回商标使用权。

收回原本属于自己的商标本也无可厚非，只是当初此商标并不具有现在这样高的商业价值，这就好比广药最初借给加多宝一个鸡蛋，结果加多宝通过良好运营，将当初的一个鸡蛋发展壮大成了一个养鸡场，而广药却要借势收回整个养鸡场，并且因为广药是国有企业，政府偏偏也纵容了广药的行为，这就难免让人觉得广药有失厚道。

且不论厚道与否，那么，广药是否在未来的商业运营中真的能够完全拥有王老吉这一品牌呢？

从内涵上理解，"品牌"并不等于"商标"。"品牌"指的是产品或服务品质的综合体现。而"商标"则只是符号性的识别标记而已。相比较商标，品牌所涵盖的领域要广泛得多，包括商誉、产品、企业文化以及整体营运的管理。

在笔者看来，品牌就好比一棵开花树，而著名的品牌更好比一棵光彩照人的开花树,而商标则好比开花树上绽放的娇艳绚丽、魅力尽显的花儿,其娇艳与否以及是否能够持续娇艳而富有吸引力,并不仅仅取决于那华丽绽放的瞬间,而取决于养育了这番动人风姿的土壤、气候以及培育它的人。没有了这些,花儿的娇艳也就很难持续,并且会很快凋零。

加多宝公司用十多年的时间,精心打造王老吉这一著名的凉茶品牌,他们运用独特的营销模式,向品牌注入生机与活力,展示了在经营管理方面高质量的执行力,从而大大提升了品牌的商业价值。公司经过细致的市场调研,改变了王老吉原来偏苦的口味,赋予其更亲和的口感,将其定位为既能降火又能解渴的凉茶饮料,由此在很大程度上扩充了凉茶的目标市场。接着,他们在全国范围内精心构建销售渠道,并在传统销售渠道的基础上加强餐饮渠道的开拓与控制,推行"火锅店铺"与"合作酒店"的计划,选择合适的火锅店、酒楼作为"王老吉诚意合作店",投入资金与他们共同进行节假日的促销活动。由于给商家提供了实惠的利益,所以红罐王老吉迅速进入餐饮渠道,成为主要推荐饮品。同时还通过目标明确、定位合理的营销诉求扩大品牌的知名度,汶川地震期间,更是恰如其分地化灾难为商机,取得了社会效益与经济效益双丰收的优秀业绩和效应。正因为有了上述坚持不懈的经营运作,才使王老吉这一地域性很强的老字号凉茶品牌成功走向全国,成为国内炙手可热的饮料品牌。

再看看重新夺回王老吉商标的广药集团又是如何运营的呢?

广药集团在5月份仲裁结束后,迅速在长城上召开发布会,发表"长城宣言",决定6月份就向市场推出"广药版"红罐王老吉,并信誓旦旦地承诺,要在五年内实现300亿的销售额。为此,集团内组成四个小组,围绕王老吉商标开始了一系列营销活动。紧锣密鼓招聘3 000名快销人才,并且王老吉药业的儿童药也换上了王老吉的牌子,"金罐王老吉"绞股蓝饮料也开始在全国招商,王老吉新品类绿豆爽、固元粥和龟苓膏均已上市。不仅如此,广药还跟一些企业在洽谈合作,准备联结一些企业,树立一个新的品牌形象,雄心勃勃试图建设一个新的渠道,大有不遗余力充分全面彻底地消费王老吉商标之势。

不过,我总觉得从市场营销的角度看,广药集团这一系列的做法有点不太靠谱,不像是开展商业运营活动,而更像是在完成一项政治任务,真是很国有很国有的姿态啊。

话说回头,吹牛皮还是比较容易的,只需拍拍脑袋上下嘴皮一碰,不管牛皮吹得多大多触目惊心,反正也不用上税,但品牌的运营和维持持续的市场价值就没那么容易了,那可是需要扎扎实实的运营、执行以及一系列行之有效的商业活动来支撑的。

由此看来,广药目前只是做了一件相对容易的事情,就是通过他们最得心应手的行政手段拿走了王老吉的商标。但赋予商标以极大价值的王老吉品牌却是断断没有那么容易能拿走的,而这才是企业永续经营并良性发展的重中之重。

虽然表面看,广药显然已取得了阶段性的胜利,夺回了王老吉商标,但往长远看,围绕王老吉品牌的较量才刚刚开始。广药要想真正意义上获取王老吉品牌,必然要经过一番艰苦卓绝的努力。因为市场是不相信行政手段的,而自有它独特的游戏规则,同时消费者对品牌的认可和持续的忠诚也远不是标识化的商标能hold 得住的,一定是建立在实实在在的品牌综合效应基础上的。

2012 年

6 小卡片后的大营销

这是一个网络横行的时代,人们已经深深沉溺于通过网络做很多事,连新年祝福也改用电子贺卡很久了,因此纸质的贺卡反倒成了奇葩了。

前几天,我又收到了"一朵奇葩",不是我的朋友,而是来自于联合利华公司。

从 2006 年算起,迄今已经连续 6 年了。

六年前,超市搞促销,我买了一瓶旁氏洗面奶,当时没用,过了大半年以后当我开始用时,才发现这是一瓶有问题的洗面奶。打开盖子,膏体一面是常规的绿色,一面是不正常的红色,我用了以后,满脸血红,吓了我一跳。于是到超市去讨说法,超市按照常规让我提供发票,已经大半年了,发票早就不知被扔到什么地方去了,无奈之下,我打了产品包装上 800 开头的电话,客服听了我的描述后立刻向我道歉并同意给我换一瓶,同时迅速联系离我家最近的超市,让我到超市与他们的业务员见面,给我换货。到了超市后,又出现了让我郁闷的事,联合利华的业务员在我等了 40 分钟后也没有出现,我于是很生气地打了 800 客服留给我的南京地区的客服电话,对方听了我的电话后,很诚恳地向我道歉,5 分钟后,就联系超市给我换了货,并且告知我他们的业务员因为让我等了这么长时间将会被解雇,反倒是我觉得既然已经换到了产品,而且业务员也道了歉,就别解雇人家了。

按说,一瓶洗面奶激怒了我两次,我应该不会再用该公司的产品了,但这件事已经过去 6 年了,我仍然在使用联合利华的产品,原因在于联合利华的客户营销实在是到位。回顾 6 年前我的这个小小投诉案例,其间客服的每一次回应都可以说是到位和有效并且令我满意的,正因为如此,才使得我作为一个投诉者,能转变为公司产品坚定的支持者。

从那以后,每年的年底,我总能收到联合利华寄给我的精美贺年卡,没有任何广告,只有温馨的祝福,而且年年都能收到,从未间断。最重要的还在于,在整个过程中该公司对客户需求迅速、有效的回应,不仅成功地化解了我的不满,还能让我继续作为他们的忠实客户。对于该公司来说,我只是买了他们一瓶洗面奶的再普通不过的顾客,但由此可以看出公司客服营销的细致入微。

类似洗面奶这样的日用品,在今天从产品涉及的工艺及质量上来说已经没什么大的差别了,这种情况下,营销就显得更至关重要了。

根据统计,争取一个新客户的成本是留住一个老客户成本的好几倍。市场如战场,也需步步为营,在不断争取新客户、扩大市场的同时,维系老客户,不失去既有阵地甚至更为重要。市场营销往大了说可能涉及企业的总体战略,但在微观层面更多的就是去应对诸如各种产品投诉等小问题。但小问题处理好了,往往能起到四两拨千斤的作用。

像联合利华这样的超大型日用品公司每天要销售到市场上的产品数不胜数,就算以概率和强大的基数来统计,也可能会有很多的投诉,如果要让每天像我遇到的这种投诉都能得到良好的回应与处理,那么对公司来说就成了一项大工程,而且是有相当难度的大工程。由此可以从一定程度上折射出该公司客户营销系统的管理质量。

对于我来说,只不过是每年如期而至的一张温馨小卡片,但对于联合利华来说就意味着每年都会有天文数字的顾客需要他们如此这般的贴心维系,这就是一项不折不扣的大营销了。显然,该公司在此方面还是成效显著的。

看来大公司绝不是从天而降、一朝一夕能成就的,而是通过在经营管理各个方面的潜心积累和改进修炼出来的。

投入巨额资金进行的大张旗鼓的宣传攻势不一定就是大营销,通过对产品质量的高度关注以及对顾客润物细无声的体贴入微的服务和维系才是货真价实的大营销。

其实,不管多大的营销策略,归结到最后,都是由这点点滴滴的小营销行为构成的,认真而有诚意的营销往往能起到事半功倍的效果。

2012 年

7 也谈诚信

某天,看了一篇《美国之音》的报道,大意是说中国的食品和药品在国外遭遇了强烈的诚信挑战。我觉得这几乎是一种必然,因为食品的制假售劣在国内已是蔚然成风,司空见惯了。

最近,不论是国家的主流媒体,还是一些学术杂志,对诚信这个问题也谈得特别多,这说明,政府已充分认识到了国家诚信环境已到了需要好好整治的程度了。诚信对一个国家经济发展的重要性当然是毋庸置疑的,所以此种现象当然令人甚感欣慰。遗憾的是,尽管舆论沸沸扬扬一致强调诚信的重要意义,可现实生活中不讲诚信的现象比比皆是。经常听到这样的感叹:我们中国人的信用意识为什么那么差呢,并且还列出西方国家遵守诚信的案例以证明自己的观点是如何的中肯、正确。

那么,是不是中国人就真的无法走到诚信的轨道上来呢?是否外国人在这方面就具备天生的诚信素质呢?我觉得不尽然。前一阵子,看到世界博览上一篇文章,主要描述美国在19世纪后期,随着经济的高度发展,在对利益的疯狂追寻中很多道德沦丧的美国商人在药品和食品方面的种种恶劣之举,跟今天国内的这种现状相比,真是有过之而无不及。就拿最近的福喜事件来说,所牵涉到的这些名声如雷贯耳的企业的种种违反诚信的行为让人十分震惊并有颠覆感,但另一方面也从很大程度上证明:在面对巨大的利益诱惑并且又缺乏有效的约束机制时,人类所表现出的贪婪是非常相似的。由此看来国内目前在药品和食品行业的这种严重的制假售劣就不足为奇了,但也还没有到了令人彻底绝望的程度,应该也是一个前途光明、道路曲折的磨合与发展过程吧。

一方面,我从不同的渠道听到外国人尤其是欧美等西方国家是如何地遵守诚信,另一方面我也了解到,在这些国民遵守诚信的国家同时也具备了一系列周密、严厉的诚信保障制度,按照制度,一个人一旦违反了诚信准则将会被政府相关部门严厉惩罚,甚至倾家荡产,身败名裂。一个企业如果违反诚信,企业破产不说,所造成的后果会一直延续到子孙后代,直到清偿完毕为止,否则其下辈子将继续声誉扫地,永远无法在商场立足。而在我们国家,情况怎样呢?如果一个企业制假造假被查到,或者一个人不守商业信用,他(她)为自己不守信用所付出的成本远远低于其不守信用所获得的利益,这就难怪许多人明知不可为而为之了。如今是商业社会,那些机关算尽的聪明人头脑一转就会算出:不讲信用也没什么大不了的,而讲诚信也并没有什么额外的收益。在这种情况下,谁还会把诚信看得那么重要呢?

我国的儒家文化传统,非常崇尚道德的力量。但在今天这种错综复杂的商业环境中,一个国家要想真正树立起诚信的崇高威望,仅仅依靠道德的力量还是远远不够的,很多时候还需要板起面孔动真格的,那就是建立起完善而周密的保障诚信的制度,使不守诚信的人必须为其行为付出巨大代价,提高其违反诚信的成本。只有这样,才有可能使人们从行为上约束自己,不要踏入诚信的禁区去做不守诚信的事。

有了制度保障,再加上适度的道德教化,同时加上经济的发展所带来的国民总体素质的提高,这样,弘扬诚信的效果也许会更好一些。

诚信是一种信念,它需要国家大的诚信环境和个人的诚信意识的共同作用才能深入人心。但愿人们能够首先真诚地面对自己,以自己诚实的行为共同缔造一个至真至诚的诚信世界。

2006 年

8 由"没有想到"所想到的

今天看了网上关于2009年诺贝尔奖颁奖的新闻,从已颁布的奖项看,大多数得奖者都是美国科学家,有一位是华裔科学家高锟,很感骄傲,尽管不是大陆的学者,但也是我们民族的骄傲。

得奖的科学家中有三位在接受采访的时候都表示从来"没有想到"自己所从事的科研项目会获得诺贝尔奖。不由在心中为他们的"没有想到"而向他们致敬!

在网上查了一些资料,了解到诺贝尔奖获奖名单出炉的过程,大体如下:在每年的9月份,物理学、化学等几个不同专业的诺贝尔委员会向全球各地的数千名独立人士(具备一定资历的学者、科学家等)发出邀请,请他们推荐自己认为下一年度有望获得诺贝尔奖的候选人。候选人名单必须在第二年年初提交到不同专业的诺贝尔委员会。各委员会在评奖专家的协助下对收到的提名进行评估。要经过初选、复选等层层选拔,委员会才能完成对候选人的挑选。然后,委员会将建议上交给相应颁奖机构,各颁奖机构通过投票选出最终获奖者。在诺贝尔奖评选的整个过程中,获奖人不受任何国籍、民族、意识形态和宗教的影响,评选的唯一标准就是成就的大小。

由此可见诺贝尔奖评选过程的细致、严密,正因为如此,才造就了诺贝尔奖在国际上毋庸置疑的权威性、公正性。也就是说诺贝尔奖评选的至尊规则就是获奖者在其专业领域毋庸置疑的实力!

而上述获奖者们一句简单的"没有想到"恰恰表明了他们的治学态度和状态,没有想到不是说他们不想获得诺贝尔奖,而是因为从一开始他们就没有花更多时间去琢磨要如何做才能投诺贝尔奖评奖者所好,而是因为他们将所有的精力都投入到了自己有兴趣并深深热爱的研究领域中去了,他们沉浸在自己的研究中,忘我地享受着挑战并获得满意的答案这个过程,因为如此至尊的成就就必然需要有与之相称的忘我投入,就需要有一种与之相称的精神境界。

据北京大学生命科学学院院长饶毅介绍,本年度诺贝尔医学奖获得者伊丽莎白·布莱克本和卡萝尔·格雷德是师徒,老师是澳大利亚人,她做这项研究的时候该课题还不是一个很热门的研究,可以说她是对一个不是很热门的研究做出了重要的贡献。她的学生现在也是教授,当时是研究生,跟她一起把冷门的东西做成了热门。显然,成就,尤其是伟大的成就就像一个充满尊严的骄傲的精灵,当你心怀功利地对它谄媚时,它会对你不屑一顾,而当你以忘我的真诚与坚韧辛勤耕耘,几乎忘了它的存在时,有一天却会突然发现:它就在不远处微笑着迎接你。

其实,不仅是科学研究,任何一个行业都需要达到这种"没有想到"的境界,这是一种对自己所从事的行业满怀诚意的尊重!而这份发自内心的尊重恰恰是在本行业中取得重大成就的基石之一。

每年的诺贝尔奖获奖名单出炉后,都会在我国学术界引发一番热烈的议论,而几乎每年都一定有一个注定会被热议的话题就是:我国的科学家何时能获得诺贝尔奖?当然这是一个非常美好的期盼,是必需的,但我认为仅仅期盼还是远远不够的,而是应该通过不懈的努力去营造一个环境,形成一种学术机制,让更多的专业人员能够忘我地潜心耕耘在自己的研究领域中,能耐得住过程的孤独与寂寞,对获奖不是心存"想到很多"的功利心,不是对奖项公平公正性酸溜溜的质疑,而是多一些"没有想到"的超脱感,多一些踏踏实实的坚实耕耘,只有这样离诺贝尔奖这个至尊的圣坛自然才会越来越近。

刚刚看到网上公布的获得诺贝尔化学奖的三位科学家,分别来自英国、美国和以色列的相关大学及研究机构,真是从心底里盼望有一天能在诺贝尔奖的奖坛上看到来自我们国内大学的学者。

2009 年

9 由"限塑"想到的

今天去超市购物,体验了限塑令带来的效应。知道从 6 月 1 日开始,超市就再也不会提供免费的塑料袋了,为此,特意准备了一个花布袋子,还是姐姐送给我的礼物,大大的,虽然不漂亮,还挺结实耐用。结完账后,拎着傻大无比的购物袋,觉得自己的形象怎么看怎么像跑反的难民,再看看其他购物者手里拿的袋子也是花色各样,形状各异,真是一道独特的风景。

虽然有点不习惯,但心里却无限赞成政府的这个做法,用 CCTV 的话说,真是一件利国利民的大好事啊。

人们总会有一些完全可以理解的完全不算过分的偏好,可一旦众多的人有某些相似的偏好,并且这些偏好又不那么符合环保理念时,就可能引发严重的问题。比如:免费的塑料袋满足了人们购物喜欢方便、经济、实用的偏好,于是引发了满世界铺天盖地的白色污染;人们偏好便捷、卫生的一次性木筷,于是从很大程度上引发了木材资源的巨大浪费;人们偏好食品漂亮的外观,于是引发了"漂白"馒头的出现,色素食品、化肥农作物的大行其道;人们喜欢洁白而非本色有点发黄的纸张,于是引发了自然环境遭受巨大的氯污染。凡此种种,突然有一天,人们发现,自己的种种无足轻重、可有可无的偏好最终却可能引发几乎无可挽回、极其严重的后果!比如:天不再湛蓝,水不再清澈,空气不再洁净,风不再清新,连雨都变成了可怕的酸雨。

不反省不知道,一反省就会发现,上述的那些偏好自己一样也没落下啊,这些偏好往小了说,是一些无伤大雅的至多也就是一些不太良好的偏好,可往大了说这不是给全人类的环境污染添砖加瓦吗?天哪,原来自己做人实在是不咋地啊,虽然不够 CNN,不够 BBC,可也不够厚道啊!

知道不对了,就要改正,虽然不能为人类环保事业做出重大贡献,但也不能做死不改悔的顽固分子啊。嗯,就从眼前的小事做起吧,让我想想……对了,从此时起,坚决支持限塑政策,以后也尽量少用塑料袋;到食堂吃饭时,坚决使用重复用的筷子,而不用一次性的木筷;粉丝还是会吃的,但坚决不吃漂白过的,而要吃黑乎乎的那种;洗衣粉一定用无磷的;尽量节约用纸……现在想到的好像就这么多了。

  刚刚看到一条消息,说限塑令执行一天,超市的塑料袋就少用了九成,太好了。但欣慰的同时,又有点沮丧地发现,农贸市场、早点摊或者其他地摊恐怕情况仍然不容乐观,看来限塑之路还是前途光明、道路曲折啊,但努力去做总比一点不做要好,相信随着人们环保意识的增强,这种白色污染所带来的"白色恐怖"会越来越小的。

2008 年

10 质疑的底限在哪里？

要说，今年这个春节过得可真是够热闹的，现实中满世界鞭炮震天响，网络上韩寒和方舟子也是你方唱罢我登场，吵得不亦乐乎。

起初我还挺享受方寒的这场为荣誉而战的争议。首先，网上对这两个人过往的那些报道，使他们给我留下了良好的印象。其次，我觉得质疑精神是促进社会文明健康发展的必要因素。尽管到目前为止他们争论的结果还没有水落石出，但这两个人所代表的价值和意义都要比争议的结果更为难能可贵，是这个社会的稀缺资源。

"公民韩寒"年轻有为，早在十八岁时，就以高中生的身份出版了小说《三重门》，可谓少年得志。成年后，继续以自由、独立的身份从事着写作和赛车这两样他最喜欢的事业，并且也取得了不俗的成绩。且不说最近的这场争议，至少就目前他的所作所为来说，还算是一个不错的青年偶像。

尽管他没有像绝大多数孩子那样经过主流教育系统的熏陶，但他热爱、享受并执着于自己喜欢的事情，勤奋写作，踏实生活，没有沉溺于追名逐利，活得健康而阳光。最重要的还在于他精神上高贵的独立，他敢于思想，善于思想，富有个性。所有这一切，让我从情感上更相信这是一个真实的韩寒，他的那些文字也是出自他真实的心声，因为独特的成长经历、犀利的思想和桀骜不羁的性格，这些几乎与生俱来的天性的东西是无法包装的，同时一个人真实的性格本质也是难以长期掩饰的。

显然，在与方舟子的争议中，他的确有些气急败坏，缺乏风度，但反过来看，这也恰恰可以证明他性格的延续性，自从我们知道韩寒，他的公众形象不是一直都这样桀骜不驯吗？况且，说到底他也就是个不到三十岁的年轻人，又何以苛求他与自己年纪不相符合的老成持重呢？如果是那样，那还是我们熟悉的"公民韩寒"吗？

再说"打假斗士方舟子"，多年来一直从事吃力不讨好的学术打假，就算被暗算、人身安全受到攻击,也无怨无悔继续自己的打假生涯,也是业绩卓著。不管是出于什么样真实的内在动机和诉求,至少在这个什么都可能假冒的社会环境中,确实需要一些像方舟子这样勇敢无畏的打假者,尽管一个人的力量有些微弱,尽管方式方法有时难免偏激,但从很大程度上已然对那些造假者形成了一种威慑,是社会文明发展不可或缺的正面力量。

但看着看着,我觉得有点不太对头了,先是韩寒晾出了千余页的手稿,接着韩父也提供了相关的家书,并且韩父为韩寒辩解的那篇文章至少让我相信他和韩寒的写作风格截然不同,至少我相信韩寒的文章不大可能是其父代笔的,同时也从字里行间感受到了一种诚意。而方舟子的质疑则显得越来越有点理屈词穷、强词夺理、死缠烂打的意味,那种考证貌似很学术,但仔细推敲又令人觉得莫名其妙,手稿、书信、别人的证词这些最惯常的证据,他都予以否认,而只相信他自己对个别文字段落近乎偏执的考证,并且很确定地得出结论说韩寒的文字一定是别人代笔的。

再看看韩寒和方舟子连篇累牍的辩解与考证文章,越发觉得,这种质疑正在渐渐偏向越来越狭隘、越来越无谓的轨道。越发期待,他们俩如果从现在开始就停止争议,各自去多写几篇自己想写的文章,多做一些自己感兴趣的学术研究似乎更有价值和意义。

因为按照方舟子目前的这种打假逻辑,以后,但凡喜欢码点文字的人都得有点不寒而栗了,因为只要经过"严谨考证",几乎什么都难以证明文章是否是自己写的了。这不,就有网友套用方舟子的逻辑去考证鲁迅的文章,最后也得出结论,那就是:鲁迅的文章也有严重的代笔嫌疑,呵呵。

查了一下词典,质疑的意思就是"利用证据,提出疑问,请人解答"。

照此思路,方舟子所谓的"学术质疑"越来越有超出质疑底限的危险,因为对于一个文字工作者来说,如果确切地得出结论说他的文字是别人代写的,而同时又没有确切的证据,那就是对一个人文字贞操最严重的侮辱,那就不属于质疑范畴的问题了。在这种情况下,韩寒对他提起诉讼就完全能够理解了。

但愿方寒二位的争议能以骑士般的风度沿着质疑的思路进行下去,最终能以诚恳的质疑精神给这些天来为他们耗费了无数关注的公众一个有诚意的交代。

2012 年

11 逛先锋书店之胡思乱想

今天天气难得的凉爽，因此不能浪费大好时光，去逛先锋书店五台山店了。这是我最爱逛的书店，因为在这里能充分感受到做读者的惬意。首先，这里氛围非常好，可以说是全南京最宁静的书店了，主要的声源就是书店播放的背景音乐，通常这些音乐旋律都很轻柔而且节奏缓慢，与店里的气氛浑然一体。因此凡是流连于这家书店的读者似乎都有一种默契，那就是安静地进入书店，然后安静地翻阅和挑选自己喜爱的书籍，最终安静地离开。

书店坐落在地下，因此不管冬夏，这里的温度总是很适宜。书店的门前是一个缓缓的斜坡，两边长满了碧绿的紫藤，简洁而优雅。

店内是长长的走廊型布局，书的陈列也很有特点，除了像一般书店一样错落有致外，还刻意为读者留出了更广阔的空间，在这里，不仅免费长时间地翻阅书籍不会遭遇店员的白眼，而且每个单元的书籍陈列柜旁都备有一把简洁的凳子，看累了可以坐着继续看，如果觉得凳子太硬不够舒服，还可以拿几本书到里面的敞开式阅览室坐在舒适的沙发上尽情浏览，只要你不"免费"将书顺走，在这呆一整天都没问题。渴了可以点一杯咖啡边饮边看电视(当然电视的声音非常之小，以免影响其他读者)。如果是会员，待遇就更好一些了，经常可以享受到特别的折扣。不仅如此，书店还经常请来相关的专业人士，开各种主题的沙龙讲座，如果有时间又有兴趣都可以免费去听。

我这人生性比较无聊懒散，读的书很杂，尤其喜欢看闲书，因为不是经典的有用的正经书，所以会选择自己感兴趣的内容读，而且很多书都不会买回家收藏。这种险恶的用心在先锋书店里不仅没有受到束缚，而且还受到了纵容，所以，很喜欢待在这里，每次来逛，都要耗上几个小时，才会依依不舍地离开，太喜欢这种氛围了。不过好像每次都会拎一些书回去(今天当然也不例外了，钓到了四本书，着实很爽)，因为这里的书源实在太丰富，有很多书实在爱不释手，所以但凡神经松弛一点，就会情不自禁地掏出钱包，让它们完全属于我、成为我的新宠才会安心。

记得第一次逛完先锋后就认定,开书店的一定是一位爱读书的人,因为他实在太了解读者的心态和需求了,书店的模式完全符合读者的偏好,充满了很多看似不经意,但却饱含浓浓的对读者的贴心细致的设计安排,让读者感觉到一种尊严和尊重。后来得知,书店的创建者钱小华果然是一位爱书者。我是1999年开始逛先锋的,当时感觉书店虽然很有文化,但硬件条件还是比较差的,稍不留神就过了十几年,但见先锋以超常的速度茁壮成长,如今进入书店,觉得从内而外都散发着不折不扣的优雅气息。

令人欣慰的是,如今已成了"著名"书商的钱小华仍然像他的书店一样,低调而随和。有好几次我逛书店的时候,都看到他穿着普通的牛仔裤和衬衫,静静地在店里走着,还不时地和读者打招呼,对读者表示感谢并双手礼貌而恭敬地递上一张名片。对店员也很友善。相信如果他能一直有这样一种心态和做事的方式,先锋应该会越做越好。

由此可见,经商不一定无奸不成商,如果商人在想着赚钱之前能够充分考虑到顾客的喜好与利益,像渴望赚钱那样如饥似渴地想顾客所想,急顾客所急,先爱顾客,后爱利益,一样可以使自己的生意蒸蒸日上。可惜如今的商业社会,商人的操行和整个商业环境却越发不尽如人意,甚至令人失望了,相比之下,先锋书店的模式就显得比较难能可贵了。

2010 年

12 境界
——读巴菲特

对于巴菲特这个人,我最感兴趣的不是他如何积累了这么多的财富从而让他成为世界上最富有的人之一,而是这个几乎是世界上最富有的人为什么会心甘情愿地将他辛苦积累的几乎所有财富都用于慈善事业,金钱在他的眼里究竟意味着什么?他在现实生活中是一个怎样的人?

带着上述疑问读了《巴菲特传》,结果在书中读出了这个富有传奇色彩的老人独具特色的个性、对自己喜欢从事的事的可爱的执著、一旦认准就一直坚持到底的信念。并且觉得如果冥冥之中真有上帝的话,那么上帝将一种超乎寻常的积累财富的智慧赋予这么一个人真是一个明智的决策,一件令人欣慰的事,他实在是一位朴实、善良,德行相当不错的人。

有人评价巴菲特有一种赚钱的嗜好,赚钱对他来说纯粹是一种消遣。很同意这个观点。根据书中的描述,巴菲特的日常生活在一般人看来,简直就是平淡无奇到了枯燥乏味的程度,他每天要看几十份财务报表,每天都流连在庞大的数据海洋中,可分析数据并从中找出投资的契机对他来说是无与伦比的乐趣。这个世界非常丰富多彩,人们有着各种各样的爱好并不稀奇,但像巴菲特这样对财务数据有着狂热爱好的人在我看来仍然属于另类中的另类。

对巴菲特的上述认识让我澄清了一个关于巴菲特的误会,有人称他为股神,这种说法一旦深入人心就会让人觉得他多半是个善于投机的人,其实他是货真价实的投资家、企业家。投机和投资,一字之差,在思维方式及做人做事的态度上就有了天壤之别。他投资的基本思路就是:不遗余力地寻找、发掘那些实际价值被低估的企业股票,然后再持续不断地购入这些企业的股票直到能够控股,接着再用他独特的经营理念重新打造企业,最终让更多人认识到企业的真正价值,从而让企业走入良性发展的轨道,同时也提升了股票的价值。

在商业领域,大多数情况下,投资家和企业家几乎是两种不同的职业,某人如果擅长其中的一个领域已属不易,而巴菲特却难能可贵地同时具备投资家的独到眼光和管理运营企业的高超技能和技巧。不同于20世纪七八十年代大行其道的很多投机者的做法,他绝不会对企业进行恶意收购,然后置企业的命运于不顾随意倒买倒卖,在翻云覆雨中牟取暴利,一旦他收购了他认为有价值的企业的股票,他会像珍宝一样珍藏这些企业的股票,所以,一种股票被他保留十几年或几十年对他来说实在是稀松平常,从他的这种在很多人看来很有些不可思议的投资偏好可以看出他特立独行的行事风格:顽固到近乎疯魔的执着。

在他眼里,这些被他在数据丛林中千辛万苦寻找到的股票已成了他生命中不可或缺的组成部分,因此这些股票是要作为宝贝被珍藏的,而不是用来随意买进抛出的(这是他比一般生意人性情的地方,喜欢他的这种对股票的很富感情色彩的认知)。于是,他的很多忠实的追随者也心甘情愿、满怀热情地中了他的毒,但凡他购买并收藏的股票必定会被众多的追随者效仿,因为他们对"巴菲特"这个品牌已形成一种坚定不移的信仰。

最初,他赚钱的目的和绝大多数人一样,是为了谋生,可当他赚到了足够维持简单生活的钱以后,他对金钱的态度发生了奇妙的变化(或者可以说这根本就是他对金钱最本源的看法),他对金钱有某种顶礼膜拜的情结,在他眼里金钱不是用来兑换财富、过奢侈生活的股票,而是他赖以维持其庞大金融实体的宝贵血液或养分,因此他似乎更喜欢金钱数量不断增加的过程,而不是金钱本身。因为金钱数量的增加能让他有更多的资源把事业做强做大,从而给他带来难以言喻的成就感,他恰恰非常享受这种成就感,他对自己所生存的社会给予他的这种成就心存感激。正因为如此,在他身上才会出现一种非常奇妙的现象:一方面他很吝啬,即使在他事业达到巅峰,成为人们心中的财富偶像时,他仍然住简朴的房子,过简单的生活,继续吃他最爱的汉堡,喝他最爱的可口可乐,同时十分鄙视那些肆意挥霍金钱的奢侈浪费行为,甚至对他的子女也不例外。以他天文数字的财富,他却坚持让子女们保持他自己这种简朴的生活方式,为了确保子女不滥用他的财富,他在遗嘱中只留给三个子女每人区区几十万美元的遗产,他还坚持每年只从自己的企业支取10万年薪,几十年不变一直到目前。另一方面,他又很慷慨,那就是众所周知的他对社会所做的几乎倾尽全部的慈善奉献。在他看来,他的财富本就来源于社会,最终再反馈给社会属于很理所当然的事情。

在我国源远流长的文化中很注重对境界的提升,比如在中国的武侠小说里有一种我很喜欢的说法,说武术的最高境界已然完全摒弃了刀光剑影,功夫高手之间的较量已完全成为心力与心力之间的较量,拼的是一股心合于意的豪迈的剑气,说得有点玄乎,但很富有诗意。再比如余光中先生在形容李白的诗的境界时说:"酒入豪肠,七分酿成了月光,剩下的三分啸成剑气,绣口一吐就是半个盛唐。"好精妙而入木三分的描述啊!在读巴菲特的过程中,不知怎么的,脑子总是不断地闪现这两个字:境界。我觉得巴菲特与财富之间的周旋也已到了这种出神入化的境界,他与财富已浑然一体,在纷繁复杂的数据中,他能凭多年练就的独特嗅觉感觉到投资契机这个神出鬼没难以捉摸的精灵,因此大量的财富如滚滚长江之水般向他这里涌来就不足为奇了。

做人做事,如果在有意无意之中致力于追求并达到某种境界,那就会形成一种灵气,反之则容易形成匠气,难以实现超越。

最近有消息说,席卷全球的经济危机使巴菲特的公司也遭遇到了困境,但我相信,以他在商业经营方面达到的境界,以他多年形成的标新立异的做人行事的方式和智慧,他一定会走出困境,重入佳境。

2010 年

13 简约与复杂

以前,我总认为,简约与复杂是两种截然不同的状态,如果这两种状态在一起,一定会产生极大的反差,但家装以后我对简约与复杂有了新的认识。

生性喜欢简单,因此,当开始准备装修的时候,毫不犹豫地就将风格确定为简约型。

于是,就以简约为目标开始打造新家,决定在一切的布置上尽可能做减法,尽量摒弃多余的装饰。首先从功能的简约考虑,装修好的新家的衣食住都要简单、方便;其次从陈设的简约考虑,尽量让每个房间看上去都有一定的空间,视线要清爽,不要满眼都是各种物品,而且从家具、墙面、地板到电器,都不要有繁杂的装饰;再次从总体色彩的简约考虑,准备以蓝、白、灰为主色调,将来的家看上去,色彩要尽量统一于主色调;最后,从个人对装修的无知考虑,决定找一家正规的装修公司,让他们去帮我打理尽可能多的装修事务,我就可以简单省事了。

呵呵,想得挺美,装修一开始,这种简约观就受到了沉重打击。以往,一直都住在别人装修好的房子里,觉得用水、用电以及饮食起居,所有的一切都是信手拈来,简单无比,装修后才发现,一个简单的水龙头的背后是复杂无比的延伸到整个房间疏密有致的水管线路,一个简单的开关后面是布满整个房间的周密电路排列,就是看上去简单无比的墙面、地面都有着复杂的操作工序,看着那满眼的电管、水管,地上开得四通八达、乱七八糟的槽沟,简直是满目疮痍,丑陋无比,看着这情景,很难想象出装修好以后的美丽蓝图。

是的,家具、电器的式样要简单,色彩要统一,可逛了装修市场后才发现,装修市场是为有着各种家装风格嗜好的消费者而开设的,也就是说这些我想要的东西不会等在那里随时接受我的召唤,相反它们散布在这个城市的各个装修市场里,需要我用眼用心去发现它们。为了实现简约风格的装修设想,我必须从陈列于家装之林的各种风格的建材中去寻找、筛选、比较,最后才能在广阔的建材海洋中淘到自己的最爱,过程何其复杂。比如,我想把阁楼上和楼下的两个卫生间做成我喜欢的灰色和淡蓝色，想法很简单，结果，满世界都买不到淡蓝色的瓷砖，逛了众多装修市场，就在我失望到几乎要放弃的时候，终于在一个不经意的早晨，在一个不经意的角落，找到了我理想中的淡蓝色瓷砖。

原本，我是一个菜鸟级的家装白痴，开始家装后，我的家装知识也从简单到复杂，逐步增多，为了不上当受骗，不让自己辛苦挣来的银子无辜浪费，每买一批建材，我都做足功课，上网查询，咨询别人，想方设法了解相关知识、诀窍。以至于要买什么材料的时候，基本上都会从我嘴里溜出一些家装术语、行话，什么团购、金线米黄、中东米黄、实木工艺、实木复合、钢琴漆面、亚光漆面等等，如今都略知一二，就算内里仍没摆脱家装白痴的境遇，外表看上去俨然成了半个家装专家。家装的另一个收获就是将我炼成了公交达人，以前我是个不折不扣的路盲，脑子里只有几条简单的路线图，因为家装市场跑得多了，如今，我的脑子里已经形成了一幅覆盖整个城市的、以家装市场为主题的最经济路线公交图，真是难得啊，看来我在认路方面还不是全无造化，哈哈。

最初找装修公司的时候，简单地认为，找一个正规的装修公司，方方面面会比较正规，结果就找了个挺"著名"，还号称是中外合资企业的公司来帮我打理家装事务，本想这样自己就可以简单省事了，结果打过几次交道后发现，也完全不能省心，还必须动用我积累的有限社会经验与相关人士进行周旋，才能尽可能有效保护自己的权益不受到太多侵害。由此看来，如果开始的想法太简单，后面操作起来就会变得相当复杂，看吧，辩证法一刻也不停地跑出来傲娇地验证它无所不在的存在感。

目前，家装仍在继续，而我也随着在简约与复杂之间纠结的增多，渐渐加深了对它们的认识，我发现，简约只是一种风格、一种设想，而实现简约的过程却恰恰是非常复杂的，家装就是简约与复杂的和谐统一，简约是复杂，复杂也是简约，我也有点捣糨糊了，不过有一点是可以肯定的，将来住在自己一手打造的家里的时候，那种快乐与舒畅一定是一种可以清楚体会到的简单的快乐。

2012 年

14 纠结的较量

一想到家装中的这一部分经历,我的心情用两个字形容就是:胸闷;三个字:很胸闷;四个字:相当胸闷!

随着装修工程的进展,我觉得自己无可奈何、莫名其妙地成了家装大学的一名学员,尤其是在"纠纷系较量专业"的学习体验最为难忘,并且在与工程方不断发生的令人纠结的较量中被培养成了训练有素的装修和谈判专家,至少是半个专家。

装修之前,已经有过"惨痛"经历的朋友们就提醒我,家装中会有很多猫腻,让我小心提防。我总觉得没那么严重,并且一厢情愿、自作多情地认为只要与工程方以诚相待,总会得到相同的回应。刚开始,一切好像也貌似很顺利,尤其是那个工程小队长,话说得比唱得还好听,以至于我很庆幸自己碰到了一位诚实、正直又聪明、能干的队长,直到买第五组油漆的时候……

因为完全没有装修经验,所以决定找一家靠谱点的装修公司,以为这样可以少受点欺骗,于是就选择了与这家号称外资企业的某著名家装超市合作,合作的模式是对方包工,我提供全部材料,并且最重要的是他们还承诺,工程队长会全程陪同我购买所有装修材料,并提供专业建议,听上去挺不错,至少挺适合我这装修白痴,于是怀着十分激动的心情签了约。后来才发现,这种貌似主动权完全在我手上的近乎完美的模式其实对我来说毫无意义,因为我完全不懂装修到底需要哪些材料,实际需要量是多少。所以每次买材料,我几乎就成了移动的钱包,晕乎乎地和工程队长一起买了很多材料,晕乎乎地付款,每次买单的时候,就看那白花花的银子像水一样,顷刻之间就流走很多,并且一去不复返。一句话,平生从没有哪个时刻像最近这样在如此短的时间内,如此密集多快好省地消费银子,真是既爽又心疼,呵呵。

签约时,他们所做的一切都让我感觉的确是个挺靠谱的公司,签了正式合同以及补充合同,并且设计图、预算表等文件一应俱全,预算员和设计师还郑重其事地提醒我预算很详细,一切材料严格按预算走,别听下面的工人忽悠,一副正规公司的主流姿态。我也挺受用这一套,云里雾里地在签约的第一天就买了挺多据说搞活动、打折幅度很大的装修材料。买的第一组材料就是油漆,促销员告诉我立邦漆正在搞活动,三桶一组(每桶5升,一桶底漆两桶面漆)的净味全效乳胶漆比平时便宜100元钱,在问了我家的房子面积后告诉我三组半就够了,并且建议我最好买四组,多了可以随时退。正因为这是我买的第一批材料,所以印象特别深刻,没想到一个多月后,工程队长居然说四组都不够,还让我又买了第五组,这种显而易见的故意超支引起了我极大的怀疑,并且作为导火索,后面的一系列纠纷与较量也随之展开。

我询问了好几位装修过的同事,甚至咨询专业的立邦师傅,最后得到的答案都说四组足够了,于是,在和装修队维持了多日的融洽关系后,我第一次板起面孔和他们据理力争。记得那天油漆工、装修队长和瓦工结成同盟,试图以强大的阵容用他们的"五组论"否决我的"四组论",势单力薄的我尽管内心有点胆怯,但仍然坚决地坚持了自己的决定。并且,通过这件事,也让我对他们过往的诚信产生了很大的质疑,我这才开始认真对照预算和实际开支进行分析,结果不比对不知道,一比对吓一跳,实际开支不仅全部超预算,而且有些开支居然超出预算十倍之多!最夸张的一项就是电线,1.5、2.5和4平方的电线总共买了1 600米,140平方米的房子买了1.6公里的电线!同事们听了以后都开玩笑地问我想用电线围着房子绕几圈?

至此,更多的麻烦事好像商量好了一样接踵而来,此时,我才开始深刻地体会到了朋友们之前告诫的那些问题的严重性。焦头烂额之中,我开始了维权行动,通过比对,我发现出入最大的就是水电部分的开支,并且材料的开支直接决定了工程费用,于是我决定就以水电材料为切入点。首先,我要求立即停工,解决问题。让公司的客户代表到我家测了电线的数量,尽管他们在测量中已经留出了很大的损耗量,但工程队长仍然有500多米的电线交代不出去向,此时,参与测量的三个人都无话可说了,只有工程小队长还在做着无耻而可笑的辩解。在确凿的证据面前,我又以继续向上投诉为由,让他们给我一个有诚意的交代,最终总算挽回了好几千元的损失。

接着,我又对一些开支很大,但又很难搞清楚的项目进行了核对,比如水泥,预算是32袋,结果工程进展到三分之二的时候实际开支水泥已用了51袋,黄沙已用了300多袋(38斤/袋),以我的直觉,这个数字基本上可以肯定是有水分的,但水分到底是多少呢?为了在和他们较量时有理有据,我又用了很多时间咨询别人并上网查资料,结果证明我的直觉果然是正确的。几个回合下来,挽回了一些损失,我沮丧中又有点志得意满,沮丧的是自己花钱到所谓的正规公司希望得到公平合理的服务,结果还是不得不全副武装地一刻也不能消停地了解很多装修的专业知识,劳心劳力,身心俱疲;志得意满的是我已在这个斗智斗勇的较量中调整好了心态,甚至找到了些许乐趣,那就是与狡猾奸诈的人打交道然后还赢了的乐趣。

不就是费点心费点神嘛,姐姐我已有了免疫力了,所有的困难、所有的纠结都来吧,姐姐我已经不怕你们了!

如今,工程已经过半,在这个过程中,我接触了以前从未接触过的人与事,在艰难而又不失快乐的装修过程中,我也从懵懂到清醒,从愤愤不平到心平气和,茁壮成长,成为既有理论又有实践的半个装修专家,因此我决定不久就批准自己从家装大学纠纷系结业,呵呵。

不过有点遗憾的是,这个"结业证书"也许在以后很长时间内都将闲置了。所以,从这个角度看,装修永远是一门遗憾的艺术,因为所有家装必须具备的知识和经验都必然要从痛苦的装修实践中获得,可当你真正获得了其中的一些非常有用并且行之有效的诀窍时,装修也已然结束了,真是一个无奈的悖论。

这篇文章既长又枯燥,能读到底的读者也算是有耐心的,为了感谢你们能耐心读完我这祥林嫂般的倾诉,与你们共享一下我在装修中的一些重要心得:

1. 材料、材料还是材料。我认为,材料不仅本身是有成本空间的,而且材料的数量直接决定了工程的费用,把好了材料关,就等于把握了材料和工费双重关,因此意义重大。尤其是水电、油漆、木料、水泥黄沙等费用多又难以算清具体数量的材料,上述成本把握好了,至少在硬装上,工程方就要不了什么手段了,当然,如果您有足够的耐心,辅料上也可以节省一定的开支。

2. 一些重要的知识必须事先具备。比如电线、油漆、木料、黄沙水泥用量的计算方法。核算工费时,不能完全相信工程队的,一定要自己不怕麻烦,一点一点亲自核算。

3. 找正规装修公司的好处是,工程质量比较有保证,坏处是一点也不省心,仍然需要处处小心提防,但是,一旦发生纠纷,还是能够合理合法讨回公道的。按我国目前的家装现状,就算正规的装修公司,雇佣的仍然是一群比普通民工要狡猾奸诈得多得多的技术民工。所以最重要的不是一个什么样的装修公司,而是具体是一个什么技术、什么品行的装修团队。

2012 年

15 制服

经过漫长繁琐纠结的过程，家装已然接近尾声。今天，到装修公司结账。一进入公司，映入眼帘的是一片令人压抑的酱紫——但见这个号称全球著名家装超市的员工们清一色全穿着酱紫色的工作服，据说是公司最新版的工作服。

我晕。紫色原本是最高贵而充满浪漫气息、非常美丽优雅的一种颜色，竟然被这个公司滥用到如此让人难以忍受的程度，不仅如此，而且面料还是的确良的，据我的最新常识，这种年代久远充满怀旧色彩的面料因为透气性极差，穿着极不舒服，好像早已从服装面料市场上绝迹了，我家墙面某道工序所需的贴布就是的确良的，工程队长就是和我一起在该家装超市买的，不可思议的是在超市辛勤工作的员工们居然还穿着用这种已沦落为工程用布的面料制作的工作服。

显然，超市是为了降低成本。从另一个角度去看，全然不顾酷暑难当，强制员工们每天穿着这种最不舒适透气的面料制成的工作服，也可以显而易见地说明，员工在这个超市里没有得到善待，公司对员工缺乏最基本的人文关怀。

对于一个公司来说，其员工的制服虽然是一个细节问题，可一个公司的文化、对员工的态度等重要环节往往就是从这些细节性的问题上释放出来的。

IBM 公司严格规定它的员工即使在炎热的夏季都要穿西装、打领带，当然夏天公司的空调是足以让员工穿得住制作精良的制服，这也许有点刻板，可这体现了一种公司文化，一种无论何时都要执着地追求尽善尽美的公司文化，其结果就是 IBM 产品的精良品质。Google 不仅没有固定的制服，而且对它的员工也完全没有任何服装方面的要求，员工可以穿双拖鞋带着宠物来上班，因为它们的文化诉求就是要给员工身心的完全自由，从而任思绪天马行空产生无穷无尽的创意。而这家著名家装超市的制服让我感觉释放出的讯息是：一种缺乏人情味的束缚和冷酷，远远没有达到公司想要达到的效果。

突然之间，我觉得自己之前和工程队所产生的种种不愉快都找到了答案：这些在自己的公司严重没有被善待的员工，你怎么能指望他们善待顾客呢？名义上，他们是一家大型家装材料超市的工程队，实际上，这些基层的装修工人的劳保、养老等基本利益都没有任何的保障，这些在公司就没有得到基本关心的工人，你怎么指望他们会去关心顾客呢？在公司体制的层面，也存在类似的问题，在我平时与他们的沟通中也发现，他们确实被公司盘剥克扣得挺厉害，于是，他们再想方设法不择手段地克扣顾客，以弥补被公司盘剥的利益，这就使家装顾客在装修过程中利益遭到侵害成了一种必然。真是一个逻辑严密的恶性循环！

穿着这种充满禁锢感的制服的员工以及他们在公司的待遇让我心中生出一些对他们的同情，可当他们机关算尽甚至为了一点小利而不惜损害我这个顾客的重要利益，并且这种损害在未来很长时间内会一直存在时，我又觉得他们非常可恶，所以在和他们共事的过程中就常常处于这种矛盾之中。

尽管在最后结算时，我经过据理力争，讨回了大几千的装修款，我承认，刚刚拿到这些失而复得的银子时，我心中还有点沾沾自喜。可是这种感觉稍纵即逝，这些原本就是不该付出的银子，现在拿到手怎么还感觉像是得到了一笔额外的收益，我是不是有病啊？！怎么想怎么觉得自己最近心理也有些扭曲了，哈哈。

下午，接到装修公司总部的一个回访电话，原本这种回访电话就是一种无关紧要的形式，我深知就算我向他们反映一些真实的情况也无济于事，更何况工程队长事先也跟我打过招呼，让我给他们一些好的反馈，我也答应了。可当回访员问我是否会介绍亲朋好友到公司装修时，我几乎本能地脱口而出：绝不！这个问题勾起了几个月装修过程中很多不愉快的回忆，因此我怎么也做不出别的回答。

这个公司的制服确实给我留下了极其深刻的印象，它们可以成功地逗引我的沮丧情绪。

不知道公司在员工制服上所做的这种色彩和面料上的设计，除了成本方面的考量外，还要体现什么样的文化诉求，达到什么样的营销目标，不过我敢打赌，至少在这一点上，他们做得很糟糕。

2012 年

16 没有烟花爆竹的春节将会如何？

从有记忆开始,烟花爆竹仿佛就成了春节的一种象征,一道不可或缺的风景。随着岁月的流淌,烟花爆竹依旧像春联、春晚一样是春节里不变的保留节目,不同的是烟花越来越美,爆竹的威力也越来越大,以至于从年三十傍晚就开始响起的爆竹声听上去怎么都感觉像是枪战片里炮火的声音。

大年初一早晨出门替爸妈买报纸,觉得清晨初醒的城市毫无悬念地弥漫在喜庆的节日气氛中,但空气中浓浓的火药味和遍布大街小巷的烟花爆竹残留物也成了一道不太和谐的风景。过几天年初五,按习俗要送财神,估计其规模和形成的后果多半会有过之而无不及,我脆弱的耳膜啊,又要遭受一次声音暴力的洗礼。

更要命的还在于随着烟花爆竹技术迅速提高的还有城市中高楼大厦的数量,于是每年春节过后,新闻中也有了一个保留节目,就是对全国各地火灾事故的报道,看着人们被火药炸伤的痛苦面庞,看着乌黑中冒着浓烟的建筑物的残骸,节日里满世界的烟花爆竹给人的感觉越发不堪。相信从空气环境的角度去看,每年的春节这几天一定是全国空气质量最差的几天。

如今,每每听到节日里几乎覆盖了所有声音的单调刺耳的爆竹声,总是从心底里希望这极有可能引起火灾的声音以后能够不再出现在节日的保留节目中。据说燃放烟花爆竹的习俗源于驱除邪恶,而到了今天这个时代,其结果带来的恰恰是不亚于邪恶的严重后果,那应该怎么办呢?

这不,年初一晚上,就看到了一条骇人听闻的报道,号称沈阳第一高楼的五星级酒店皇朝万鑫大厦,被烧得面目全非。事故原因,毫无意外的又是装点节日气氛的烟花爆竹!看了相关报道,这座金碧辉煌的大厦造价达27亿,却在一夜之间灰飞烟灭!可想而知,整个春节里,全国又会有多少由烟花爆竹引起的原因相同、情节与结果都相似的火灾事故。

记得早几年,政府曾经禁止过烟花爆竹,但不久又恢复了,显然恢复燃放烟花爆竹的最重要的理由就是传统,更何况这是一个据说延续了几千年的传统。

我们中华文化有延绵不绝几千年瑰丽的历史,确实也传承下来了很多宝贵的传统,但传统的是否都要如数传承呢?假如有一些传统是不合时宜的,可否进行一些改变呢?显然地球人都知道这些问题的答案。事实上,随着时代的发展,我们也确实勇敢地改变了很多不合时宜的传统。

还看到一条报道,说北京在年三十晚上甚至动用了直升机和几十万巡逻人员,全方位地监控城市的烟花爆竹燃放情况。显然,安全措施够给力,但问题又来了,是否每个城市都如祖国心脏般既有如此充足的财力,又有安全意识如此强的人力支持呢?

据说亚洲一些过农历春节的国家针对烟花爆竹燃放都有一些值得借鉴的比较好的做法,比如韩国在烟花的进口质量、销售以及燃放时的要求等方面都有细致严密的规定,新加坡甚至连续几十年禁放烟花爆竹,而美国、英国等不过农历春节的国家的华人们则通过节日游行、狂欢等活动来庆祝节日。所有这些,都为我们欢庆节日的方式提供了富有创意的良好的模式。

作为春节源头的我国,尤其是经济迅猛发展的我国,是否应该更多考虑在现有情境下比较适宜的烟花爆竹管理措施以及基于这些完善管理措施下的节日庆祝模式呢?如果人力、物力及管理方面不能很好地承担燃放烟花爆竹带来的恶劣后果,暂时的禁放不失为一种更适宜的措施。

想象一下,没有烟花和爆竹的春节,也许可以用声音来模仿,这一点目前应该不是难事,也许直接就习惯那没有震天爆竹声的宁静而祥和的春节,毕竟那声音也并不是那么美妙。如果这样,或许会少一些声音营造的欢庆气氛,但会更多一些实现我们幸福快乐、财源兴旺、万事如意等新年愿望的可能性,少一些诸如炸伤肢体、建筑物在火灾中损毁的可能性,如此比较,我们该作何选择呢?

至少我相信,没有烟花爆竹的春节,后果不会很严重。

2011 年

17 当梦想照进橙园
——从褚橙说企业家精神

  白发苍苍的褚时健充满爱意地关注着凝聚了他十年梦想的褚橙,我觉得这幅画面温暖而又令人感动!从这些即将由绿油油变为黄灿灿的橙子上仿佛能看到一位经历了跌宕人生的企业家心中的梦想之光照进果园后折射出的灿烂光芒。

  75岁,大多数人到了这个年纪基本都已开始含饴弄孙、颐养天年了,可75岁的褚时健,曾经叱咤风云的"烟王"却带着保外就医的身份,带着严重的糖尿病身体,踌躇满志地准备二次创业,而且用了十年的时间,真的成了名副其实的"橙王"。

  "企业家精神"通常是指企业家组织建立和经营管理企业的综合才能的表述方式,它是一种重要而特殊的无形生产要素。这个概念听上去似乎有些拗口,但褚时健二次创业的成功栩栩如生、形神兼具地诠释了什么是货真价实的真正的成功,什么是不折不扣的企业家精神。

企业家精神中包括创新、冒险、合作、敬业、学习、执著、诚信、宽容等诸多个人性格、品德要素,我觉得在褚时健身上较为全面地体现了这些要素,但最突出的就是敬业、执著和宽容精神。

敬业体现在具体的行为上就是超乎寻常的认真态度。上个世纪80年代,52岁的褚时健成为玉溪卷烟厂厂长,随后,他用18年的时间将这个名不见经传的地区性小企业打造成了亚洲第一、世界第五的烟草帝国,归结到本质上就是他能够用一以贯之的认真不断地提高卷烟的品质。为此,他当了厂长不久就敢于倾尽工厂几乎所有的财力引进价值达2 000多万美元的先进设备,大幅度地提升了卷烟的质量,为日后企业的腾飞奠定了坚实的基础。

这种似乎与生俱来的认真劲在他二次创业时也得到了很好的体现,橙子从种植到挂果需要6年的时间,6年对于一位75岁的老人来说是挺漫长的,但漫长的过程并没有消磨掉他的认真。作为一个橙子种植的门外汉,为了种出甘甜、多汁、营养足、口感好的橙子,褚时健认真地做起了农民,但和地地道道的农民相比,他除了注重实践外,还爱从书本上寻找让橙子变得口感与营养俱佳的方法。他坚持每个月少则两三次、多则五六次地赶到离家两个多小时路程的橙子基地,春耕、剪枝、收获的时候,他就睡在基地里,全心全意地打理他心爱的橙园。

其实不论是"烟王"时代高品质的香烟还是"橙王"时代口碑与口感俱佳的褚橙,都是源于他要将产品品质做到极致的朴素理念,都是他辛勤耕耘、认真不懈努力的结果,以这种执著到近乎疯狂的敬业精神,做什么行业都会取得不同凡响的成绩。

"衡量一个人成功的标志,不是看他登到顶峰的高度,而是看他跌到低谷的反弹力!"王石引用巴顿将军这段充满豪迈气魄的话表达了他对褚时健坚强执著的人格魅力的敬意。

褚时健人生的谷底就是上个世纪90年代末,不仅他本人因经济问题遭遇牢狱之灾,而且他的女儿也因不能忍受牢狱的屈辱而自杀。但这些都没有阻挡他对梦想的执著追求。并且凭着这股执著劲,进入了一个他并不熟悉的行业,耐住寂寞,用了十年的时间,又打造了一个全新的商业帝国。

上天赋予了这位企业家以不同凡响的灵魂,但遇到现实问题,他并没有受到上天格外的垂青,褚时健的橙子事业也不是一帆风顺,最初的几年,年年碰到不同的问题,橙树不结果、结果了但果子寡淡无味、结果子后不停地掉果子……不同的是一般人陷入难以克服的困境时可能会选择退却、逃避,而褚时健则选择面对并执著地坚持下去。

褚时健在接受采访时曾经说,现在中国农业之所以搞不好,主要是因为,他们都是想投入少,赚钱快,这肯定是做不了好产品的。农业一定是要高投入高产出。其实,岂止是农业,这个原理几乎适用于所有行业,要想比别人做得好,就必须能够投入更多的财力和人力,遗憾的是很多从业者骨子里缺乏的就是褚时健的这种从容应对寂寞,同时又耐得住寂寞的执著精神,这也许就是平庸企业管理者和优秀企业家最根本的差距。

这就难怪人们津津乐道地称赞褚橙是"励志橙",它的内涵远远要超过励志,而是凝聚了一个企业家不屈不挠的执著精神,这是一种人生哲学,也是一种经营哲学。

褚时健作为企业家的宽容精神体现在他与人共事的方式上:"要自己好,也要让别人好。"这是他一直坚持的做人原则。这个原则在他的两次创业中都得到了很好的体现。

当年在玉溪烟厂时,褚时健就一直坚守这个价值观,并将其运用到企业经营中去。他依据"按劳分配"的原则出台了相应的激励政策,对工人实行计件工资制,卓有成效地调动工人的积极性。据说,当时干得好的普通工人,收入甚至比企业高层管理人员都高。

为了确保烟叶的品质,他与农民建立利益联盟,将产业链前移,把"第一车间"放在农田,每年从红塔集团的税利中抽出20亿至30亿元资金返还烟农,提高农民收入,激励他们种出更好的烟叶原料。正因为如此,所以在今天的玉溪烟农中,褚时健仍被不断提起,在他们心中,褚时健依然是一个神一样的存在。

二次创业中他仍然坚守此条"金科玉律"。比如,橙树长大后,为了避免争夺阳光和养料,要择优去劣砍掉三分之一,才能确保其他橙树更好地生长,同理,橙子成熟前,必须要摘除一部分果实,才能确保其他果实的优秀品质,但是如果没有收入上的保障,果农通常是舍不得忍痛割爱的。为了保证橙子的质量,他像当年激励烟厂的工人和烟农一样激励农户,和农户签约,提供房子、肥料、树苗,每年给农户提供四千到一万元的年薪,并在之后逐年上涨,此举从根本上大大减少了劣质橙子出现的概率,使得他的橙园里出产的橙子个个"珠圆玉润",最终能赢得市场的青睐也就不足为奇了。

回顾褚时健的创业经历会发现,他的职业经历已然与他的人生经历紧密地联系在了一起,最优秀的企业家首先一定具有优秀的人格,认真做人做事一时容易,一世却很难,因而具有典型的企业家精神的优秀企业家也就成了难能可贵的稀缺资源。

2013 年

18 从阿里巴巴看电子商务的虚与实

如今对于很多年轻人来说,如果想要购物,阿里巴巴旗下的淘宝和天猫几乎成了第一选择。不用出门,只要打开网页,选到中意的商品后,鼠标一点,很快就有快递将东西送到家里,十分方便快捷。正因为如此,造就了淘宝和天猫的迅猛发展,目前已然成为国内电子商务的标志性企业。

作为电子商务企业,淘宝模式的最大优势就来自于它的"虚",即虚拟空间所提供的无限的可能性。如果开一家实体店,不仅手续繁琐,而且辐射面十分有限,对于一些小型甚至微型的店家来说,想要生存简直难乎其难,但有了淘宝网,即使是一个没有什么经商经验,甚至也没有多少资金的人,都可以轻松方便地在淘宝网上开一家店,更重要的还在于顷刻之间就可以将客户群扩展到全国范围内,这就相当于给灵感插上了飞翔的翅膀,由此淘宝网就成了汇集各种商品以及商家各种营销灵感和理念的理想的无限广阔的平台。

可以说,淘宝网的创始人马云富有创意、十分充分地发挥了电子商务的虚拟空间所带来的极大优势,不仅从根本上改变了人们的购物乃至生活方式,也造就了一个庞大无比的电子商务帝国。生命不息,折腾不止,基本已经成了马云的业务及生活常态。

一个不起眼的光棍节居然被阿里巴巴变魔术般活生生变成了创造上百亿销售额的网上购物狂欢节,甚至吸引很多实体店也争相效仿,最重要的还在于这种商业模式已然对实体店带来了前所未有的冲击,促使实体店也在焦虑中不断改变经营模式。折腾完实体店,马云又开始打起了金融市场的主意,如今阿里的最新金融产品余额宝以其方便快捷加上比银行高得多的利率成了年轻时尚一族的新宠,估计各家银行又要闹恐慌了。

毫无疑问,阿里已经将"虚"发挥到了极致,但电子商务的本质就决定了它一定必须建立在"实"的基础上,或者换句话说,"虚"是各种看不见摸不着的理念和无极限的平台,而"实"则是实实在在的产品和将产品运送到消费者手中的渠道,只有虚与实之间相辅相成、相互映衬,才能造就电子商务的无敌优势。

显然,与理念和平台这两个"虚"的要素相比,商品和渠道这两个最主要的"实"的要素是阿里不可忽视的短板,尤其是大件商品的物流更是一个软肋,凭借阿里旗下的"菜鸟"物流短时间内难以解决这个问题。

为此,马云今年12月决定向海尔投入28亿巨资,其主要目的就是强化其大件物流的力量。海尔是典型的主打实体的企业,对于海尔来说同样有一个虚与实的互动问题,海尔的强项恰恰是它的"实"。海尔是国内电器制造企业的领头羊这自不必说,近几年,海尔旗下的物流公司日日顺公司,业务也是做得风生水起,目前在全国拥有9个发运基地,90个物流配送中心,仓储面积达200万平方米以上。同时已建立7 600多家县级专卖店,约26 000个乡镇专卖店,19万个村级联络站,并在全国2 800多个县建立了物流配送站和17 000多家服务商网点。如此巨大的物流业务覆盖范围自然让马云一见倾心,关键还在于,日日顺的营业收入已然超过家电制造,成为海尔2013年的主要盈利项目。

海尔与阿里合作的最大驱动力则来自于阿里巴巴超大的虚拟平台,比如阿里巴巴集团旗下B2C平台天猫已有7万个品牌商家进驻,2012年交易额突破2 000亿元人民币。2013年天猫"双11"购物狂欢节,单日聚集4亿消费者参与,交易额突破350亿元人民币。巨无霸级别的虚拟市场一方面可以给日日顺公司带来巨大的物流业务量,另一方面,也为海尔家电产品更大程度的电子商务化提供了契机,开拓更广阔的市场空间,同时阿里丰富的电商行业的经验也可以为海尔提供新的营销空间和思路。

双方真可谓是"郎情妾意",如此也就不奇怪为何两个企业会如此情投意合,一拍即合了,但愿通过这种双赢的合作模式,两家企业在不远的将来能够进入实际的双赢状态,创造一个电子商务和实体企业无间合作的新的典范。

如果说渠道问题还可以通过合作来完善甚至解决的话,电子商务企业内部的商品管理就成了更棘手的问题,因为它没有捷径,必须通过日积月累持续不懈的强化、细化和规范化的管理来实现。事实上,淘宝网上的假冒伪劣问题,一直是它被业界及消费者诟病的问题,甚至其恶誉度所带来的负面影响不亚于其美誉度,让广大消费者对淘宝网毁誉参半,爱恨交加,同时也从很大程度上给阿里未来的持续良性发展带来了不小的障碍,阿里在美国纳斯达克上市遭遇困境也和这个问题不无关系。

为此，阿里需要静下心来，下足工夫改善这个实体短板的效能，在已经开辟的市场上精耕细作，在做强的基础上做大，只有这样，才能使它真正实现电子商务虚与实的完美平衡，成为名副其实的令人尊敬的电子商务标杆企业。

由此看来，电子商务是营销，更是哲学。电子商务是虚拟空间的营销，更是实体市场的博弈，两者之间的内外兼修、完美整合才是王道。

2014 年

19 跨界

最近,商界似乎很流行跨界,尤其是一些企业家面向农业方面的跨界格外引人注目,比如昔日烟草大王褚时健跨界种橙子,IT界大佬柳传志跨界种植猕猴桃,网易丁磊正在孜孜不倦地琢磨养猪技术,开拓猪肉市场,而房地产界奇才潘石屹也不甘寂寞,玩起了跨界,义务帮助家乡甘肃天水代言"潘苹果"。

特别是褚时健、柳传志和丁磊,他们已经远远不是处在浮光掠影的玩票状态,而是深深地涉入他们所中意的农产品领域,并且玩到了让人心跳的程度。其中褚时健沉寂10年推出的"褚橙"已经继烟草之后成就了他职业生涯的另一个巅峰,让他再次成为许多企业家们顶礼膜拜的商业楷模;而丁磊也拿出了经营IT企业的经典范式——产品未出,研发先行,正在潜心摸索一个可以提高食品安全保障程度、提供农村工作机会同时又能在全国推行的优质养猪流程和模式。

随着我国经济的快速发展,各行各业各种经营管理模式层出不穷,可唯独农业,几乎成了一个被各种创新管理模式所遗忘的角落,以至于不仅没有实现与时俱进,还成了经济发展后遗症的重灾区。诸如食品安全问题、生态问题、环保问题等等,这些出现严重问题的领域,追溯到源头,都与农业有着非常密切的关系,与其他行业相比,农业在经营管理方面基本还处于比较原始的状态,是一个不容忽视的薄弱环节。而农业恰恰是关乎国计民生至关重要的行业,如果这个行业出现了问题,将会产生严重的连锁效应。

处于当今的经济环境下,与农业有关的资源越来越稀缺,因此农业的意义应该不仅仅停留于传统的精耕细作,日出而作、日落而息,而需要注入更多科学的经营管理理念,采用创新的更有效率的模式,只有这样才有可能使有限的资源得到更优化的利用。

综上所述,上面的那些跨界就有了非常重大的意义。不管这些玩跨界的商业大佬是因为什么原因什么目的介入农业,他们的介入至少可以带来一个共同的良性后果,就是以更加丰富多彩、别具一格的商业经营理念来经营农业。

任何行业,如果缺乏一种触类旁通的发散性思维,时间久了,就容易形成思维定势,而一旦形成思维定势,做事就容易落入窠臼,从而形成匠气,就会流于刻板的传承与模仿,周而复始,固步自封,难以进步,当然农业也不例外。

而褚时健们进入农业领域后,经营企业的思维会让他们意识到市场调研、市场细分、市场引导的重要性。普通农民种橙子,会更多地关注橙子本身,在他们的眼里,橙子就是橙子,可褚时健不一样,他同时还将橙子当成一件产品,作为一件产品,就会有市场营销的问题,就会关注产品的市场定位,从而关注价格、渠道和促销的问题。普通农民即使知道一棵树上结了 200 个橙子,如果去掉一半其他橙子口味会更好,他们也不会舍弃一半以确保另一半更好的口感,而褚时健就能想得更多,所以他会果断舍弃一半的产量而确保另一半更优秀的质量,从而以几倍于常规的价格进行饥饿营销去占领更高端的市场,在蓝海市场赢取更多的利润。

普通农民养猪,更多的是顺应传统,而 IT 行业出身的丁磊深知宏观市场规划的重要性,因此在决定养猪前已经做了充分的市场调查,了解到中国人一年就要吃掉 6 亿多头猪,市场前景很好,并且从猪的育种到屠宰、加工、配送,产业链很长,"从养猪入手,可以对整个行业产生巨大的影响力"。同时他深知规范的养猪流程和模式以及精准的市场定位才是王道,一旦形成行之有效的独特流程和模式,再加上恰当的市场营销,就会形成一种良性运作,从而产生事半功倍的效果。正因为如此,丁磊也像褚时健一样,并不急于推出产品,2009 年就开始涉入养猪领域的他,迄今仍然耐住寂寞,先将基础打好,框架搭好,蓄势待发。

当人们都在满怀好奇地期待着"网易猪"的时候,以丁磊为首的网易养猪"三人组"却满怀热情地在全世界范围内吃遍各种猪肉,寻找经营灵感。他们去过日本、美国、西班牙、德国、荷兰和丹麦等世界著名养猪强国。2009 年,"三人组"去日本鹿儿岛考察当地的鹿儿岛黑猪,他们品尝了一厘米厚的猪肉片,嫩红的瘦肉上均匀地分布着雪白的脂肪纹理,犹如大理石纹路,口感和观感俱佳。2010 年秋天,"三人组"在西班牙还尝到了著名的伊比利亚黑蹄猪。据说这种猪制作成的火腿,进食的感觉就像是"亲吻"。他们还到国内所有排名靠前的大型养猪场和猪肉加工企业,考察过十多个中国当地土猪品种,如太湖猪、金华两头乌等。以这样一种认真、执着,可以想见,未来他们一定会给中国的猪肉市场带来出乎意料的惊喜。

由此看来,方法论比方法本身重要得多得多,企业家们的行为从表象看似乎只是从一个行业跨入另一个甚至是不相干的行业,可本质上他们却是将以往已被证明的一些优秀的方法论移植到一个新的行业并能够进行恰如其分的运用,其意义和效果也许就是颠覆式的,有可能带来行业超常规的发展,因此,我们有充分的理由期待这些跨界能带来奇迹,让跨界来得再猛烈些吧!

2014 年

20 "两匹马"的战争

马年伊始,IT界的两匹奔腾的"骏马"——马云和马化腾就展开了争分夺秒如火如荼的"跑马圈地"活动。阿里巴巴基于支付宝平台推出的理财产品余额宝自去年6月份上线以来,已经成功地挑逗诱惑了4 000多万消费者的心和他们的钱包。据业内相关报道,截至2014年2月,资金规模已突破4 000亿。而腾讯在移动互联网领域的"跑马圈地"也是业绩卓著,凭借其闻名遐迩的网络社交服务产品——微信,已经俘获的6亿之巨的消费者,形成一个巨大的数据平台,今年春节期间推出的微信红包业务更是以极为接地气的营销模式吸引了几百万网民在春节期间你来我往,热情高涨地加入到抢红包和发红包的全民游戏中,不经意间绑定了数量巨大的银行卡。以至于马云羡慕嫉妒恨地将腾讯这次名利兼收的行动比喻为对阿里的"珍珠港偷袭"。

原本,马云和马化腾,一个是国内电子商务领域的老大,一个是国内互联网综合服务行业的领军者,他们的业务领域似乎没什么交叉点,因此多年来似乎也是在自己的主战场各自精彩,各种绽放,相安无事。

但随着互联网业务的发展,他们在各自的领域发展到极致的同时也意味着遇到了天花板,对于有战略眼光的企业家来说,拓展业务就成为当务之急。不知不觉间,他们不约而同地聚集到了移动支付这个极具诱惑力的新市场,最终战略目标当然是容量更大、最重要的是还没怎么被开垦的O2O商务市场。

O2O电子商务,即Online线上网店,Offline线下消费,商家通过网店将相关商品信息展现给消费者,消费者通过线上筛选服务,线下比较、体验后有选择地消费,在线下进行支付。这种模式能极大地满足消费者个性化的需求,而商家通过网店,可以让信息传播得更快、更远、更广,同时也可以瞬间聚集强大的消费能力。应该说这是一种整合了线上和线下优势,能给商家和消费者都带来更好体验的消费模式。

根据相关资料,即使在目前国内电子商务蓬勃发展的今天,线上消费的比例也只占到整体消费总量的 3%，如果能有效地清除掉线上与线下消费节点之间的障碍，使流通链更加畅通无阻，就可以将电子商务的效力引入到规模更为巨大的线下消费中，那么 O2O 将具有更广阔的市场空间和发展前景。与互联网时代的个人电脑相比，智能手机的普及不仅为移动支付提供了很好的设备条件，也是发展 O2O 不可多得、不可或缺的优质节点。

展望未来的 O2O 市场，谁能拥有更多移动客户端，谁就获取了更多的竞争优势，为此，马云和马化腾都在不遗余力地展开对移动客户端的开拓和争夺。

由此看来，最近"二马"所策划的诸多令人眼花缭乱的商业营销活动，不仅仅是一些热闹而富有创意的市场竞争策略，本质上更是一场至关重要的争夺一个未来具有巨大商机的新兴市场的商战，对于企业来说具有举足轻重的战略意义。

除了理财产品，两家公司早前还不约而同地推出了各自研发的打车软件，其实质仍然是在绞尽脑汁想方设法地试图改变消费者的支付习惯，通过现金返还、便利打车等方式引导消费者形成新的支付惯性。

为了使自身更具有资源优势，两家公司还进行了更多的资本投入。针对移动互联网方面的短板，阿里投入巨资收购了高德地图，以使阿里拥有更好的地图服务，从而更有力地吸引那些用智能手机查找店铺的顾客，帮助顾客获得快速准确的定位服务。此外，阿里还收购了中国最受欢迎的智能手机浏览器 UCWeb，显然也是为了通过这种浏览器将流量迅速引导至自己的目标网站。

与阿里巴巴相比，长期驰骋在互联网社区服务领域的腾讯虽然在电子商务的绝对份额、接入银行卡数、服务种类、情景丰富性和第三方支付的经验和成熟度等方面都与阿里巴巴有着不小的差距。但对于跟随战略运作高手腾讯公司来说，模仿并超过原创者，然后做得青出于蓝而胜于蓝，最终比竞争对手的产品更受网民青睐，这从来都是他们引以为自豪的强项，比如 QQ 对 MSN 的逆袭等，基本上达到了"走别人的路，让别人无路可走"的境界。最近，腾讯战略入股大众点评网，其目的就是为了强化其在电子商务方面的资源力度，获取更多移动支付接入点，与被阿里收购的美团网相抗衡，显然是其 O2O 战略布局的重要动作。

为了实现各自的 O2O 终极战略目标，"二马"之间的战争无疑还会轰轰烈烈地持续下去，谁输谁赢目前还难以下定论，但毋庸置疑的是两个高手之间一定会打出更多漂亮的回合。通过这两家企业你方唱罢我登场的精彩博弈，消费者们将会获得更加妙不可言的移动互联网消费体验。

2014 年

21 免费模式背后的颠覆式价值链

现如今，广大网民们已经习惯了互联网上的免费项目，什么免费杀毒、免费开店、免费社区服务、免费通话发短信等等，以至于如果哪些服务突然说要收费了，大家反倒不习惯了。对于很多商家来说，如果没有一些拿得出手的免费项目都不好意思到互联网上推广自己的产品。

这让我想起了很久以前看的一部抗战片《小兵张嘎》里的一个场景。电影中的那位将所有的恶都写在脸上的胖翻译官来到嘎子的西瓜摊，拿起西瓜就啃，当嘎子跟他要钱的时候，他一脸骄横地说："老子在城里下馆子都不要钱，吃你几个西瓜算什么？"当时就觉得那家伙真是个万恶的死汉奸翻译官！

没想到，身处 21 世纪的今天，稍不留神我们都成了享用免费服务到习以为常的"翻译官"。当然语境不同了，我们都是"善良的翻译官"，而今天的"嘎子"也不再是当年那个苦大仇深的可怜孩子了，无数情商与智商兼具的"嘎子们"都在哭着喊着怀着万分的诚意请消费者们享用免费或者接近免费的产品和服务，而且很多免费项目还相当的高端大气上档次，哈哈。

那么，和电影中的强迫式免费相比，如今的暗送秋波、投怀送抱式免费模式背后又是什么呢？

要说国内将免费模式做到极致的首先应该数 360 了，作为一个做杀毒软件的公司，其主要产品当然是杀毒软件了，但出人意料的是他们偏偏免费向所有网民提供倾注了他们很多财力物力的主打产品，并且还干得风生水起，越来越赚钱。估计最初那些被他们干掉的收费杀毒软件公司一定很死不瞑目，因为可能他们死了都不知道是怎么死的。

时过境迁，随着 360 浏览器等一系列产品的粉墨登场，许多人终于明白内中的奥秘，而此时 360 已经成功占据了大量市场份额，赚得盆满钵满，不说一统江湖，至少在一段时间内也是笑傲江湖了。

如果说诸如 360 之类的软件产品由于极其符合互联网的特点，其免费模式已然让更多人耳熟能详,并且段位被越做越高,那么另一个公司则将免费模式做出了另一番出神入化的境界,那就是小米公司。

小米手机以高超的饥饿营销技巧,超前的企业战略模式,当然更重要的是产品已然被更多消费者认可的高性价比,迅速成为国产手机品牌的领军者。当初很多人也难以理解小米的套路,因为据专业人士测试,小米几乎是以成本价在销售手机,换句话就是说手机硬件几乎没赚钱,貌似一直是在免费赚吆喝,直到小米在短期内迅速取得了许多手机公司奋斗了很久才取得的辉煌业绩时,人们才发现:小米在下一盘很大的棋,这盘棋的开局策略恰恰就是以免费之名老瓶装新酒的网络版欲擒故纵,或者说是将互联网的思维模式富有创意地整合到传统商品经营中。

不管是360还是小米,在其诱人的免费模式的背后其实构建了一个新的价值链,一个与传统的价值链截然不同的以免费为诱饵的颠覆式的价值链。在传统的价值链里,将商品成功推销给顾客,基本上就是终极目标,而在这个新的颠覆式的价值链中,商品到了消费者手里,却只是一个起点,接下来就是消费者对商品漫长的体验过程,而这个体验过程中,还蕴藏着更多更有价值的营销资源,当然这些营销资源中的相当一部分是互联网带来的,这就是传说中的消费者体验时代。

以手机为例,用户拿到手机后打电话、发信息只是最简单的初体验,接下来还有更多更精彩的体验包括由移动互联网所提供的众多令人眼花缭乱的线上与线下产品和服务,而一个商家能掌握的移动终端客户越多,也同时意味着更巨大的经营平台,以及更广阔无边的价值创造空间。

目前,周鸿祎和雷军已经在这里摆开了漂亮的姿势,打出了花样百出的组合拳,当然马化腾、马云们也不是甘于寂寞的人,未来,这里还有广阔无垠的蓝海等着互联网江湖更多的周鸿祎和雷军们去开发与驰骋。

毋庸置疑,届时最开心的就是我们这些被惯坏了的吃着碗里望着锅里、见异思迁的傲娇"翻译官"了,谁让现如今的"嘎子"们个顶个都如此思路敏捷、套路多样、聪明绝顶呢?

2014 年

22 "土豪"是怎样练成的

曾几何时,"土豪"这个词在绝大多数的语境中是个不折不扣的贬义词,但时过境迁,如今说起这个词,似乎有了更多的意味。它意味着钱多,意味着主流的世俗感,更意味着一种有点无厘头的霸气,以至于当人们说某个人或某个组织是土豪的时候,多半有点酸溜溜的羡慕嫉妒恨的节奏。

昨晚,恒大夺得亚冠,让我这个典型的非球迷也排山倒海地热血沸腾了一把,激动之余,脑子里一直蹦出的一个词就是,土豪,土豪,真是个罄竹难书的土豪之师!尽管是洲际土豪,离国际土豪还有华丽丽的距离,但因为国足多年沉沦谷底、半死不活、丑态频出的糟糕表现所积累的抑郁仍然还是得到了淋漓尽致的充分释放!

三年投资十几亿,请来国际顶尖的教练、球员,又请来国内顶尖的国脚,瞧瞧这阵容,绝对是土豪级别。但是,话说回头,如果仅仅靠着这些钱、这些顶尖的团队成员,再加上一些豪言壮语,那还远远够不上土豪级别,至多就是人傻钱多的暴发户。因为就算有了这些资源,就算真的取得了成功,那也有那么点一夜暴富的偶然性,回顾恒大的成长经历,会发现,土豪可不是那么容易炼成的。

对于广大球迷来说,他们希望每一场球赛都是紧张激烈、精彩纷呈的,这是足球作为最令人炫目的游戏层面的表象;而对于球队的运作者来说,要让一支球队取得持续的必然的优秀战绩,以满足球迷的期待,这就成了一个典型的足球市场营销管理的问题,而这恰恰是一个既复杂枯燥又不那么有意思的问题,但却是个不可绕过的非常现实的问题。

从这个角度看,足球就是个市场,自有其特定的运作规律,不是说肯投入就一定有回报,同时还要善于投入,精于管理。一场足球比赛就像一场表演,要想让表演高潮迭起、足够精彩,一方面,当然要请一流的教练、一流的球员,而另一方面,还要搭建足够富有吸引力的舞台,让教练,让每一个球员尽情发挥,让身处舞台的每一个人心甘情愿、满怀热情地做他最喜欢也最擅长的事。要达到上述目标,又需要足够有技巧,有韬略的高层管理者,做好顶层设计,从而实现人与其他各种资源的优化配置。

想起了曾经我看过的数得过来的足球比赛中有一场令我印象最深刻的比赛,就是2010年南非世界杯阿根廷队和德国队的那场比赛。必须承认,看这场比赛,纯粹是因为马拉多纳,这位世界足球史上最伟大的天才球员让我这个非球迷也因为他的成就进而对他个人心生花痴般的崇拜,因此为了欣赏他作为教练员的风采而看了那场球赛。结果,我发现,马拉多纳果然有人格魅力,他像老鸡带小鸡似的,对球员这个啄啄,那个抱抱,慈祥可爱有加,显然,球员们也对他有着偶像般的尊敬与崇拜,但在赛场上遭遇具有更加优秀团队管理和场上调度的德国球队时,马拉多纳与他的球员们显得那么手足无措。最后,没有出色球员但有出色团队配合的德国队将拥有众多优秀球员却缺乏默契配合的阿根廷队打得一败涂地。

尽管从感情上,我非常期待阿根廷赢球,但从理智上,马拉多纳的表现让我深刻地认识到:就算是个传奇,也只能局限在某个领域,只要换一个情境,就足以将一个神话般的传奇变成一个平凡的传说。马拉多纳是个大神级的足球运动员,但却是个平庸的教练,而因为他平庸的指导使得一支拥有众多一流球员的球队也堕落为一支赛场表现平庸的球队。

显然,与阿根廷队相比,许家印恰如其分地做到了使他的足球队人尽其才,才尽其用。一方面他愿意下本钱请来最好的球员教练,另一方面,他也足够包容,有所为有所不为,充分放权,尊重教练团队的专业决策权,由此才让里皮与他的教练队伍以科学规范的准欧洲模式的球队管理带领恒大队获得了那场惊心动魄的胜利,与其说是球队的胜利,毋宁说是一个优秀团队运作管理的胜利。

由此看来,就算土豪也绝不是那么容易炼成的,中国足球从上一次土豪变赤贫到这一次赤贫重新变回土豪足足用了24年的时间,这其中的艰辛恐怕当事人感受最深刻了。另一方面,在未来,不仅有一个持续稳定地占据"土豪"地位的修炼过程,还需面临更艰巨的成为足球界"贵族"的挑战,在通往更高境界的漫长征程中,"土豪"毕竟还是比较初级的境界。

2013年

23 小米的蓝海生态

创建于 2011 年的小米手机,在不到三年的时间里,以被专业人士测试并认可的精良做工,高端配置中端价格打造的高性价比,针对手机发烧友的独特市场定位,绕开经销商直接在网上销售的直销模式,以及由此而形成的良好口碑,在一众国产手机品牌中脱颖而出。

从传统的成本角度考虑,以这样的价格将手机卖出去,厂家是不赚钱的,那么,在貌似"赔钱赚吆喝"的表象下,小米真正的商业意图是什么呢?

传统的手机盈利模式主要是来自手机硬件,但由于厂家众多,业态模式已经成熟完备,高中低端制造商步步为营,在一片原本利润空间就比较薄的红海中刀光剑影,竭力厮杀,竞争已经激烈到了变态的程度。在这种市场态势下,小米如果再想加入并分一杯羹简直就是不可能完成的任务。

但是,做软件出身的小米创始人雷军从手机的软件以及互联网应用层面看到了商机,顺着这个思路,雷军和他的团队构建了一个将硬件、操作系统和互联网应用三个层面化整为零,以更好的消费者使用体验为目标的商业模式切入手机市场并取得了初步成功。

对于大多数消费者来说,手机是最贴身的便携移动设备,随着通信技术的发展,手机的用途已经远远超出了电话通信领域,它其实已经成了可以连接各种互联网服务的最便捷的终端,如果从这个角度去拓展,会发现,目前的手机产品在互联网的服务方面还有很多领域没被挖掘出来,但这也同时意味着巨大的商机,其利润空间要远远大于手机硬件。

在目前的手机市场上,高端的品牌如苹果、三星应该还不会对小米造成什么困扰,因为对于他们来说,小米就真的是一个"小米粒",无论是规模、利润还是其他方面都不会对他们带来实质性的威胁;而对于众多国产中低端品牌来说,小米的套路跟他们也不一样,小米不通过经销商,不在实体店销售,有自己独立的MIUI操作系统,这样一个特别的市场空间,不太好进入,即使他们想跟进也至多和小米在同一起跑线上。

由此看来,无疑小米正在以迅雷不及掩耳之势构建一个蓝海生态,并且正在一步一步将其轮廓勾勒得越来越清晰,已然成了国内手机品牌中独树一帜的标杆。

但是,一个富有颠覆意义的创新的商业模式对于一个企业来说充其量只是一个良好的开端,最终能否成功,还需要更多的后续支撑。

首先,是人的问题。任何一个商业模式的产生和实现都需要有一批足够有灵感、有能力同时又有务实精神的人去运作。从这个角度来看小米的管理团队成员:前金山词霸总经理黎万强,长于用户界面和人机交互;前微软中国工程院开发总监黄江吉,长于软件工程;前谷歌中国高级产品经理洪锋,长于移动互联网应用研发和产品设计;前摩托罗拉研发中心高级总监周光平,长于硬件设计;前北京科技大学工业设计系主任刘德,长于工业设计;前谷歌中国工程研究院副院长林斌,和雷军构成了小米公司管理运营的双核心。真是一个华丽丽的阵容,由此就不难理解小米为什么能构建出如此精妙的商业模式,这基本就是一群高手间思想与创意的精彩碰撞所激发的绚丽火花。同时,这样一个团队也为小米未来的持续发展奠定了重要的人力资源基础。

其次,需要确保产品持续优秀的硬件和软件品质。这可以说是小米手机能否持续保持竞争优势的根本立足点,但这也是对于一个企业来说最耗力耗神的。尽管是一部小小的手机,但麻雀虽小五脏俱全,其生产管理过程远比一个天才创意的产生要复杂繁琐得多。小米作为一个新创建的手机公司,在产品的制造和售后服务方面以及硬件与软件的驱动整合和品质管理方面都将面临更多的困难与挑战。基于手机的众多服务,最终都需要通过消费者手上的那部小小的手机来体验,如果随着销量的增加,手机的硬件与软件没有达到决策者预想和消费者期待的状态,那将对企业的后续经营带来极大的障碍,甚至可能动摇公司发展的基础。

最后,需要在互联网服务方面能开发出一些更具实质性的服务资源。手机是目前人们最不可或缺、无可替代并且必然随身携带的电子设备,未来的各种互联网服务都需要通过这个设备传递到用户手上,这将会是最经济便捷的入口,因此谁能成为这一入口的统治者,谁就是新一代移动互联网领域的王者。小米公司管理团队平均年龄在40岁以上,绝大多数都有在谷歌、微软、摩托罗拉等国际大型公司的工作经历,再加上雷军在金山公司的工作经历以及他曾经的天使投资人的经历,所有这些无疑会为小米公司积累大量的人力、技术、资金和互联网市场资源。如果小米未来能够挖掘出更多连消费者自己都没有想到的服务资源,并能以便捷的方式快速、高效地呈现在消费者面前,那么小米就拥有了其他手机厂商都不具有的竞争优势,最终形成一个以手机为节点的移动互联网帝国。

  优质的硬件和软件性能,再加上内容丰富、快速便捷、富有创意的互联网服务,小米公司一直强调的杀手锏——"铁人三项",目前来看至多是小米公司对蓝海生态的一个美妙构想,并且小米最近在手机产品初步成功的基础上持续跟进网络电视、多功能智能路由器等等,这些动作都让人们看到了小米一个个还算套路不错的姿态。如果在将来能够在上述三方面高契合度全面实现的话,小米才算构建了一个真正意义上的蓝海生态。

2013 年

24 关于转基因的纠结

关于转基因食品,吃还是不吃?这已经不是一个最令人纠结的问题了,因为在你还没做出最终决定的过程中,在完全不知情的情况下,转基因食品已经以迅雷不及掩耳之势,以润物细无声的节奏,无所不在地融入到你周边的各种食物中,让你稀里糊涂就享用了它们,这才是最纠结的。

随意上网逛逛,发现网友们的纠结之声以及专家们的争议之声,足可以用声势浩大来形容,这不,前央视主持人崔永元已经和方舟子就转基因问题在网上持续骂战好几个月了,双方吵得是不可开交。

小崔说方舟子没逻辑,而方舟子则直接断言小崔不是专业人士,没资格讨论转基因这个十分专业的问题。这我就纳闷了,当年方舟子闯入与他的专业毫不相干的文学领域义正词严地去质疑韩寒的时候,好像也没有人说他没资格啊,怎么今天遇到同样的情形,他就大言不惭地说小崔没资格呢?再说了,转基因问题本身就有不同的层面,非常专业的层面当然需要专家们来理论,但涉及转基因与消费者权利问题,崔永元作为一个消费者何以没有资格质疑自己的知情权和选择权问题?我在怀疑方舟子先生是不是转基因食品吃多了发生了基因突变从而引起了思维突变?

为此,感性爆发的小崔发扬他在《实话实说》节目中养成的桀骜不羁的风格,自费到美国调查转基因问题,并决定将调查情况做成纪录片,供广大观众评判。且不说这样做的效果如何,只就他的这种执着率真、严谨务实、追根寻底的做事态度,就值得人尊敬。个人觉得,不在纠结中行动,就可能在纠结中淹没,多一些像小崔这样的质疑之声,对解决转基因的终极纠结有利无害。

转基因食品研究始于美国,随后蔓延到其他国家,那么,关于转基因食品的安全性在国际科学界是否已有定论了呢?查看了一些资料,据美国农业部的数据,美国2009年转基因玉米种植面积为85%,转基因大豆种植面积为91%,转基因棉花为88%。可是,在美国,至今还没有对主粮小麦进行转基因的商业化种植。欧洲、日本和其他亚洲国家一直强烈反对转基因小麦,如果美国商业种植转基因小麦,那么这些国家的买家可能会从其他地区选购小麦。迫于压力,孟山都公司主动撤销了转基因小麦商业化种植的申请。即使是作为发展中国家的印度,也于2010年2月,中止了世界第一批转基因茄子的推广,理由是需要进行进一步研究才能在全国种植,以确保消费者的安全。而阿根廷和巴西每年生产的近80%的玉米均为转基因品种,是仅次于美国的全球两大玉米供应国。目前,全球前三大转基因玉米生产国的玉米已悉数进入中国市场,作为非种植食品。

综上所述,转基因食品在国外的争议仍然很大,远远没有就其安全性形成共识。至少到目前阶段,这是一个无法证实也无法证伪的命题。

国内有关专家对转基因食品有什么说法?鉴于有关专家以往在很多问题上令人遗憾甚至失望的专业姿态,有关专家在这个问题上的看法还有待审慎看待。

更多的希望可能要寄予有关部门了。理论上,消费者的知情权和选择权是应该得到尊重的,为此,给转基因食品加上显著标志应该是维护消费者权利最靠谱的做法了,问题在于执行起来就没想象的那么容易了,这是一项复杂浩大的系统工程。虽然从种植的品种看比较容易了解是否转基因,但除此以外,转基因作物还用来作为饲料喂养牛、猪等食用动物,同时还会被制作成玉米糖、大豆油等形成加工食品的组成部分,如果所有这些都要进行标识,恐怕无论从人力还是物力方面,还是对转基因这种新兴食品类型的法律和制度管理方面,有关部门在短期内是难以保障和执行到位的,再说其成本也是需要考虑的重要问题。2007年出台的《新资源食品管理办法》中,也没有对转基因食品进行标识的相关规定。

以前,在超市购买黄豆和玉米以及其他食品的时候,基本很少考虑转基因的问题,但最近看了微信上一则关于转基因与非转基因食品的鉴别方法,对照比较后发现,以往所购的黄豆和玉米基本符合转基因食品的典型特征,但是,从未看过超市在这些食品的标签上做是否转基因的标注。看来,如今要想确保自己作为消费者的知情权和选择权,将自己造就成转基因食品鉴别方面的专家是责无旁贷了,呵呵。由此,又一个令人纠结的问题出来了:市面上有这么多的食品,消费者为了确保自己的相关权利,必须思考,这到底是转基因还是非转基因?为此必须处心积虑潜心钻研从而成长为具有专业水准的消费者,这该多累多纠结啊!做一个消费者怎么这么难呢?

生存还是死亡?这个问题貌似简单,可为什么就让聪明智慧的哈姆莱特王子苦思冥想得那么辛苦呢?原来,貌似简单的问题,其背后往往蕴含深刻的哲理,可衍生出许多纷繁复杂的问题。

据此,有理由相信,关于转基因食品的纠结在未来相当长的时间内,将是一个持续困扰、难以解决的问题。

也许,随着转基因食品研发技术的蓬勃发展,人们将无可奈何别无选择地陷入更大更多的转基因食品的旋涡,但只要国际科技界没有就转基因食品的安全问题形成定论,这个问题就会成为一个终极纠结的问题。

2013 年

25 春晚大牌集体走音：这是肿么了？

我承认我是春晚的忠实观众，尽管每年对春晚都会有这样那样的不满意，但春晚毕竟是春晚，骂着骂着到来年仍然要情不自禁地看，因为三十年看下来，已然养成习惯，春晚已然成了除夕夜不可或缺的一道精神大餐。

今年春晚，歌舞类节目不出意料仍然是主打项目，王菲、萨顶顶、谭晶、刘欢、王力宏、孙楠等等，他们将要演唱的歌曲都是我喜欢的经典曲目，因此这些大牌歌手都很令我期待，以至于庆幸总导演哈文和我的喜好咋那么接近呢？

但一路听下来以后不由觉得有点出乎意料：平时堪称天籁音质、唱功毋庸置疑的王菲、萨顶顶等居然集体走音，这是肿么了？是我的耳朵出问题了么？

怀着这个有点八卦的疑问到网上闲逛，结果证明，应该不是我的听力出现了问题，因为网上也是一片哀叹和质疑之声！

归纳起来，大约有几下几种看法：①歌手发挥失常；②现场混音出现问题；③耳麦返送错误；④现场调音失误；⑤现场真唱，难免会出现一些瑕疵。

看到这些理由，绝大多数都是强调音响的问题，我不由感慨和困惑：我们的网友真是太宽容了，我们的大牌歌手们有这样的粉丝真是太幸运了。

不过，歌手和音响的关系什么时候变得如此深度关联、密不可分了？

想起了十几年前看过的陈明现场演唱会的情景，记得当时是在一个大学的礼堂，音响效果当然不如现在，但陈明的一曲清唱给我留下了深刻的印象，那歌声圆润而悦耳，高低起伏很大，但她从头到尾不加任何伴奏，毫无瑕疵地演绎完了整首歌曲，那声音和我平时听她的唱片几乎没有区别，顿时觉得十分惊艳。还有一次是听毛阿敏的现场清唱，也是清新悦耳，余音袅袅。

我想说的是，作为一个职业歌手，在没有音响伴奏的情况下，没有破音、仙乐飘飘地唱完整首歌曲是完全可能的，也是应该的，否则还叫什么职业歌手呢？

再者说了，除了这些走音的大牌，也还有很多没走音的大牌，比如和王菲同时演唱的陈奕迅，比如谭晶，比如孙楠……我相信他们当晚的完美表现应该不会是导演对他们格外照顾,只给他们对口型的特权吧?

更何况走音的歌手连我这个业余人士都能明显听出是气不够声音颤抖,真是期望越大心中的失望就更加强烈,他们都是我非常喜欢的歌手啊。

也许我有些刻薄,但我还是觉得职业歌手至少不应该在这么重要的演出中出现这样的瑕疵。或者至少应该在演出前多排练几遍甚至几十遍,这样出现瑕疵的可能性也许就会小一些吧。

不过话说回头,有一点还是值得庆幸的,那就是正因为出现了这么多的瑕疵,反过来恰恰可以证明这次春晚一定是如假包换的真唱。我相信,绝大多数观众都更愿意在春晚看到明星们真刀真枪的现场演绎,而不是天衣无缝的事先录音。

职业演出是一种职业技能的展示和比拼,只有现场真实展现才够刺激够有魅力,才能体现高超的职业水准,作为职业艺人就应该有现场完美演绎的职业自信和职业水准。失去了这些,现场演出就会失去难能可贵的惊心动魄和激情澎湃。

由此看来,明星集体走音是音响的问题,更是明星自己的问题。以后的春晚,是真唱还是假唱应该不成问题,更重要的问题是如何更好地确保真唱以及其他类型节目现场质量的问题。

2012 年

26 竞技的魅力

——失败也英雄

这段时间整天泡在奥运会的各项赛事里，差点都快忘了自己是谁了，一场又一场的精彩赛事让我体验了一次又一次的惊心动魄。最初，一门心思只想看获胜者如何战胜对手，冲击竞技的至尊圣坛，可看着看着，欣赏的兴趣有了微妙的变化，开始关注起一些注定无法取得最后胜利的比赛项目，比如中国男篮、中国女网等，因为这些运动员们表现出的精神与勇气深深吸引了我。

姚明在和美国梦八队比赛前曾说过，如果中国队战胜梦八，他就退役；而科比也以同样机智的幽默回应说，为了不让姚明退役，他一定要多灌几个球。这虽然是调侃，但却道出了一个大家都早已预料到的结果，那么对于这么一场赛前就知道注定会失败的竞赛，中国队将会如何去应对呢？怀着这样的好奇，以前从不看篮球的我看了这场比赛。结果，中国男篮的优异表现不仅吸引我将比赛完整地看下来，而且还步了我三个小外甥的后尘，无可救药地喜欢上了中国男篮，因为他们用不断进步的技艺和敢拼敢打的勇气将失败演绎得如此壮烈和美丽！接着，又看了几天后中国与西班牙的那场比赛，这同样是一场实力比较悬殊的比赛，但中国队没被对方的气势压倒，将与梦八对阵时的勇敢无畏尽数带到了这场比赛中，结果前三段一直保持了领先的优势，直到第四阶段，终因体力、技术、经验等方面的差距惜败西班牙。无独有偶，与德国队的比赛中，中国队在第四段又遇到了与西班牙类似的状况，但中国队没有让失败重演，而是通过严密的防守和积极的进攻，成功地保住了前三节的战果，将胜利保持到了最后。虽然中国男篮未来能走多远现在还难以预知，但是我觉得，看了男篮在上面几场比赛中的精彩表现，最后的结果如何已经不重要了，因为他们已经让人们看到了未来光明的前景，以这样的势头，在将来的更多比赛中想不胜利都难。

美国男篮、中国乒乓球队、中国跳水队等以绝对的优势在奥运赛场上演绎了一幕又一幕梦之队的神话，而姚明们以及其他梦之队的对手们也凭借同样精彩的表现诠释了一场又一场挑战者的奇迹。

参加北京奥运会的运动员人数达 11 000 多名，而金牌总数只有 305 块，这么悬殊的比例基本上可以确定绝大多数的参赛运动员都将注定会成为失败者，而且就算是这次的胜者，四年以后很可能就会发生反差巨大的角色转换（比如上届奥运会万众瞩目的英雄刘翔，由于伤病，到了北京奥运会就成了不折不扣的悲情英雄），由此可见竞技的残酷性。

实际上，每届奥运会上都有众多这样的运动员，那就是参加了很多届奥运会却从未拿过任何奖牌，但他们仍然充满激情地投入到自己所热爱的运动项目的训练中，并且以对伟大的竞技精神的崇尚一次又一次地挑战自己的极限，每隔四年都如约汇聚在一起朝拜他们心目中神圣的体育麦加。从某种程度上可以说，正是由于这众多参与者英勇无畏的挑战，才造就了获胜者无敌的技能，造就了奥运的辉煌，因此，在我看来，这些明知可能会失败却仍能勇于挑战的人们都是英雄，货真价实的英雄（当然像中国男足那样输球又输人的竞技队伍不属此列）。

刚刚电视里又结束了几项体操单项比赛，这是我最喜欢看的项目之一，也可以说这是一项充满跌宕和遗憾的比赛，尤其是那些脸上还带着稚气的女孩子们，要做那么高难度的动作，一旦有一丁点儿闪失，就会与奖牌失之交臂，但几乎每一位失误的运动员失误后，明知已与奖牌无缘，无一例外地都会将剩下的动作尽量完美地展现出来。对于他们来说，一次失误可能就意味着另一个四年艰难曲折的漫长等待或者事业旅程中无可逆转的悲情结局，可他们依然是义无反顾，无怨无悔，全情投入。因此在我的心目中他们每一位都是毋庸置疑的英雄！

2008 年

专题二
他山之石

不同的国度、不同的行业都有管理,并且管理的具体模式、形式也各有不同,这就是传说中的管理的艺术,所有这些都给管理者带来视角各异、触类旁通的启发。

1 致命的方法论

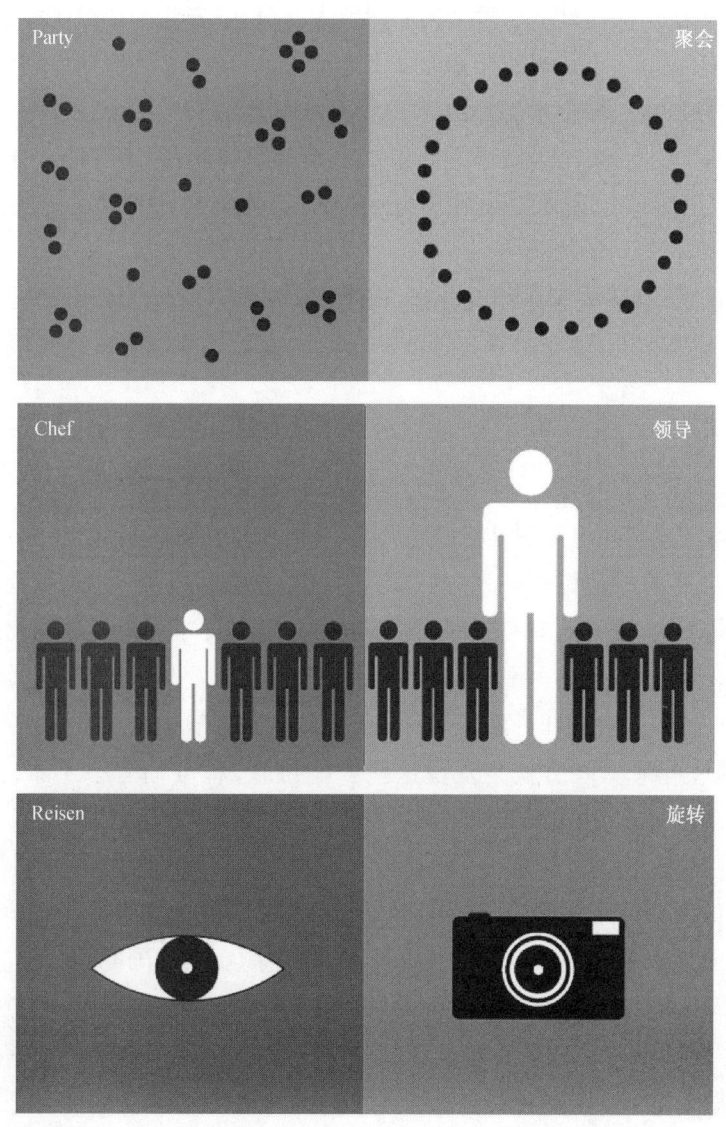

上述图片是华裔设计师刘杨关于中德文化差异非常简洁生动而富有创意的对照图。

暑期在德国参加关于职业导向教学方法的培训,发现几乎每位德国老师在上课的时候都非常强调方法论。

"方法论"这个词在我的词典里原本是一个非常高深的哲学词汇,听了这些德国老师对方法论的解释以及他们对方法论身体力行地演绎,我对方法论这个术语有了重新的认识。

当然,方法论仍然是一个哲学词汇,但并没有我原先想的那么高深,就是说人们用什么样的方式、方法来观察事物和处理问题。方法论是指导人们认识世界、改造世界的最一般、最根本的思维方式和思维理念。说人话,就是你看待万事万物的思维模式。而这,对于做事的结果却是至关重要的,因为有什么样的思维模式就决定了会采取什么样的做事方式,不同的行事方式对结果会产生致命的影响力。

在我看来,刘杨关于中德文化差异的解读其实很好地诠释了德国人的方法论,那就是强调精准,讲究实用,直面问题,思维直线,特别善于对问题进行结构化的思考。

在德国学习、生活一段时间以后,发现上述方法论简直无所不在地融合在方方面面。

我们每天坐有轨电车到马格德堡大学上课,先说车站的标示,十分详细,不仅标出了站名,而且准确标出来每一个车次到达的确切时间,以及周六、周日同一条路线的不同车次(因为有些路的车可能只有周六、周日才有),并且还充分考虑到晚间、凌晨与周末坐车人少的因素,加长车次的间隔,发车十分准时,所以如果乘车的话,可以很好地控制时间。刚开始看这么详细的车站标示觉得有点复杂,因而不太习惯,可乘车以后就会发现这些安排细致、精准而有条不紊,十分方便实用。

从我们这次培训的主题——职业教育来说,与德国相比,我国职业教育的重点还是侧重理论体系的灌输,如果说有什么效果的话,也只停留在对学生职业素质的教育,而德国职业教育那就是四个字:直奔主题。在德国期间,我们先后参观了马格德堡手工业协会的培训中心(各种行业协会是德国职业教育的重要组成部分,扮演了至关重要的角色),还参观了一个职业学校,感觉他们的教室基本上就是个袖珍型工作室。比如我们参观的美发美容专业的教室,美容美发工具应有尽有，学生可以在这里按照老师的指导用发模直接上手操作。木工课程学习的教室也是工具齐全，甚至连粉尘木屑的处理设施都配备得很完备，让学生在学习过程中就时刻关注工作中的环境保护问题。听接待人员介绍，在德国，即使是木工也需要正规培训中心的合格证书才能当一名木工，此外就算一个普通的木工也需要3~4年左右时间的系统职业培训才能正式上岗。更关键的还在于这些学生不仅直接动手操作，同时还会受到本专业的相关理论训练，由此可以想见，未来的毕业生一定是既有理论又有实践训练的专业人员。

在我国，职业教育由于种种原因，多多少少有那么点不受重视。但德国人恰恰相反，他们认为：职业是上帝的召唤。所以他们对所有职业都是心怀敬意，并全心全意致力于各领域职业人员的培养。据我们的德国老师说，在德国，一个受过系统培训上岗的职业长途货运车司机的收入不亚于一位大学老师，作为蓝领阶层也同样可以过着体面的生活，受到社会的尊重。德国能成为一个制造业的世界大国，个人认为很大程度上得益于他们行之有效的职业教育模式下造就的训练有素的职业人员。有一次，我为了收集我们学习小组环保主题研究的素材，准备拍几张我们公寓楼下垃圾箱的照片，碰巧遇见着装统一的环卫工人驾着巨大的垃圾清运车准备清理垃圾，且不说他们的工作非常专业，素质和幸福感更令我感到惊奇，看到我在拍照，他们一边工作一边主动向我问好，当我试着问他们是否愿意让我拍照时，三位工人十分爽快而热情友好，非常配合地摆好姿态让我拍，令我印象最深刻的就是他们脸上充满自豪的笑容。

此外，我觉得德国人非常善于将问题进行结构完整的系统思考。这个看法更多地来自于德国老师的授课过程，我们这次培训的主要内容是职业导向的教学方法。其实，之前在国内我也参加过德国职业教育法的培训，所不同的就在于，国内的老师只告诉我们某种教学方法如何应用于教学，而德国老师会循着这个教学方法，从开始的方法论到执行的具体步骤，一直到最后的成效评估，给出一个完整而系统的教学方案和建议，然后再放手让我们做，并对我们完成的结果进行点评。比如，考察这件事，在国内如果我们要考察，基本上会不假思索地到达目的地，随便看看就走人，但在德国，老师也将其作为一种教学方法，甚至在考察的前一周，就给我们进行了如何考察的系统培训，指导我们如何基于自身的专业，从宏观、中观、微观层面就考察对象提出至少三个相关问题，回来以后还要通过提问的方式对我们的考察成果进行评估反馈。我最初一面听一面在心里嘲笑这些德国佬的刻板矫情，可真正带着这些问题到了考察地时，才发现由于带着问题有备而来，不知不觉中会触发对很多问题的思考,果然效果不错,开始反过来嘲笑自己的无知。

不同的文化背景衍生不同的世界观,不同的世界观衍生不同的方法论,不同的方法论衍生不同的教学形式和教学工具,当然也由此衍生更多相应的解决问题的方式和方法。

由此看来,方法论这个看似高深的东西不仅离我们并不遥远,而且简直就是无处不在,只不过我们没有关注而已。严谨正确的方法论对更有效率地解决现实中的各种问题来说真可以说是致命的关键密码。

2013 年

2 蓝天白云之梦

这是我到德国的第一天随意拍的两张照片,当时看到满天肆无忌惮展现在眼前的蓝天白云,心中有一种感动,更有一些感慨,因为,这稀松平常的蓝天白云在国内已然成了稀缺资源。

接下来的学习与生活过程中,我逐渐看到了这个国家为这份纯净纯粹的蔚蓝所付出的不懈努力,注重环保已成了德国人的一种根深蒂固的习惯。

各种车辆可能是城市污染的重要源头之一,到了马格德堡后发现路上的小汽车并不是很多,倒是有很多人将自行车作为交通工具,因此,每条公路上都辟有专门的自行车道。遍布整个城市的公交系统四通八达十分方便,花42欧元购买一张月票,就可以随意乘坐市内的所有公交、有轨电车,我们每天就用这种月票在离住处不远的地方乘公交车去上课,准时舒适便捷。并且从这里通往全国各地的铁路也价格低廉而方便,我们周末到附近的魏玛,买了五人一组的周末套票,只要36欧元,如果在27小时内往返的话,就无需再购买返程票,并且用这张套票,只要五个人一起,就可以在魏玛随意免费乘坐那里的所有公交车包括地铁。到德国境内的所有城市都有这种周末套票,在站台上,就看到了不少背着行囊乘火车旅行的德国家庭。有了这些交通工具,感觉如果生活在这里,很多人确实可以不用再自备车辆,而自备车辆的减少就可以从很大程度上减少城市污染源。

塑料包装带来的白色污染也是城市污染的重要源头,德国人自有他们的应对措施。我们到超市购物时发现了一样国内没有见过的设备,那就是饮料瓶回收设备。喝完饮料后,可以将塑料瓶方便地放入回收设备,立刻就可以获得0.25欧元的回收费,大号饮料瓶回收一个0.8欧元,于是在德国超市经常可以看到的一道独特风景就是人们排着队去处理饮料瓶。有了这个设备,我们这些外国人也都非常应景积极主动地加入这个利己利人的小小环保活动中。

上图中的设备就是传说中的饮料瓶回收神器，人们正在将饮料瓶放到回收箱中，一旦回收成功，就可从下面的那个槽里拿到回收费，垃圾也实现了分类回收。在我们所住小区的楼下，就有两排排列整齐的垃圾桶（见下图），一排是专门放容易腐烂变质的生物型垃圾包括厨余垃圾等，另一排则回收其他垃圾，并且上了锁，只有用公寓配给的特定钥匙才能打开，猜想此做法是为了尽可能杜绝人们随意丢放不符合要求的垃圾。

每天都有人定时开着车来清理并将其运到特定的场所进行处理。今天早上出门刚好碰到三位环卫工人开着橘红色的垃圾周转车准备运垃圾，当我表达要给他们拍照的意愿后，三位淳朴的环卫工人很爽快开心地摆好姿势让我拍摄。

专题二　他山之石 | **071**

在旅行中，随意望向窗外，就能看见蓝天和摇曳多姿快速漂移的白云，如同3D立体电影中唯美梦幻的特技画面。随处可见的巨型银白色风车矗立在金黄的麦田里，不仅是一道亮丽的风景，更显示了德国人对风能这种环保能源的重视和有效利用。

在参观马格德堡大学物流实验室时，教授特意带我们看了物流专业一位在读博士的一项正在进行的科研项目，主要内容是研究如何将潮湿的垃圾烘干，从而更方便更环保地运送垃圾。看完这个项目，我深信德国人在环境保护方面再次显示了他们无可救药的执着与理性，环保已然成了他们发自内心的虔诚信仰。

甚至我们参加的物流专业行动导向教学方式培训中，德国人都不忘向我们灌输他们的环保理念，在培训计划里给我们布置的三项小组作业中有一项就是：按照行动导向教学方式进行教学大纲的调整，并提交方案，说明如何将环境保护理念融入到物流课程的教学环节，从而加强对学生的环保教育。

上述对于德国环保情况的观察由于个人视角和阅历的局限性，难免显得有些零散，不够系统，但能够让一个外国人在短短几天内就从日常生活里不知不觉地领略到他们为保护环境所做的一切，由此可见德国的环保活动是多么的普及，几乎无处不在，让你难以忽视。

我们国家目前正在倡导实现中国梦，个人觉得这个设想真的很好，因为一个有梦想的国度就一定会是一个让人充满期待的国度，但愿这个前景美好的中国梦里也包括一个不应算是奢侈的蓝天白云之梦。

2013年

3 蓝天白云之梦（二）

记得上次写这个主题的时候，是我刚到德国培训没多久，对他们环境保护方面的观感难免流于浅薄、片面。在即将离开这里的时候，尤其是在今天参观了一个再生资源利用研究中心以后，更觉得感触深刻。如果让我列举这次来这个国家印象最深的事，尽管培训的主题是德国的职业教育教学法，但让我感触最多的一定是德国的环境保护，在我看来已经做到了很深的层面，甚至到了不惜一切代价的程度，越发觉得他们言必说环保，绝不是一种矫情，而是他们作为地球一分子深入骨髓的一种生存态度和发展理念。

位于马格德堡市郊的再生资源利用中心，尽管外表看来是一座很不起眼的建筑，可深入了解以后，内心觉得深深震撼与感慨。

首先映入眼帘的是研究中心屋顶上的太阳能接收板，这些接收板貌似国内的太阳能热水器，实际上它们的用途不是简单地烧热水，而是一个光伏发电的太阳能电板。讲解人员介绍说：德国为了鼓励环保能源的发展，制定了相关激励政策，规定自2001年起，如果利用太阳能发电，不仅可以进入公共电网销售，而且每千

瓦时(相当于1度电)还可获得0.5欧元的政府补贴,而德国一度电的价格是0.27欧元,巨大的盈利空间行之有效地促进了德国光伏产业的发展。

上页图中的仪表是用来测量发电量的,由此可以方便地进行发电的成本核算,进行盈亏分析。

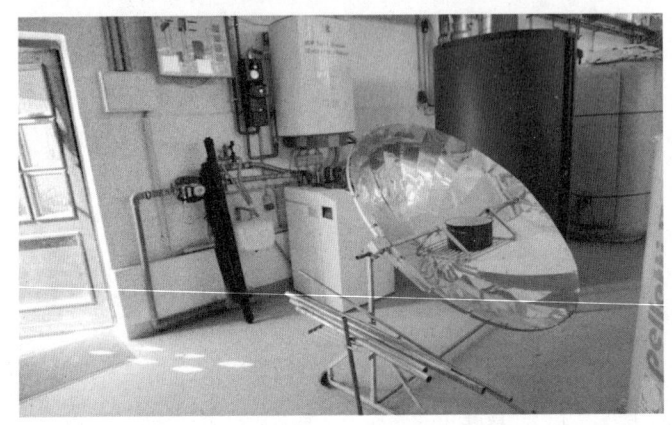

上图中简单的装置可以在晴天迅速将热水烧开,正当我要觉得这是小儿科时,讲解员说这个项目是为了支援不发达的第三世界国家研发的,他们充分考虑到了这些国家的实际情况,研发了这种简单而有效的设备。

上图中的设备可以两次利用热能。通常木材燃烧后,在散发热能的同时还会释放甲烷,正是这些甲烷给环境带来了污染,这个设备可以有效地将甲烷转换成热能,从而既杜绝了木材燃烧产生的污染,又实现了热能的二次利用,为清澈的蓝

天白云做出了贡献。

　　根据我的常识,废木屑在我国最主要的用途是压制成纤维板,而德国人富有创意地将它们转变成了可以使用的热能。

　　看上图这包木屑压制成的条状小块,稀松平常,可一旦有众多这样的木屑集中在一起,就可以通过一定的技术转变成热能,可以满足日常生活中的热水使用,同时还可以转化成冬季地热取暖的能量,既实现了废物利用,又成全了环保的要求,可谓一举两得。

这就是将木屑转化成热能的装置

这是即将被转化的众多木屑

地沟油是我们中国人深恶痛绝的东西,因为它几乎无孔不入,但又难以避免,尽管有报道说目前国内在进行将地沟油转化成飞机燃料的尝试,但成效似乎不大。看到这项废油利用的研发成果时,我情不自禁地让翻译询问讲解员地沟油是否也可以转化,当她表示这个设备可以将几乎所有的油类同时转化成热能和电能时,心中不禁百感交集,一个期盼不断升腾心头:如果有一天我们国家能这样巧妙地利用地沟油,从而让我们完全杜绝地沟油的侵害,那该有多好啊!

德国人对地热的开发也不遗余力,这项装置就可以通过复杂的技术将地热开发出来转化为可以方便使用的热能。讲到这里,讲解员还非常自豪地告

传说中的"地沟油"转换器

诉我们,她家就有这样一种既安全又环保同时耗费巨大的设备,这样一个设备如

果家庭使用时，需要花费2万欧元，就算这样她也愿意，因为她觉得这是非常环保的能源。这就是一位普通德国人的境界，我觉得这已然是一种境界了，但她却觉得理所当然，由此可见在德国环保意识深入人心。

以聚乙烯为原料的塑料制品由于难以降解，在我国被称为"白色垃圾"，也是一种让人头痛的公害，尽管政府在2008年就实行了"限塑"政策，但塑料的滥用和污染仍然很严重。德国人的处理方法是将这些废旧塑料压制成细小的颗粒，作为铺设道路的原料。

技术复杂，价格昂贵的地热转换器

据讲解员介绍，上述种种对废品和天然能源的再生利用，其中的每一项，其开发和使用在目前看来都比直接使用石化和煤炭资源的成本都要大得多，但德国政府多年来仍然孜孜不倦不惜耗费巨额的资金，致力于环保能源的开发。在这一点上，德国人所表现出的固执与刻板反而令我心生敬意。

享受纯净的蓝天白云，原本是一个简单而平常的愿望，可人们对利益对自然的无节制欲望却让这个愿望变成了遥远的梦想，以致实现这个梦想需要通过复杂而繁琐的技术、经济和政治手段，付出巨大的代价才可能达成。原本人们努力打拼的目的是想让自己生活得更有质量，但恰恰是在为获得高质量的生活而努力的过程中失去了最基本的生活质量，让蓝天白云渐离渐远，这不能不说是一种悖论。这到底是失还是得，利大还是弊大呢？

如果能够像德国人这样真诚地打造实现这个梦想的通达之途，愿意舍弃一些眼前的利益，哪怕退一步，就算有多一些的人能在心中存有一丝环保的念想，那么这个梦想就不会变得遥不可及。

2013年

4 文化之城魏玛

歌德、席勒和巴赫,这三个名字中的任意一位,都足以让他生活过的城市值得瞻仰,更何况这三位文学和音乐界的巨匠居然不约而同地在德国的一个小城——魏玛度过了创作灵感最旺盛的年代。同时,这里也是伟大的哲学家、思想家马克思的故乡。除了这些文化人,还有包豪斯大学与李斯特音乐学院,也在不断地向小镇输送着新鲜的文化血液,似乎铆足了劲地展示小城长久令人瞩目的文化气质。

那么,这个小城究竟有什么魅力呢?用什么养育了这些享誉全世界艺术界的卓越的艺术家,又用什么塑造了卡尔·马克思不同凡响的思辨力呢?

带着这样的好奇,我来到了心目中向往已久的文化之城——魏玛。

火车进入简洁得甚至有些简陋的魏玛车站,第一感觉就是这里确实是一个小城。因为车站真的很小,不知是否因为周末的缘故,来往的乘客也不是很多,宁静而祥和,没有候车室,下了站台,走过一条不长的通道直达车站门口。

坐上公交,十分钟即达著名的魏玛大剧院。如果从占地面积上看,剧院实在称不上大,但剧院前矗立着的一座歌德与他的好朋友席勒的雕像,立刻让剧院在我的心目中显得更别具一格,如果在作家故乡的剧院上演他们的作品,除此以外世界上还有哪一个剧院能享有这一份荣耀的独特呢?

转角处进入一条颇有文化气息的商业街,两边有商店、书店,当然都在销售着歌德、席勒的纪念品和作品。街边有餐厅、甜品店的露天餐桌,人们喝着饮品,悠闲地享受着周末早晨清新灿烂的阳光,岂不知在不知不觉中他们与这街边的一角已然构成了我的眼中和照相机镜头里的一道颇具情调的风景。要说这里的人们,真的十分喜欢享受阳光,就算七月炙烤般的炎热也不能阻挡他们沐浴充足的阳光。我也应景地找了一个椅子坐下来,在树荫下享受旅途中短暂的悠闲,任思绪神游驰骋。

街道上没有机动车,只有少量的自行车不时穿过,感觉非常清静舒适。流连在这条不算很长、两边充满绿荫的街道,不时能看到水平不一但各具特色的街头文艺表演,其中一位稚气未脱的小男孩格外引人注目,但见他低着头专注地拉着小提琴,尽管琴声有些稚嫩,却也有板有眼,我投了一枚硬币,他十分有礼貌地停下演奏向我致谢并特意为我表演了一首曲子,令我十分感动。观众们也都很友好,欣赏表演的同时也给予表演者以善意而真诚的掌声。表演者们也是非常投入而愉悦地沉浸在自己的表演和观众的掌声与喝彩声里。这一切都展现了小镇浓浓的文艺气质。

小镇的建筑也颇有特色,比较多的是色彩多样但多半淡雅宜人的洛可可式建筑,阳光下点缀房屋的鲜花显得格外绚烂,碎石镶嵌的地面透着怀旧的气息,街巷幽深,不时有一些小景致映入眼帘,带来一点小惊喜。比如街角小店门口,会不经意地立着一把鲜红的金属装饰座椅,抑或门框边静静立着的金属丝编织的吊灯,都透着一种惬意慵懒的小情调。

歌德花园,因拥有歌德故居而闻名,花园四周没有围墙,确切地讲,更像是一个随意延展在都市中的草原。许多树冠巨大的树木和面积达到奢侈程度的草坪似乎在无声地证明:无需姹紫嫣红,只需一望无际的由树和草组成的高低起伏的碧绿照样可以营造一种令人心旷神怡的自然朴素与辽阔的豪迈之美,也许正是这样一个特定的氛围养育了歌德作品的底蕴与内涵。放眼望去,偌大的花园里,除了我们这帮不速之客外,居然没有多少游客,视线所及之处,看到两位女士安静地坐在椅子上看书,银杏树下一位美丽的女郎也坐在草坪上看书,有几位少男少女在无忧无虑地嬉戏,这幅图景与花园的氛围十分地贴合,人与自然如此和谐共处,真是十分赏心悦目。

与花园的美好图景相比,倒是坐落在花园里名气如雷贯耳的歌德故居——一座简陋得不能再简陋的小房子,显得与心中伟人故居的形象不那么相符。不过,这丝毫不会影响歌德在人们心中既有的形象,歌德似乎注定是这座小城骄傲的标签,歌德故居、歌德博物馆、歌德塑像、歌德广场、歌德花园,甚至还有一棵歌德树(其实是银杏树,据说是因为歌德亲手栽种而得名),一路走下来,发现尽管歌德已然成为回忆或某种象征,但小城似乎处处弥漫着歌德的影子。

在不经意的游走之间我已心满意足地领略了小镇毋庸置疑的文化魅力,也似乎明白了小城为何能造就那么多的文化名人。小,只能说明她的面积,的确很小,但她就像一片树叶,貌似渺小,却也承载了繁花似锦的文化印记,真可谓"一叶一菩提",她以其一片树叶的微小沉淀了深深浓浓的文化内涵,从这个意义上说,小城魏玛其实是一座博大精深的文化之城。

2013 年

5 印记

这是一个充满了印记的城市,有我喜欢的电影《音乐之声》和《茜茜公主》中美丽的修女玛利亚和青春洋溢的茜茜公主的印记,但最让我想往的还是我最爱的古典音乐作曲家之一——"音乐神童"莫扎特的印记。

这座城市就是奥地利的萨尔茨堡。

很久以前,因为上述印记,这个城市一直是我心中美轮美奂、却可望而不可即的梦,但如今却可以亲历这里亲身印证这些虽已久远但却晶莹剔透的印记,不能不说是一种无上的愉悦。

《音乐之声》中歌声天籁、性情善良的修女玛利亚与他深爱的上校以及他们活泼可爱的孩子们已然成为回忆,远远看过去,气势恢宏的阿尔卑斯山脉虽然沉默着,但却碧绿葱茏、生机勃勃地存在着,似乎岁月和故事从不曾在它的身上留下什么印记。可是很多东西一定会在人的心中留下深深的印记,犹如此时的我,坐在车里,望着窗外如诗如画的维也纳初秋乡村景色,仿佛似曾相识,那是在电影中看过了多少遍的景色。一走近这座城市,果然颇有一番令人心驰神往的典雅气质,眼中欣赏的是现实的城市风景,而在心中却不自觉地一幕一幕地翻开并浏览那尘封的记忆,回味着另一番风景,那些旋律优美的歌曲、那些鲜活生动的电影人物的音容笑貌若隐若现……当眼前所看到的某一场景与电影中相似甚至一致时,就会产生一份别样的快乐感,那是一种想象得到印证的满足感。也许这就是旅游的另一种乐趣——满足心灵的好奇与神游期盼。

从维也纳到萨尔茨堡的路上,导游很应景地帮我们复习了经典的奥地利电影《茜茜公主》三部曲,亲眼看过那些风景后再来看这部电影,觉得更加身临其境,恍惚间似已穿越时空。此时《茜茜公主》和萨尔茨堡谁成就了谁已然不重要,重要的是萨尔茨堡确实是一座童话般美丽的城市,身处其中,就更愿意相信公主与王子那童话般的故事了。尽管同行的一位老师非常严谨地述说着他从史书上看到的另一版本的充满宫廷现实意味的公主与王子的故事,我在心中却固执地对自己说,管它什么历史呢,我就愿意沉浸在历史风花雪月童话般美丽的那一层面陶醉一番,因为更养心更快乐,呵呵。

　　萨尔茨堡的另一个深深的印记是由莫扎特带来的。这位天赋异禀,5岁就开始作曲,被誉为"音乐神童"并饮誉世界的古典音乐大家,为他所诞生的这座美丽的城市涂上了一抹无与伦比绚丽夺目的色彩。正因为如此,莫扎特故居成了萨尔茨堡最不可错过的景点,遍布这个城市,到处都是莫扎特的印记,且不说随处可见的莫扎特像和以莫扎特为主题的旅游纪念品,甚至这个城市最著名的美食特产巧克力也被命名为莫扎特巧克力球。遗憾的是,这位35岁就英年早逝的天才音乐家在有生之年的大多数时光中却活得十分潦倒落魄,最后在贫病交加中逝去。上帝似乎有点残忍,一方面赋予他世所罕见的音乐天赋,另一方面却又让他活得旷世悲怆。不过话说回头,假如莫扎特终其一生都享尽荣华富贵的话,也许他就会沉迷于滚滚红尘庸庸碌碌度过一生,他的人生也许就是一段稀松平常的凡俗人生,也许就难以养育他那桀骜不羁、苍凉悲怆、激情豪迈的音乐性情,也许就不会催生出那些惊世骇俗的音乐作品了,也许这就是一种宿命吧,谁知道呢?

　　值得欣慰的是,他在有限的人生中,却为世界留下了众多旋律无限优美动人的音乐作品,当一代又一代的乐迷在欣赏他音乐的同时,他的生命也从某种意义上得到了永恒的延续。

　　有形的外在印记也许会随着时光的推移而被消磨殆尽,但是无形的内在印记却会因其深刻的内涵而留存于生生不息的人们的心灵中,历久弥坚。一如莫扎特们、茜茜公主们以及那些电影、音乐留存于这座城市的那些永不磨灭的印记。

2013年

6 二郎寿司的经营哲学

我原本以为,寿司只是用紫菜包着各种食材的清淡而有营养的日本小吃,但是,一部名为《寿司之神》的纪录片不仅让我彻底改变了对寿司的看法,而且使我体验到了小小的寿司中所折射的经营哲学。

寿司原本确实也如我所想是一种日本的传统小吃,但厨师二郎却将寿司做成了尊贵的品牌。名至实归地获得世界著名的美食圣经《米其林指南》三颗星的最高评鉴,二郎也以85岁高龄成为全球最年长的三星大厨,他的寿司一客要价达上万台币!而迄今为止,他的餐厅也只有十个座位而已,真可谓是全世界最袖珍最高级别的餐厅。

那么,厨师二郎所捏的寿司究竟有什么神奇之处,以至于吸引了全世界的顶尖食客兴致勃勃地光临这间小小的店铺呢?

美食评论家用一句话精辟地概括了二郎寿司的奥妙就是:极简的纯粹。

且看镜头中那小巧玲珑、多姿多彩的寿司,人们首先就会被不同寿司那诱人的品相勾起强烈而浓郁的食欲。

虽然貌似简单,但一路看下来就会发现,这简单中已然蕴含了纷繁复杂的过程,是复杂的简单呈现而已。

这复杂首先体现在厨师的制作技艺上。二郎寿司店的学徒要十年才能出师,以至于最短的学徒工干了一天就因吃不了苦逃走了,由此可见厨艺要求的精湛与复杂。

其次,就是对食材的精挑细选。做寿司的食材主要包括金枪鱼、三文鱼、虾、章鱼和海带等,他们都从多年合作的供应商那里挑选最好的,并且是主厨亲自去挑食材。据纪录片中介绍,二郎一直坚持亲自跑市场挑食材,直到他70岁高龄,患心脏病不能去市场为止。纪录片中有一个场景,一位气质优雅的老者风度翩翩地走向镜头,令人称奇的在于他原来只是一位卖虾者,但却是一位极有性格的卖虾者,因为他只挑最好的虾来卖,如果那天寻不到好虾,他宁愿不进货。可以说,二郎寿司是一群追求极致完美的人所造就的极致产物。可想而知,与这样的供应商合作,二郎寿司的品质至少在基础食材上已经是上境界的最好的食材了。

最后就是寿司的口味。这是一种只可意会、不可言传的感觉,为了确保寿司自始至终无与伦比的美妙口感,二郎不仅以85岁的高龄仍然坚持亲自为顾客捏寿司,而且还经常和其他厨师在一起品尝寿司,品味道品口感,并讨论让寿司更美味的改进措施。当一件比顾客预料的还要好得多得多的产品展现在眼前时,大多数顾客的反应恐怕只有情不自禁,放下矜持,顶礼膜拜了,呵呵。

因为店铺小,能接纳的客人数量很少,所以想到这里品尝寿司的顾客往往要提前一个月预定,到下一个月才能就餐。但即使如此,二郎厨师也没有扩大店面的打算,因为怕店面大了影响现有的服务品质。

等待就餐的时间虽然和其他餐馆相比简直可以用漫长来形容,但是,如果能如愿就餐的顾客,多半会觉得心满意足,意犹未尽。在二郎厨师看来,但凡能耐心等待的食客都是二郎寿司的有缘之人,因此二郎也从不会让这些有缘人失望。为了让顾客能够有最好的就餐体验,二郎用多年的时间琢磨出上菜的顺序:首先是经典的金枪鱼、三文鱼等食材组合,其次是当天最新鲜的当令海鲜,最后是海鳗、煎蛋等。食客进食每一口仿佛都是在品味二郎的厨艺理念,一客寿司宴要为每位食客捏20个精心搭配不同食材的寿司,真可谓美味纷呈,难怪食客们到离开时,都像朋友一样与二郎握手问候并道别,乘兴而归。

二郎说:"一旦你投入职业,就必须全身心投入到工作中去,你必须爱自己的工作,千万不要有怨言,你必须穷尽一生磨练技能,这就是成功的秘诀。"他的感悟充分体现了:最高的境界往往就是最简单本源的境界。看二郎做寿司,就像艺术家在进行行为艺术创作,如此醉心、投入、忘我。他全身心地热爱寿司,据说,他很不喜欢休假,因为他觉得漫长的假期会将他和他心爱的寿司分开,只有当他站在寿司操作台前,他才能体会到作为一名厨师刻骨铭心的存在感。由此可以想见,如此热爱寿司的厨师,他制作的寿司一定是美味绝伦的,因为每一个寿司中都融入了他的热忱与爱。

纪录片中有一个场景是二郎的背影,如此稳健、矫健而自信,根本不像一位85岁的老人。我想,这也许因为他是有信念、有追求的人,他要为食客们捏最美味的寿司,这种简单而纯粹的心境让这位老人总是那么充满活力。

美食家说,伟大的厨师有五种特质:①对待工作很认真,维持最高水准的表现;②他们一心提高自己的技艺;③爱干净,餐厅如果不干净,感觉食物就不会好吃;④求好心切,他们是领导者而非合作者,他们固执、坚持自己的方式;⑤伟大的厨师必定怀抱热情。

显然,二郎厨师几乎具备上述全部特质。其实,岂止是伟大的厨师,这些特质某种程度上适用于任何行业,或者说,任何行业既然是由人来从事,就应该回归于做人做事最基本的哲学。

对于二郎来说,最重要的不是获得什么"食神"之类的至高荣誉,而是因为热爱做寿司而潜心努力做最好的寿司,不知不觉中就达成了令人羡慕的那些名和利。正因为如此,已85岁高龄的二郎没有沉醉于扑面而来的名与利,仍然在全心全意亲自操刀为顾客做寿司。看到镜头前的二郎在娴熟、认真地工作时,顿时觉得这位老人是如此的高贵、优雅,富有魅力。

二郎寿司店在取得如此令人称奇的成就的同时也呈现出了它独特的经营哲学,那就是不遗余力地专注于品质的不断提升,敬畏市场,但绝不谄媚市场,在宁静安详中将所有的爱与热忱都融入每一个鲜活灵动的寿司。

再次看到各种各样的寿司时,除了更有品尝的愿望以外,还增加了一重感觉,总觉得品的不仅是寿司,还是哲学。

2012 年

7 一个高科技的悖论
——看纪录片《食品公司》

最近,电影院正在热映一部好莱坞科幻片《2012》,影片将子虚乌有的即将于2012年发生的地球毁灭拍得场面逼真,活灵活现,极大地激发了观众的危机意识。但看了这部同样是美国人拍的纪录片《食品公司》后,就觉得其带给我的震撼要远超《2012》,因为一部科幻片就算拍得再真实,充其量也不过是一个"真实的谎言",而《食品公司》却真实地展现了真实本身,那是一种触目惊心得有些光怪陆离的真实。

曾几何时,人们都更多地沉浸于高科技给高度发达的文明社会带来的种种奇迹,却忽略了高科技残酷无情的另一面。而影片正是以食品业为视角,揭示了高科技给人们的生活带来的灾难性后果。

今天的人们生活在一个物质尤其是食品极为丰富的年代,走进每一家超市,映入眼帘的几乎都是看上去极具诱惑力,足以充分挑逗人们视觉、味觉、触觉等众多美好感官享受的食品,岂不知这种光鲜表象下掩盖的是美国食品业被几家大型食品公司垄断、操纵并肆意统治的现实。表面看来,人们可以在超市及快餐店随意选择自己喜欢的食品,可食品业高度工业化的运作却使消费者的饮食实际上已经被这些超大型食品公司人为设置了,人们已在不知不觉中变得别无选择,失去了选用自然健康食品的机会。

20世纪70年代,美国5家最大的食品公司只占全国食品市场份额的25%,而现在4家最大的牛肉公司却占据了美国肉制品市场超过80%的市场份额。而这些垄断了美国食品市场的超大型食品公司又是如何翻云覆雨的呢?

看着超市里琳琅满目的食品,人们也许会欣慰于自己生活在一个口腹可以得到极大享受的时代,可一旦追踪其源头就会不可思议地发现,原来这些看上去品种繁多的食品只不过是改头换面的玉米或大豆而已。由于玉米令人惊异的低投入和高产量,就为许多种食品生产提供了极大的降低成本的空间,于是,高科技又在这个过程中发挥了巨大的能量。通过高科技手段，可以用一种原料通过各种物理和化学的调配创造出口味各异的食品，据说，美国超市里90%以上的食品中都含有成本低廉的玉米或大豆的原料。同时，玉米还是猪、牛、鸡甚至各种鱼类等主要肉类食品的主导饲料，正是因为有成本低得令人难以置信的玉米，才能使肉的成本极大降低。比如牛原本是不吃玉米的，并且牛的消化系统原本不是为消化玉米而生成进化的，它更适合消化各种草类，于是喂养大量玉米的结果就是使牛的身体里因不能适当消化玉米的成分而滋长并相互感染了更多的大肠杆菌，并且发生变异，导致一些新的菌群在全球范围内大量蔓延，从而让这些可怕的细菌通过食物不可避免地感染到了人。食品加工过程的更大规模和高科技化，也为有害生物的感染提供了极佳的环境，最终恶性循环。

鸡也不可避免地成了农业高度工业化的牺牲品。一些鸡农和大型跨国公司签订协议，采用高科技的饲养方式通过选育和基因工程让鸡从孵化到长成5磅重的肉鸡只用49天的时间。表面看来，鸡农和那些大型食品公司都皆大欢喜，可通过影片展示的现实的所谓高科技的饲养程序就会发现：这个过程实在是令人感到毛骨悚然！由于生长期短，这些鸡的骨骼和内脏跟不上这样的发展速度，很多鸡只走几步就跌倒了，因为它们的身体无法支撑自己的重量，并且鸡饲料里掺入了大量抗生素，鸡食用后再传递给人，而抗生素用多了细菌就会产生抗药性，可想而知人如果吃了这种鸡会有怎样的后果；为了让鸡保持镇静便于处理，鸡舍里通常是黑暗的，也就是说成千上万的鸡从孵化出来那一天一直到成为人类的食品，可能一天也见不到阳光。鸡的饲养过程已经不是农业的范畴了，完全变成了工业生产线的流水化操作，而鸡农一旦和这些食品公司合作，就会难以摆脱地受到他们的控制，因为建一座鸡舍大约需要20到30万美元，因此大多数情况下，鸡舍建起来的时候，也是鸡农负债累累的时候，因此他们只好按照食品公司的要求不断改进设备，从而让鸡的饲养过程变得越来越工业化，于是鸡农在无可奈何中被纳入了这个高科技的鸡肉供应链。

就像纪录片里的一位被采访者所说，人们已经沉迷于应该怎样将一件事做得更好，却忘记了思考这件事是否应该做。如果一个文明社会只将一只猪看成一堆没有生命的肉，那么这个社会又会以怎样的态度去对待其他的文明呢？从这个角度看，高科技已经不仅仅是一个科技层面的问题了，还需要从道德和伦理层面去进行反思。

此外，食品业集约化、工业化的生产过程不仅人为割裂了农业与自然天然的亲密联系,这个过程看似从很大程度上降低了食品生产的成本,实际上在此过程中商品流转的整个供应链却耗费了大量的能源,给环境造成了极大的污染和破坏,而这方面的成本却是无法估量的。

影片所展示的种种触目惊心的画面让人不禁惊叹,高科技如果朝这样的途径发展下去,那根本就无需像电影《2012》那样耗费编剧丰富的想象力去设想人类的未来,可怕的现实会使每一个平凡的地球人都能预见到地球的未来。

否极泰来,物极必反。不断发展的高科技给人类带来了高度的文明和繁荣,但如果高科技的发展走入歧途,最终失控,那其给人类带来的灾难也是难以想象的。

2009 年

8 刺猬的困惑

如果说日本企业对日本文化最典型的传承,就是追求无与伦比的"极致",那么体现在产品上,就是对细节的考究以及对产品整体极度精致化的追求。

以这样的标准,索尼、松下、夏普等日本企业都是在业界以极致著称的如雷贯耳的标杆型企业。

遗憾的是,最近几年,这些曾经的优秀企业都纷纷不约而同地陷入困境,是什么原因导致了这样的结果呢?这是个值得深思的问题。

美国学者吉姆·柯林斯在他的管理学专著《从优秀到卓越》中引用了一则关于刺猬与狐狸的古希腊寓言,将企业形象地分成刺猬型和狐狸型两种类型。狐狸型的企业同时追求很多目标,想法很多,思路凌乱而扩散;而刺猬型的企业则善于把所有的挑战和进退维谷的局面都转化为及其简单的刺猬理念——很简单,但却非常有效。当然,作者更推崇简洁、明朗的刺猬型企业。

对照上述描述,索尼们专注技术几十年,在技术方面追求尽善尽美,都可谓身怀绝技。并且拜技术优势这条不二法则所赐,曾几何时也打造了日本产品超凡脱俗的高精尖同时也是高收益的形象,显然符合典型的刺猬型企业的标准。

实际上,以往很多年,尤其是上个世纪七八十年代,日本企业也的确凭借技术方面的强大优势,在世界市场上叱咤风云,以至于当时人们这样形容道:整个世界似乎都在被佳能复制、被尼康拍摄、被松下录影、被精工计时、被夏普的斑斓色彩魅惑。

这些辉煌的成就,让日本企业更加相信他们对商业世界游戏规则的认知的正确性,于是更加醉心于对技术研发的投入,深深陷入技术的迷幻世界而难以自拔。技术,就像一片魅力四射的树叶,挡住了日本企业面向未来这个广阔森林的视角。

有一天他们突然发现,他们赖以生存的商业环境发生了很大的变化,消费者们不再像过去那么青睐他们创造的产品,就连他们引以为自豪的顶级技术貌似也并没有引起消费者们久违的惊艳感,他们娴熟运用得游刃有余的以技术为先导的经营策略也不再屡试不爽。

这似乎有些措手不及，这些曾经生龙活虎、从容淡定的刺猬型企业无奈中陷入了刺猬的困惑。

对于一只刺猬来说，潜心修炼并不断提升它那经过多年进化而成的单一但却十分特别，最重要还非常行之有效的防卫能力，原本也是理所当然的，问题在于如果它这个小宇宙与它相生相息的大宇宙之间失去了某种平衡，那么它的持续生存和成长就会出现障碍。对于企业来说，这种平衡就意味着企业与商业环境之间能够循环往复的资源吐纳。

按照吉姆·柯林斯的描述，刺猬理念的核心就是三环理论，即对三个关键问题的追问和正确回答。这三个问题是：你能在什么方面成为最优秀的？你对什么充满热情？是什么驱动你的经济引擎？企业必须对三个问题都给出圆满的答案才是成熟优秀的刺猬型企业，否则就是有缺陷并有可能遭遇困境的刺猬。

作为陷入困境的刺猬，日本企业显然对前两个问题给出了很好的答案，他们对自己优秀能力的打造以及对此倾注的热情几乎是毋庸置疑的，而对第三个问题的解读似乎就有点差强人意了。

效益，效益，还是效益，对于企业来说，这才是终极目标，而技术只是达成效益过程中所采取的一种手段，尽管很重要，但也只是很重要的手段而已。

索尼们似乎忽视了他们所迷恋的技术领先优势所制造出来的产品，最终还要经受市场的检验，满足甚至超出更多消费者的消费期待，才能实现经济效益，从而使企业进入良性循环的轨道。

如果是局限于某个特定的细分市场，那么企业追求技术创新也许是非常不错的选择；而如果产品是像电器尤其是手机、电脑这样的大众市场，就不能将眼光只局限于技术顶尖上，而要有更广阔的经营视野，寻求营销、销售、定价与技术等资源的优化整合，从而实现整体领先，苹果、三星的成功就提供了很好的例证。

套用一句流行的话，就是，目前商业世界已然进入强调消费者体验的时代，取得单项的技术领先一方面越来越难，另一方面也并不是企业经营的主攻目标，整合包括技术在内的更多资源创造新的产品和服务，为消费者提供更刺激、更不同寻常的使用体验才是在竞争中胜出的王道，当然也是帮助企业摆脱困惑，实现跨越的重要法则。

2014 年

9 德国职业教育中的"铁三角"

对于许多国内高职院校来说,学生的实训问题一直是一个非常令人头疼的问题。一方面,提升学生适应未来职业的动手能力的最理想途径就是直接到企业进行上岗实训,而另一方面,由于学生的企业实训环节不能给企业带来什么实质性的利益,因此大多数企业就缺乏接受学生实训的动力和积极性。这两方面的矛盾交替作用的结果就是我们的高职院校毕业生严重缺乏动手操作的机会,当然能力就难以得到有效提高,给学生的就业带来了很大的问题。

那么,作为世界职业教育领域的标杆之一的德国是如何解决这个问题的呢?

在德国参加职业教育法培训期间,特别关注了这个问题,发现德国对上述问题的解决主要凭借职业学校、企业与行业协会这三者组成的强劲的"铁三角"。他们之间各自发挥自身优势,相辅相成,让德国职业院校的学生实训环节形成了一个良性循环、有序有效的管理机制。

在德国双元制的教学体系中,一项至关重要的内容就是职业院校的学生要花70%~80%的时间直接到企业上岗实习,其余时间在学校参加理论课的学习。

于是问题又来了,德国企业为什么愿意接受没什么实际操作经验的学生呢?原因主要有两个:第一,德国几乎所有企业根深蒂固的观念就是对职业培训的重视,在他们看来让一个没有受过任何培训的人直接走上工作岗位,那简直就是不可思议的事情。第二,德国的相关职业法规的要求其中之一就是,企业雇佣的员工,必须获得相关行业协会颁发的职业资格证书,才能正式上岗操作。

在德国有各种各样的行业协会,并且不同的行业协会在职业教育中扮演了举足轻重的角色。凡在某一区域的企业、商会、个体经营者或工商企业界的法人单位,都必须参加本地区相应的行业协会。行业协会除了对企业进行专业化的监管,制定本行业的一些职业资格规范、标准以外,还会向企业提供内容广泛又具有权威性的专业技术、经济等信息,同时还承担相关职业资格培训的工作。我们在马格德堡就参观了当地的手工业协会所属的培训中心,中心的设施设备非常专业、齐备,据介绍,培训中心的经费主要来自于会员企业的支持。

职业院校的学生只有通过学校和行业协会共同组织的理论和实践测试合格后才能获得相应职业资格认证证书,并取得毕业资格;而只有获得毕业资格的学生才能被允许到企业正式参加工作;企业为了持续获得其生存和发展所需要的优秀专业人才就有了非常强劲的动力向相关行业协会提供资助,并且愿意接受学生到企业实训,从而实地提升潜在劳动力的岗位操作能力。在这一系列需求与利益的博弈中,一个促进职业教育良性可持续发展的稳固而有效的"铁三角"就形成了,并且经过多年的运作磨合,"铁三角"中的每一方都想方设法完善并提升自身的效率和效能,最终很好地促进了德国职业教育的发展。

和德国相比,我国虽然也有行业协会,但我们的行业协会远远没有发挥出应有的作用。此外,我国对职业资格的认证也没有达到德国那样的严谨、严格,我们的企业也缺乏对员工职业能力提升的足够重视,没有意识到这个问题的重要性。凡此种种,缺乏利益和制度的制衡,也就缺乏了改进与发展的动力。

上述问题延伸到学校,也会对学校具体的课程体系产生影响,由于学校缺乏企业以及行业协会在具体职业操作层面的有效指导和支持,在实训课程方面就不可避免地产生了短板效应。

当然,不同的职教体制的产生一定有它合乎时宜的环境,我们在学习借鉴的同时更需要做的就是因地制宜,寻找到适合我们实际情况的职教发展要素并富有创意地形成我们自身的"铜三角"抑或"金三角"。

2013 年

10 丛林

最近读了英国著名食品历史专家比·威尔逊的一本书,名叫《美味欺诈》,感触颇深。

当时在书店决定买这本书时,一是出于好奇——欧美国家食品生产中的假冒伪劣是怎样的情形?二是想寻求一个答案——欧美国家在保障食品安全方面有什么奇思妙想?

读完以后觉得我的第一个问题得到了圆满的解答。作者用详实的资料,令人触目惊心的笔触描述了欧美(主要是英国和美国)国家食品及药品行业近代尤其是17到20世纪初那些臭名昭著的制假售劣案例,其恶劣程度与我国目前无所不在的各种假冒伪劣相比有过之而无不及。看来,在不受制约的情况下,人性的卑劣与阴暗是不分国别、十分相似的。

书中用大量的案例详细介绍了英国作为世界上最早实现工业化的国家,在利益驱动下所发生的各种花样百出的食品和药品的造假行为,从人们饭桌上不可或缺的日常食品如面包、牛奶、肉类、水果、蔬菜、咖啡、糖果、各种调料到当时比较稀缺高端的食品如葡萄酒、茶叶等等,无不中招。各种掺杂有毒色素、色彩艳丽的糖果、点心曾极大地危害了无数儿童的身体健康,而一些夸大其词的药品广告也让许多病人深受其害。伴随着英国经济高度发展的是行为越来越猖獗、手段越来越狡猾、技术含量越来越高的食品掺假,而当时的英国政府出于利益考虑以及对自由化市场经济的推崇,对这些恶劣的行为采取睁一只眼闭一只眼的纵容政策。

同样是市场经济高度发达的美国,情况也非常糟糕。直到20世纪初,美国食品业的假冒伪劣都十分严重。当时的《纽约时报》曾描述道:"每夸脱(美制:一夸脱等于0.946升)牛奶中先是加入一品脱水(一品脱等于0.568升),然后又会掺入大量的白垩,或者熟石灰,为的是祛除牛奶稀释之后透出的蓝色;接下来还会在牛奶中加入氧化镁、面粉和淀粉,增加黏稠度;最后,奶贩子会掺入少许蜜糖,令它们呈现出优质牛奶才有的带有醇厚感的黄色。现在这些泔水奶就可以去喂养婴儿,或者兑在茶中饮用。这些阴险的且令人厌恶的致命毒药,分布在纽约市的各个角落。"

而美国作者辛克莱于1906年出版的一部描述芝加哥肉类加工厂肮脏行径的小说《丛林》不仅极大地挑战了读者对美国肉类食品劣质程度想象的底限,而且还成了美国政府出台最严格的食品监管制度的重要契机。

小说中许多细节、场景令人毛骨悚然。小说写道:"那些香肠就像古老的欧洲香肠一样,一点也不合格,而且还发霉、腐烂。工人们在原料中加入硼砂和丙三醇,扔进储料器做进一步加工,然后销往全国各地。地上、泥土上、木屑里,肉扔得到处都是,工人们随意践踏、随口吐痰,不知道有多少肺部细菌。有的房间里有成堆成堆的肉,当屋顶漏雨时,雨水滴落在肉上,老鼠还会在肉上跑来跑去。老鼠很讨厌,因此打包工会用有毒的面包喂它们,老鼠就死了。于是,老鼠、面包和肉一起进入储料器。香肠里原料丰富,不只有'美味的中毒老鼠'。"辛克莱还写道:"一些工人掉进了大桶里,但没人把他们拉上来,于是他们差一点跟着达拉谟的猪板油一起出国了;灌装鸡肉实际上是腐烂的猪肉。"据说,当时的美国总统罗斯福读了这本书后,随即派他的两位特使到相关肉类加工厂去做调查,结果证实了小说所描绘的许多场景,随后美国政府出台了《纯净食品和药品法案》。

针对上述种种挑战人们道德和感官底限的假冒伪劣行为,英美政府有什么妙手回春的治理措施呢?这其实是我读这本书最主要的诉求。

带着寻找标准答案的极大好奇心,我读完了全书,结果有些失望,因为贯穿全书并没有给出一些放之四海而皆准的答案。并且直到今天,英美发达国家其实也没有杜绝假冒伪劣,正所谓道高一尺魔高一丈,商人们对利益的追逐是无止境的:即使在今天食品管理机制已经相当完善的欧美国家;即使在打击假冒伪劣的历史上出现过一些不可多得的标杆型人物,他们坚持不懈地通过科学手段致力于打击食品业的欺诈行为,也想出了很多甚至是很聪明的辨别假冒伪劣食品的方法;即使各国政府从来都没有停止过对假冒伪劣的治理,但是食品的欺诈与反欺诈之间的博弈也都一直在如火如荼地进行着。

进入21世纪,食品专家们甚至动用了最先进的DNA技术来检测假冒食品,但仍然难以杜绝假货,比如英国食品专家马克·伍尔夫博士曾非常惊喜于自己首创的DNA技术能检测出昂贵的印度香米的真假,但同时却纠结地发现一些稻米经销商利用生物偷窃手段,将新的杂交品种——亚米尼作为掺杂物。原因在于,亚米尼的基因和一些获得许可的香米品种非常相似,很难被现有的科技手段发现,当然亚米尼的价格要比纯正的印度香米便宜得多。

另一些问题就更复杂,比如食品生产中的营养成分改变的问题。书中提到,2002年,加拿大一家报纸报道说:超市销售的水果和蔬菜的营养成分已远远低于50年前。过去人们吃一个橘子所摄取的维生素A的含量,现在需要吃八个橘子。原因就是:使用化学原料和溶液培养的种植方法,从生产程序上看完全合理合法,但事实上这种生产方式却从很大程度上导致了食品质量的降低。由于改变了生产方式而导致食品质量下降,这算不算一种欺诈呢?

处于当今的高科技时代,食品检测同样也面临高科技所带来的种种困扰。

凡此种种,也使我看到了自己的偏执。食品的欺诈与反欺诈,作为恶与善的一种表现形式,原本就是人类永恒的哲学问题,哪那么容易就得出标准答案呢?其实,整个食品行业就像一个丛林,健康的和不健康的食品就像丛林中想要茁壮成长的树木与阻碍树木顺利成长的害虫一样,共同构成了完整的丛林生态,两者都是作为丛林的一部分难以割舍开的。

对照英美国家食品欺诈与反欺诈的发展历史以及对食品欺诈的管理机制,个人认为我国目前食品行业处于一种畸形的状态,一方面很多不法食品制造商与时俱进地活学活用了国内外各种原始的、高科技的伎俩不断地进行着各种食品欺诈经营活动,另一方面政府的监管机制却难以达到同样的与时俱进,这也许是我国食品行业目前无奈的尴尬。

虽然,作为食品业丛林中的个体消费者,我们是处于弱势的,常常是防不胜防中就成了受害者,但并不代表我们在这个丛林中就是无所作为的。如果我们不再奢望每一棵蔬菜都是全无瑕疵的,每一个馒头都是洁白细腻的,每一瓶饮料都是色彩鲜艳、口味香甜同时又营养丰富的,不再奢望以低于成本的价格买到一根高品质的火腿肠,总之只要我们对食品的本源口味与外表乃至价格有一个客观的认知,那么我们就能辨别出一些显而易见的欺诈,更好地保护自己。正如《美味欺诈》一书的作者在书的最后所说的:"最关键的一点就是,相信自己的感官,听一听巧克力折断时的声音,看一看活鱼身上的光泽,尝一尝新鲜桂皮的甜度,闻一闻真正香米的气息……"

2014 年

11 投资与投机

某天在网上看到一个帖子,是关于巴菲特投资的基本原则的,看后对投资和投机这两个词有了更多的理解。

投资与投机,虽然只差一个字,但其价值观、过程和结果却有着天壤之别。

从外延看,投机也是一种投资;从行为上看,投资和投机都需要投入人力以及其他资源,比如资金;但如果从方法论上看,两者就有了极大的区别。投资是寻找并分享价值,是希望通过辛勤的耕耘,最终获得一定的收获,更注重资本积累并增长的过程,有一种希望享受孩子出生后被不断调教并茁壮成长的理性的天然的温馨情怀。而投机则是期望迅速获得利益,显然更注重结果的利益。正如典型投资金融家巴菲特的投资原则中首先提到的:要对能够迅速盈利的承诺说不。

巴菲特的投资原则中还强调:要重点关注考虑投资资产的未来生产力,如果投资者把关注的重点放在资产未来可能会出现的价格变动上,那就是在投机。巴菲特援引自己投资房地产的例子时称,自己当时考虑的只是这项资产能够产出什么,而对于它们每天的价格变动并不关心。

从巴菲特的投资原则可以看出,他很注重投资项目的成长性,以及自己对此项投资的兴趣,期望从项目的健康发展中获利,为此,他会很有耐性地保留自己的投资项目而不是时时刻刻关注投资项目的价格增长并通过套现盈利,这是典型的投资理念。所以巴菲特投资获利的过程是一个漫长的耕耘与收获的过程,正因为他投资过程中注入了更多道德及基于个人执着的价值观的考量,加上他在世界范围内慷慨到令人惊叹的慈善活动,使他成为一位受人尊重的投资家。

而另一位同样著名的货币投机家,索罗斯,则秉持着与巴菲特完全不同的投资理念。20世纪90年代,他在金融业掀起的"血雨腥风",至今让世人记忆犹新。他曾通过处心积虑的货币投机做空英镑,使其被《经济学家》杂志称为"打垮了英格兰银行的人"。而当他把目标瞄准东南亚时,又掀起了一场轰动世界的亚洲金融危机,导致泰国、马来西亚等一些东南亚国家出现工厂倒闭,银行破产,物价上涨等一系列惨不忍睹的景象，使这些国家几十年的经济增长化为灰烬。

正当人们向这位不按牌理出牌的金融大鳄投出鄙视的眼光时，他又做出了反差极大的举动，像巴菲特一样，他也不遗余力地投入巨额资金到他感兴趣的慈善项目中，搞得人们对这位颇具逆袭感的金融奇才真是爱也不是，恨也不是，但这就是索罗斯。

由此看来，投资和投机之间只隔着一个"机会"，或者说是"如何利用机会"。投机者会不计后果地受到机会的魅惑勾引，迅雷不及掩耳，一猛子扎进去，即使有可能带来严重后果也在所不惜，期望机会能迅速带来惊艳的结果。而投资者会更多地考量机会的重要意义，如果一个机会与自己所期待的"意义"相左时，宁愿舍弃机会。遗憾的是，在现实生活中，很多人很难抵挡住一夜暴富的诱惑，明知有些他们所期待的结果犹如惊鸿一瞥的昙花，获得的概率微乎其微，但仍会因那份预想中的娇艳而忘乎所以。

原本，在大多数人的词典中，巴菲特一定是电视剧里那个善良又高帅富的正面人物，而索罗斯则一定是无恶不作的大反派，用来反衬男主角的美好与伟岸，可现实中恰恰是索罗斯的逆袭给了人们更多的启示。

想起了曾经看过的一部纪录片里的一个统计数据说：人类 97% 的财富，是在过去的 250 年——也就是 0.01% 的时间里创造的。也就是说，人类以几何级增长的速度创造财富的过程中，除了有巴菲特们的贡献，索罗斯们的贡献恐怕也不容小觑吧？他代表了人类灵魂中疯魔化的一面。正因为如此，人们会发现，我们所生存的这个世界有时会疯狂得不可思议！但如果没有了投机，投资市场似乎也少了一些盎然的生机。

客观地看，就像善与恶是一对共生物一样，投资与投机也是一对欢喜冤家，代表了人类的淡泊和功利，但重要的不在于纠结于两者非此即彼的排他性，而在于使两者能够相生共融，发挥各自的优势，摒弃各自的劣势，让创造财富的过程回归人性更具理性道德感的那一面。

2014 年

12 美剧的致命武器

喜欢看美剧的观众多半会惊叹于美剧令人毛骨悚然的编剧功力,其实这恰恰是美剧获得不可思议吸引力的致命武器。

一部少则十几集,多则几十集甚至上百集的电视剧凭什么能吸引观众每天在固定的时间雷打不动,如约而至,充满期待地坐在电视机前?又凭什么能使得观众如中毒般如痴如醉沉浸在剧情里,在等待下集的过程中时时惦记着猜度着故事情节的发展?一定是令人深陷其中欲罢不能的电视故事本身,换句话说,一个情节紧凑、想象力丰富、富有情怀的剧本就是电视剧的灵魂。

正因为深谙此理,善于并精于经营的美剧制作者们遵循上述那些基本的逻辑构建了一个强大的以编剧为主体的电视剧制作体制,形成了一条严谨有序、良性发展的美剧制作产业链。

美剧不仅是艺术,它还是商业,需要尊重市场,了解市场,然后组建一个专业的项目团队去运作,本质上也是一种市场营销管理。而在美剧的制作链条里,编剧的地位至关重要。因此,一部每集45分钟、一季十几集的电视剧至少会招募6至8个人组成编剧团队,一些热门剧集甚至会组建由十几、二十个编剧组成的阵容强大的团队。首席编剧不仅要掌控全剧的走向,而且还要管理团队,他需要指挥、领导、协调整个团队,将生杀予夺的大权掌握在手中。部分位列一线的编剧甚至会兼做制作人,参与分红并对剧集拥有绝对的决定权。一些主要演员都由他们去选定,因为他们编写了剧本,最了解不同的角色需要什么气质、神韵的演员,正因为如此,美剧里的演员常常是和电视剧本身相得益彰,珠联璧合,反之对人物刻画入木三分的剧本也常常可以使演员光彩夺目,散发出流光溢彩的魅力。比如热门美剧《生活大爆炸》中希尔顿的扮演者吉姆·帕森斯尽管才华横溢,但由于缺乏机遇,34岁时还是一位默默无闻的小演员,结果因为主演《生活大爆炸》一炮而红,赢得了众多粉丝,他的演技也多次获得艾美奖最佳喜剧演员奖的肯定。

此外,从收入上也可以反映出美剧制作商对编剧的绝对重视。在美剧编剧和演员的总收入里,编剧收入要占到一半左右,小牌演员甚至比一般编剧的收入还少,大牌编剧的收入一方面会因为名气而水涨船高,另一方面如果参与制作分红,还有更高的收入,所以大牌的编剧其地位和收入比大牌电视演员还高,十分牛掰。也正因为利益驱动,编剧们十分敬业,铆足了劲要写出牛掰的剧本,成为金牌编剧。而反观我国电视剧制作,却是本末倒置,常常试图仰仗一些著名演员来保证收视率,岂不知就算非常优秀大牌的演员对于电视剧来说最有可能起到的作用是锦上添花,而不太可能雪中送炭。如果碰上烂剧本,不仅不能保证收视,还有可能毁了演员自身的形象。最近因为一部将琼瑶气得心如刀绞的电视剧《宫锁连城》,不仅引来网友各种比电视剧更精彩更有创意的吐槽,也从很大程度上对陆毅、潘虹等著名演员的形象带来了负面影响。看过一篇著名编剧六六写的文章,提到她的第一个电视剧剧本《双面胶》居然是零收入,尽管她在说到这件事的时候,强调是由于她当时名不见经传,但也从另一方面说明了国产电视剧制作者们对编剧环节的重视缺乏,从而也解释了为什么国产电视剧经常雷剧泛滥,因为从根本上缺乏一支专业化的训练有素的编剧队伍。

优秀的编剧除了自身的努力以外还需要一个合适的能造就更多优质编剧的文化环境,以此来看,美剧的编剧培养机制也十分了得。美国职业编剧的受教育程度普遍较高,很多编剧都拥有各电影学院、文学院的 MFA(艺术硕士)学位,他们在校时要进行大量的实战训练,从一开始就要求每周至少写十几页纸的剧本,要经历各类型短片的磨练才能开始写长片。更重要的还在于这些 MFA 中极少有二十几岁的年轻应届毕业生,大多都是有了一定的人生履历再回来读书,因此更善于理论联系实际,将丰富的生活积累融入到剧本创作中。例如热门美剧《白宫风云》《新闻编辑室》《社交网络》的编剧,毕业于雪城大学,拿的是艺术学位,毕业后十几年一直做一名跑龙套的演员,在演戏的过程中发现了写剧本的乐趣,于是开始剧本创作,后来凭《白宫风云》而成为一线编剧。近年非常热门的一部美剧《纸牌屋》的编剧之一威廉姆,就曾担任过美国前国务卿希拉里和舒默参议员的资深竞选顾问,正因为对美国政治生态更多身临其境的"眼见为实",才造就了剧情的入木三分,精彩纷呈。而另一位编剧为了写好剧本中有关美国政府与中国政府外交博弈的情节,专程去哥伦比亚大学采访两位中国问题专家,所以在《纸牌屋》第二季中有关中国的一些情节也写得十分逼真,扣人心弦。

在《实习医生格蕾》中有一段患了晚期肺癌的女病人的台词,她说:"我一辈子没抽过烟,没吸过大麻,从不喝酒,今天之前,10 年没吃过甜点,在别人眼里,是健康的化身,可我却得了肺癌,很荒谬是吗?我一辈子都压抑,抑制每个冲动,遵守规则,现在我不要这么做了。我要找回我的生活。"这不仅是一段极其精彩的台词,同时也可以从中窥视出编剧对人性的深刻思索和探究,以及编剧自身的某种独特情怀和生活感悟。由此看来,编剧不仅是一项技术活,还是一个良心活,体现了编剧较高的文学素养和丰富的社会经历所引发的对生命的深层思考。

看美剧可以欣赏到题材各异,情节天马行空,悬念迭出的剧情,以及可以媲美电影品质的精良制作,对于国产电视剧来说更可以从中获取一些启示:与美剧相比,国剧在硬件的水准方面还存在着较大的差距,但对于一部电视剧来说,更关键的还是故事本身的质量,国产剧的制作者们可否多投入一些精力到剧本的编写上呢?多一些对文化市场的敬重也许就会少推出一些情节雷人、严重低估观众智商的作品,而观众们自然也会以更多的关注来回报制作者们更有诚意的作品。

2014 年

13 一张纸的环保旅程

又一个毕业论文打印季即将来临。

刚刚在网上看到一篇文章,里面的一些数字令人感到触目惊心。据人力资源和社会保障部的数据显示:2014 年,全国高校毕业生总数将达到 727 万人。按此计算,打印论文消耗的纸张大约有 1.45 亿张,如果换算成制造纸张需要的树木,这些毕业生打印论文的纸张共需消耗 7 万多棵树。

除非是特别培育的速成树,一棵树苗要长成可以当作造纸原料的程度,至少需要 20 年。照这样的节奏,仅论文一项,就要消耗数量惊人的树木资源。

由此产生了一点感慨和好奇,一棵树经历了怎样的旅程才能变成一张洁白无瑕的纸?

百度后找到过程如下:首先需要用机械的方法、化学的方法或者两者相结合的方法把植物纤维原料离解变成本色纸浆或漂白纸浆。然后将原料切削成碎片,再把小片原料放到蒸煮器内加化学药液,用蒸汽进行蒸煮,把原料煮成纸浆,或把木段送到磨木机上磨成纸浆。接着再用大量清水(注意这个过程对水的消耗和污染也是巨大的)对纸浆进行洗涤,通过筛选和净化把浆中的粗片、节子、石块及沙子等除去。再根据纸种的要求,用漂白剂把纸浆漂到所要求的白度,接着利用打浆设备进行打浆。然后在纸浆中加入改善纸张性能的填料、胶料、施胶剂等各种辅料,并再次进行净化和筛选,最后送上造纸机经过网部滤水、压榨脱水、烘缸干燥、压光卷取,并进行分切复卷或裁切生产出卷筒纸和平板纸。

不看不知道,一看吓一跳。一方面惊叹于一张稀松平常的纸居然要经过如此复杂繁琐的加工过程,另一方面更困惑于这个过程所伴随着的更多的污染和对自然资源的消耗。

再换个视角会发现,一张看似冷冰冰毫无表情的白纸原来有着如此鲜活生动的前世,那就是矗立于婆娑世界曾经无忧无虑、自由自在而独立生长的参天树木。

很多时候,总是习惯于抱怨环境污染的日益严重,可同时却忽视了我们每个人本身可能都在不知不觉地扮演着污染者的角色。而且很多时候,一些不经意的习惯,就有可能带来极大的浪费和污染。就拿论文打印这件事来说,有些对纸张的浪费实在不可思议,通常为了以合格的论文参加答辩,各种大大小小的修改往往需要将纸质论文打印好几轮,甚至有些时候,仅仅是因为一些标点、格式方面的小问题,就要将一式几份的论文重新打印一遍。答辩的时候,有几位老师参与答辩就要提供几份论文,少则几分钟多则十几分钟的论文答辩结束后,除了保留一份存档,其他那些打印精美的纸质论文也就结束了它简单而短暂的使命,成为一堆等待回收的废纸。此外,每年,纸质论文的保存都要占据大量的物理空间,其实,在信息储存技术如此发达的今天,可以很方便地储存电子版的论文,是否还有必要耗费大量的纸张保存纸质版的论文呢?再者说了,这海量的存档论文中又有多少论文是有保存和利用价值的呢?

另一项令人发指的对纸张的浪费就是各种抽纸、餐巾纸,由于价格便宜,可以信手拈来,使用方便,因此人们在使用的时候早就将节约、环保忘到了九霄云外,一餐饭下来,除了杯盘狼藉外,最常见的就是一堆白花花的餐巾纸,尤其是年轻一代,对节约用纸更是观念淡漠。除此以外,各种公共、私用场合,对餐巾纸毫无顾忌的肆意消耗与浪费也比比皆是。

一棵树要长 20 年才能用来造纸,那么反过来如果一年砍掉 7 万棵树,需要多少年才能重新长成 7 万棵树组成的一片树林呢?20 年够吗?树木消耗的过程与生长的过程是否能达成平衡?再扩大一些范围,不知是否有人算过,每年全国所有纸张的制造与使用将会消耗多少树木,造成多大程度的污染呢?

由此看来,尽管一张纸看上去显得那么的轻如鸿毛微不足道,可如果看看这复杂的前世今生,一张纸的旅程绝不像她看上去那么轻松惬意,如果再背负环保这个诉求,一张纸的旅程实在是有些沉重而哀伤。如果这是一张有灵气的纸,她是否会为自己来到这个世界所承担的那些污染她清纯本质的种种经历而哭泣呢?

写到这里,放眼望向窗外,但见春天里最寻常也最美丽的经典风景——在春风里摇曳多姿的青枝绿叶们,想象着她们成为一张纸的纠结的环保旅程,于是告诉自己,以后使用或者想要弃置一张纸的时候,一定要多想一想她最初的碧绿和无瑕,从而珍惜一下她也许心有不甘但无可奈何的付出,然后不要随意浪费她,辜负她,至少让她发挥了应有的价值后再让她离去。

2014 年

14 遇见另一个自己

欣赏一部好的电影就如同一次奇妙的发现之旅,总能使观众在不同层面获得各种意外的惊喜和收获。显然,印度电影《女皇》就属于此类,作为一部印度电影,这部影片几乎具备了传统印度电影不可或缺的那些精彩要素,跌宕起伏的戏剧冲突,旋律优美节奏明快的歌舞,俊男美女的浪漫爱情等等。但除此以外,这部影片还融入了编导更开阔的视野以及对人性更多更深的思考。

影片女主角拉妮是一位出身于典型的印度中产阶级家庭的女孩,在没有遭遇她的重大人生困境之前,她的一切真可以说是一帆风顺。养尊处优,外表美丽,内心温柔善良,在合适的年龄遇到了合适的男朋友,并且正准备结婚。她对父母和男朋友都言听计从,是一个惹人怜爱的乖乖女,如果不出意外,结婚以后,她将会生一群孩子,度过平常的一生,可如果这样,也许就辜负了她的名字了。

拉妮,在印度语里是女皇的意思。在我看来,影片给女主角起了这样一个名字就预示了她注定不平凡的人生。看完电影后终于明白了这个名字的精妙所在,拉妮在自我救赎的过程中也同时完成了自我的精彩蜕变,从一个保守、懦弱的女孩变成了一个明朗、坚强,更重要的是能独立自由地驾驭自己的内心,让自己更有尊严更有质量地活着的女孩,这对于一个女孩来说应该就是内心达到了一个了不起的女皇般的境界。

影片一开始,用大量的篇幅浓墨重彩地描述了拉妮一家对她即将到来的婚礼的强烈期待,而这恰恰和接下来的巨大困境形成强烈对比,精心营造了一个反差巨大的戏剧冲突:拉妮的男朋友突然宣布不能和她结婚!理由就是觉得他们的生活太过平淡。顷刻之间,拉妮的心情从极大的快乐跌入到谷底,跌落到尘埃里。

生命最大的诱惑和无奈也许就在于它的不可预知性,前一秒还无比快乐幸福的女孩,后一秒就成了痛苦欲绝的怨妇。

生命在遭遇困境的时候,最大的困境也许已经不在于困境本身,而是对困境的态度。坚持一会,再坚持一会,也许就会遇到拯救困境的契机。

正像一首歌所唱的：爱有多甜蜜，就有多伤人。此时，对于拉妮来说，过往的那些甜蜜的回忆不仅不能慰藉她的哀伤，反而使她陷入更大的哀伤。原本是两个人赴巴黎温馨的蜜月之行也变成了拉妮一个人孤独的疗伤之旅。

来到陌生的国度，语言不通，人生地不熟，似乎是拉妮另一个困境的序幕，可同时也是拯救的开始，尽管她自己最初并没有意识到。可拉妮注定具有遇到自己内心那另一个更加尊贵的自我的潜质，在笨笨拙拙、兜兜转转中，她在异国迈出了怯生生的第一步。

朋友就是另一个自己，或者应该说是帮助一个人遇到另一个自己的重要途径。因此，如果在茫茫人海中遇到对自己产生吸引力的一些人一些事，一定不是偶然，恰恰是因为冥冥之中的内心召唤，是因为自己也有同样的特质，所以才能感受到并且看到。

按照这样的逻辑，拉妮首先遇到了那个美丽、勇敢还有些奔放不羁的"自己"——宾馆女服务员，一位年轻的未婚单身母亲，碰巧她还和拉妮前男友同名，也叫维贾伊。维贾伊带她漫游巴黎，她们一起调皮地捉弄街头艺人，认识新朋友，逛夜店，做了几乎一切拉妮以往从没做过的事。保守的乖乖女拉妮喝醉酒后醉态百出，在夜店里肆意狂舞，甚至放肆地对着异国陌生的男子扭臀跳印度舞，(这一段特精彩，不由在想那位出租车司机得要有多大的定力才能面对如此漂亮而风情万种的女子却坐怀不乱呢?)充分释放了那个她从未显露过的豪放自我，但她没有沉沦，从这位女版维贾伊身上，拉妮学到了坚强、勇敢、坦然地面对生活。

随后，拉妮又遇到了幽默、自由自在又乐观率性的"自己"——三位快乐善良的大男孩。她到荷兰阿姆斯特丹旅游时，因为不得已的原因，她必须和这三位男孩住同一个房间，四个小伙伴从最初的相互防备、猜忌、排斥到最后成为非常要好的朋友，他们给予了拉妮最真诚的友谊，也让拉妮变得更加开朗、豁达、独立还有些可爱的狂野。此外，拉妮还阴差阳错认识了一位浪漫的意大利厨师，从而得以施展自己的印度食品厨艺，并且还落落大方地献给了这位意大利厨师一个令他头昏目眩的浪漫之吻，这位厨师发掘了拉妮内心那个自信、浪漫的自己。

拉妮在经历自己异国旅途的同时，也将她欧洲之行的生活瞬间放到自己的Facebook上，展示了一个全新的自己，成功地让她男朋友重新爱上了她，并千里迢迢赶到欧洲找她道歉，同时要求复合。

正当观众期待着拉妮给他男朋友一个淋漓尽致的痛快回绝时，影片在不动声色地吊足了观众胃口后，来了个点睛之笔，拉妮以一个全新的自我回到国内后，平静地将订婚戒指还给男朋友,给了他一个深情真诚豁达的拥抱,并对他表示由衷的感谢,然后坦然离开。

一位女孩要有多么强大的内心世界才能做出如此不同凡响的举动?如此宁静温和的外表下有着如此自在独立的内心,再加上一个优雅温柔的拥抱,这不正是一个尊贵的女皇所应该有的境界吗?

这部电影还有另外一个名字叫《旅途》,也很贴切地点出了电影的主题,与其说这是一次关于失恋疗伤的治愈之旅,倒不如说是一个重新寻找自我,发现另一个自己——一个前所未有的自己的发现之旅。

也许我们每个人的心中都有另一个自己,一个我们所不知道的自己,如果没有契机,也许会永远沉睡在我们内心深处,终其一生都难以发现。可就像电影中一样,很多时候,让我们遇到另一个自己的契机,外表看上去很可能有些不堪,可也正因为如此,当我们真的有机会遇到另一个自己的时刻才显得弥足珍贵。

2014 年

15 由探春和王熙凤的管家模式所想到的

以往看《红楼梦》只关注了其中风花雪月的部分,最近听了台湾学者蒋勋评点的《红楼梦》以后,才发现小说中以往被忽视的很多精彩细节。在惊叹于《红楼梦》的博大精深的同时,也深深体会到一部伟大作品的魅力和价值就在于,你可以从不同角度看到它不同层面的精妙。

《红楼梦》以细腻传神充满敬意的笔触,塑造了众多有性格、有才情,外表漂亮精致,内在各种聪明、灵慧的女子,很大程度上就是一部向女性致敬的经典作品。

如果以诗情画意的视角去看,探春自然无法与宝钗、黛玉相比,曹雪芹也没在这个领域对她倾注更多的笔墨。但听了蒋先生对五十五回和五十六回的评点后,会发现,在大观园繁花似锦的女孩中,探春自有她不同凡响的性格魅力。

这两回说的是大观园聪明能干、八面玲珑、性格泼辣的年轻管家王熙凤由于小产需要卧床休养,然后王夫人让探春暂时代替凤姐管理家务。于是探春,这个十三岁的女孩,表现出了令人惊艳的管理才华。而且和王熙凤相比,探春的管理方式更符合现代管理理念,活脱脱就是一个有想法、有魄力的古典版女职业经理人。

王熙凤虽然天资聪慧,情商和智商都挺高,但她没有文化,因此也使她的管理思维受到诸多限制。比如,她由于不识字,连账本都要别人念给她听,就更别说进行财务分析了。就算有一些理财的商业头脑,也都被她拿来为自己牟私利了,书中有一个章节提到,袭人问王熙凤的贴身丫鬟平儿为什么月末的例钱拖了那么久还没发,原因是月例银子被王熙凤拿去放高利贷了。不仅如此,王熙凤还会利用职权,假借贾府印章,受托帮别人在官司中营私舞弊,从中捞取 3 000 两银子的好处费。在日常事务的管理中也是看人行事,对贾母、王夫人是极尽奉承和顺从,对无权无势的下人则是极尽打压克扣。因此,王熙凤管理下的贾府,虽然表面秩序井然,但私底下,下属的工作积极性不高,王熙凤看不到的地方,他们就会尽可能揩油、偷懒。由此看来,她的管理更多的是随意性较大的"人治"模式。

和王熙凤相比，探春则表现出了较强的现代管理意识，更强调制度管理，就算碰到亲人，也能做到公平公正，因此十分难能可贵。比如，五十五回中，探春的舅舅去世了，礼金的发放对她来说是件麻烦事，但又是个重要的考验，狡猾的老家仆故意不给他恰当的参考意见，试图糊弄她，看她的笑话，此时，聪明的探春没有入圈套，果断让佣人拿来过去的账本，比照与她舅舅最接近的案例，给出了公平公正的解决方案，尽管因此而引来她不明事理的生母赵姨娘的无理纠缠和抱怨，但却在无形中树立了一个管理者的威严和威信，让下属们再不敢轻视这位年轻的贵族小姐。不仅如此，她还从以往的账目中发现了许多跑冒滴漏之处，并采取措施，减少了不必要的浪费。

作为一个优秀的管理者，除了要让企业运作有序，还需要能够为企业挖掘新的利润增长点，在这一点上，探春也比王熙凤出色。大观园作为贾府一个重要的不动产，尽管景色优美，贾府的少男少女们在这里肆意释放青春的美丽与浪漫，可同时也是个开支巨大的项目。豪华绚丽的园林不仅需要很多人来打理，而且园子里还有大量姹紫嫣红的花儿果儿年年岁岁任意凋零，无人管理。以往，满园的残花引起了黛玉无限的忧思，害得她因为担心花儿沾染污泥而忙着葬花，而荷塘里大量的残荷也只是逗引了黛玉"留得残荷听雨声"的浪漫情怀，总之这满园花团锦簇的植物似乎除了引发黛玉这位多愁善感的文艺少女的诗意情怀和行为艺术也别无他用。

但在少女职业经理人探春眼里，这里却具备了另外的价值和意义。她找到了可以让大观园良性运营和持续发展的途径。以往由于没有利益驱动，大观园每年大量的瓜果鲜花任意凋落，无人关心，冰雪聪明的探春使之以权，动之以利，指派适当的人选分别打理怡红院的各种花草、潇湘馆的翠竹、蘅芜苑的香草以及荷塘的残荷及莲藕，要求他们在确保大观园整洁、适当上交收成的前提下，允许他们自行处理多余的收成，恰如其分的激励措施很好地激发了下属们的工作积极性。原本在老练世故的王熙凤的治理下，因为害怕改革会引发冲突而一直没有推行的管理措施，因为探春充满激情和诚意的推进而取得了迅速的进展，由此令人不由赞叹于这位年轻的贵族小姐出色的管理才能。

显然，探春的管理措施更注重合情合理的管理机制的建立，从而通过因地制宜的管理制度调动人的积极性，引导组织的良性运营和发展，是典型的"法制"管理模式。

大观园就像一个可以让心灵自由驰骋，自在逍遥的梦幻的乐园，让这群受到礼教严格束缚的少年们青春的丰富多彩的情怀得到了放飞,养育了宝玉、黛玉和宝钗充满美丽与哀怨的爱情,也养育了探春肆意生长的思辨力和卓越的管理才能。

  作为传统管理模式的代表王熙凤,尽管不乏管理经验与技能,但却缺乏规范管理所需要的科学的思维模式,更缺乏一个如大观园一样的文化环境,让她可以与众多充满灵气与活力的心灵碰撞出富有创意的思想火花。

2014 年

16 企业家的哲学情怀

最近看了一部名为《布达佩斯大酒店》的电影，心中产生了深深的感动和强烈的震撼。首先，这部电影的主人公是一位十分富有性格魅力的人，这样一个人的故事必须是精彩的。其次，因为电影爱屋及乌地衍生出了对影片导演的兴趣，因为我十分好奇什么样的导演才会拥有如此特立独行古灵精怪的才气、智慧和幽默感？豆瓣了一下，这位导演名叫韦斯·安德森，同时惊异地发现导演居然是哲学专业毕业的，这就不奇怪这部电影为何如此富有哲学内涵，接着更令我惊艳的在于，我以前看过并且非常喜欢的电影《了不起的狐狸爸爸》、《月升王国》和《天才家族》原来都是他的作品。最后在电影的结尾，导演强调这部电影的灵感来自于奥地利著名作家茨威格，当然又不出意外地重新引发了我对这位具有精神洁癖的作家的强烈兴趣，看了他的代表作《昨日的世界》后才体会到，那部小清新的《一个陌生女人的来信》只不过是他为世界奉献的文化盛宴中的一碟小菜而已。一部电影能和上述元素发生深刻联系并且能在观众心中产生如此的蝴蝶效应，足以证明这是一部不可多得的优秀作品。但这不是我要说的重点。

让我感触最深的其实是影片的男主角，酒店经理葛斯塔夫——一位优秀的企业经营者，一位优雅的绅士，也是一位不折不扣的完美主义者。

他衣着得体，喜欢用高档的香水，即使到生命垂危的时候，他也不会忘了背诵他喜欢的诗句来抒发他对人生的感悟，越狱出来蓬头垢面还抱怨接应的下属门童没给他带香水，着实是个具有十足浪漫情怀的人，一位不折不扣的资深雅皮士。因此对于一个男人来说念诗、喷香水这种通常会被认为矫情的行为，在他则是怎么看都透着恰如其分的呆萌可爱。他每天一丝不苟地打理酒店的一切，他发自内心毫无例外地真诚关注每一位酒店的客人。他的粉丝中有一位富有而孤独的老太太，因为十分享受他妥帖且真诚的服务，居然在酒店住了19年。纳粹时期的一次火车旅行中，他会因为盖世太保侮辱与他同行身份低微的门童下属，而奋不顾身捍卫下属的尊严，即使被抓甚至危及生命也无怨无悔。他会充满爱心地对待来住店的不起眼的孤独小孩。

　　他认为,无礼是恐惧的表现,最讨厌的人,只要觉得被爱,他们就会如花绽放。一句话,就是以悲悯之心善待别人。他的这种"善待别人"的做人做事原则,多年来不仅使得酒店的很多客人都心甘情愿地成了酒店忠诚的回头客,甚至很多人都是奔着葛斯塔夫而来住酒店的,而且,也使他在后面坎坷的人生中得到了很多受到他关爱的人们出乎意料也在情理之中的真诚帮助。比如当他因故被投入号称插翅难飞的监狱时,因为他的真诚善良所带来的绝好的人缘,赢得了狱友们的信任,通过和他们同心协力,成功逃出监牢,实现了自我救赎。

　　葛斯塔夫的作为充分证明了,一流的酒店不仅是具有豪华居室的旅途栖息地,还是旅客心灵的避风港,因此需要与豪华的酒店相称的训练有素的工作人员,更重要的是拥有优雅而高贵情怀的经营者,只有这样才能将酒店打造成旅客身体舒适的处所和灵魂享受无上快乐的精神家园,这样的服务才是最高境界的服务。

　　想起了不久前看过的一篇英国当代哲学家阿兰·德波顿写的文章《把哲学家请进企业董事会》,非常赞同他关于企业与哲学关系的阐述。他认为,虽然企业是要盈利的,但企业为追求利润而不得不考虑的一个重要问题,正是如何让客户感到满意——这是一个充满矛盾而又复杂无比的主题。要想让顾客满意,就必须深刻思考:顾客的满意根植于人性的哪个部分?这恰恰是一个哲学问题,只有很好地解决了这个本源问题,才能真正地赢得顾客发自内心毋庸置疑的满意。香港著名企业家李嘉诚关于"欲学做事,先学做人"的企业经营理念以及他所获得的巨大成功,就是对上述哲学问题的很好注解。

　　对于一个酒店来说,许多问题可能貌似与酒店不相干,但却足以毁掉一个完美的酒店之行。比如:有的客人或许会感到焦虑或迷惑,有的或许会感到孤独,有的或许刚刚与伴侣发生争吵,还有的或许会觉得与周围的文化格格不入,诸如此类,上述问题实际上都是一些哲学问题。葛斯塔夫的所作所为充分表明,他关注的更多的恰恰是这一类的问题。也许他没有想到哲学这么高深的层面,但在很大程度上,他已然达到了这个层面,因此他能获得顾客的青睐也就不足为奇了。他触碰到了人性的本质诉求,让顾客感受到了在其他酒店不曾享受到的心灵慰藉,一种意外的幸福感。

　　由此看来电影中的企业家葛斯塔夫和现实中的企业家李嘉诚都异曲同工地印证了哲学情怀对于经营一个优秀企业的重大意义。

　　现实生活中,更多平庸的企业家往往简单地将企业的核心目标锁定在了赢取利润这个表象上。这个看问题的视角基本上是低到了尘埃里，这也许就是平庸企业家与伟大企业家的本质差距。

企业是由人来经营的，而企业产品的消费者同样也是人，因此，说到底，企业经营的终极问题其实应该源于对人性的思考与解读这个本源问题，这就是一个哲学问题。

葛斯塔夫这样一种人，在大多数人看来也许有些古怪、偏执、虚幻，过于追求极致的完美，遭遇困境也许是必然的。但他身上那种难能可贵的做人做事的情怀却也为现实中的企业经营者树立了一个理想主义的标杆。一定程度的理想主义不仅对于企业家，对于每一个人来说都是不可或缺的，因为它是支撑人们更有质量地活在尘世间的希望和期盼。

2014 年

17 激情的力量

激情究竟能产生多大的力量？

最近看的一部喜剧片《落魄大厨》不仅让我激情澎湃，也让我深深体会到了激情的力量。

影片男主角凯尔是一位优秀厨师，原本他可以凭借一众食客、同事、老板以及美食杂志对他现有厨艺的高度认可舒舒服服、云淡风轻地做他的首席大厨。可要命的是他有点拧巴，对美食烹饪有着永不枯竭的激情，特别享受创造美食所带来的快感，为此，他可以不顾一切，通宵达旦、废寝忘食地潜心研发新的菜品，甚至他和女人调情时，都能恰如其分地将美食变成调情神器。这个世界上，他最难容忍的就是别人对他这种工作激情的蔑视以及对他充满爱意地烹制出来的新菜品的诟病，可在现实生活中，这两样偏偏都遇到了，而且后果很严重，这再次印证了"墨菲效应"。首先，他的老板从商业利益考虑，在目前生意已经很兴隆的情况下非常不赞同他那些花样翻新的创作，激烈冲突的结果就是他被炒了鱿鱼；另一方面，一位像他一样固执追求极致美味的美食评论家，因为对他迫于饭店老板压力下无奈的故步自封嗤之以鼻，对他的菜品做了非常尖酸刻薄的评价，盛怒之下，他与美食评论家产生了激烈的冲突，他过激的行为通过推特这个网络社交软件在更多人群中产生了恶劣影响。结果，他在失去工作的同时也失去了至关重要的在本行业立足的声誉。

双重打击之下，可以说是他内心那对美食永远如初恋般的激情将他从极度的事业低谷中拯救出来。他的前妻为了安慰他，特意说服他与儿子一起回到他事业的发迹地新奥尔良度假并寻找事业机会。对于一个富有激情的人来说，即使是微不足道的苗头都能触发巨大的能量迸发，在与亲朋好友用餐时，一种口味非常独特的古巴三明治又让他找到了新的灵感，可以想见，如果一位顶级大厨潜心做一款技术含量不那么高的三明治，一定会做出顶级的口味。接下来，他借助自己和儿子的推特恰如其分地宣传，当然更重要的是那美味无比的三明治轻易俘获了大批食客。凯尔一路开着餐车，带着儿子，出了城，吃着三明治，还唱着歌，不仅修复了和儿子的关系,还实现了事业上的华丽转身:那位曾给予他刻薄评论的美食家也在看了他的推特后,品尝了他美味可口充满异国风味的三明治,并正式邀请他做自己餐馆的首席大厨。

影片的编、导、演都是由《钢铁侠》的导演乔恩·费儒一人担当,看他在银幕上那心宽体胖但却充满激情的形象,基本符合我对一个典型吃货形象的想象,为了验证,我专门到网上查了一下,他果然是个不折不扣的吃货,真是相由心生啊。作为一个一流商业片导演、三流演员,他时常会在自己导演的电影里跑跑龙套过过戏瘾,但这部他却当仁不让地担纲主演,而且将一位厨师对烹饪的热爱、遭受挫折后的挣扎都刻画得栩栩如生,可见他对美食的激情衍生了他对这个厨师角色的自信。

整部影片将激情进行了淋漓尽致的发挥,愣是将一部题材很容易落入俗套的商业片拍出了一些小清新的文艺感,在让你为那些有趣的桥段会心一笑的同时,还能引发一些思考,因此在看电影的时候不自觉就产生一种十分美妙的释放感。最重要的还在于,影片用节奏明快的情节、幽默生动的细节,生动地诠释了激情的力量。

最近,看到一个报道,演员、导演兼电影激情发烧友的姜文的最新电影《一步之遥》原来打算在今年上映的,但由于电影在去年9月开拍时,错过了内蒙古草原一年中最美的盛夏季节,为了获得预想中盛夏特有的草原夕阳,对电影品质要求苛刻的姜文导演不惜错过多个电影节,也要再等一年,以便补拍那些在目前影片中他认为不够完美的场景。

由此看来,富有激情的人似乎都有一些相似的性格特点,比如对自己从事的事业发自内心一如既往的热爱,不达目的不罢休的霸气,不羁以及接近固执的执着,当然还掺杂着不可或缺的感性等等。也许在一般人看来,有那么点不合时宜,缺乏圆融,可另一方面,这些性格特质又往往能更多地触发很多不可思议的灵感以及由此带来的出乎意料的令人惊艳的成果,而这恰恰是这个世界的各种我们乐于期待的种种奇迹的源泉。就如这两位爷,他们的作品总能成功地吊起影迷想入非非的胃口。

一位缺乏激情的年轻人会过早变得暮气沉沉,而一位充满激情的老人又会展示出惊人的活力。同理,一个缺乏激情的组织,也多半可能会是缺少强劲发展动力的组织。由此看来,激情实在是一种难能可贵的特质,需要得到小心翼翼地呵护以及时机合适时不遗余力地激发。

2014 年

专题三
看电影学管理

　　电影,给人们带来了光怪陆离的艺术享受,可如果从管理的角度去看它时,又会发现管理给电影带来神奇的各种惊艳,从而证明电影和管理是一对如日月般绚丽夺目的组合。

1 颠覆
——看《点球成金》

看这部电影的过程中,我脑子里一直有一种强烈的感觉:颠覆,令人出乎意料、拍案叫绝的颠覆。

首先是影片情节主题的颠覆。如果你仅仅通过片名《点球成金》就简单判断这是一部体育励志片,那就会错过一部更有艺术内涵和观赏价值的精彩电影。实际上影片是以棒球比赛之名,用生动有趣的情节线索细致入微地探讨了球队经营管理、个人自我实现,以及迷失与找回自我的问题,整个就是一个棒球版的经营管理案例,当然是一个毫无枯燥感相当精彩的案例。

影片一开始,就向观众展现了一个紧张而富有挑战性的场面:身价4 000万元的奥克兰运动家队以微弱分数败给身价1.3亿元的洋基队,紧接着,洋基队还釜底抽薪,凭借其财大气粗,挖走了运动家队的三名主力球员。

然后提出了一个具有挑战性的问题,即对于奥克兰运动家队来说最关键的问题是什么?对于大多数以惯常思维来思考问题的球探们来说,似乎是立刻想方设法补齐三名关键球员,扭转颓势。但此时,男主角奥克兰运动家队经理人比利的视角却在另外的地方,在他看来,这不仅仅是补充三个球员的问题,最重要的问题在于如何跟实力相差巨大的洋基队竞争,然后还能取胜的问题,换句话说就是如何以弱胜强的问题。

如果仅从片名《点球成金》看应该是一部典型的体育题材的电影,具体说是一部关于棒球的电影,实际上只要坚持看下去,五分钟以后就会发现,影片对以往体育题材的颠覆。随着影片男二号,一位胖胖的、耶鲁经济学专业毕业的球员分析员彼得的出场,影片恰如其分地将叙述主题从体育转换到了经营管理。

好球员的标准是什么?比赛的胜利意味着什么?这些貌似只和球员有关的问题,到了男二号彼得那里都成了一堆数据,一堆可以真实反映球员以往业绩的数据。或者说,由体育比赛的问题变成了经济管理问题,也就是如何以更小的经济成本取得更大收益的问题。

以往球探们衡量优秀球员约定俗成的标准是年龄、外表、个性、奔跑的速度等，换到了彼得引发的经济学角度就变成了如何进行最优选择的问题，也就是如何从众多按主流球员评价模式属于二流甚至不入流从而身价偏低的运动员中挖掘出他们被忽视的潜在价值，从而通过每个不完美球员的完美默契的团队配合产生1+1＞2的效应。

顺着这个全新的思路，比利和他的特殊助理——经济学专业背景的彼得的选择范围就从几十个人变成了两万人，他们开始从众多球员中选择那些以球探的惯常标准来说由于动作怪异、年龄偏大或有某处伤残而被低估了身价甚至遭很多棒球队弃用的球员，组成一支25人的棒球球队。于是按照此标准，他们用24万元的价格雇佣到了实际身价达300万元的球员。以这样的阵容去参加比赛，貌似是一场赌博，但绝对是一场深思熟虑、胸有成竹的赌博，因为这些球员在以往比赛中积累的相关数据已经证明了他们被忽视了的价值。

显然，比利对球队的这种全新的经营思路也颠覆了棒球队多年来最惯常的经营模式，那就一定会遭遇阻力，在影片里最着力刻画的改革对立面就是棒球队的教练亚特，还有那些多少年来都是跟着感觉挑选队员的球探，于是影片用激烈的戏剧冲突和引人入胜的细节描写展示了比利和彼得与阻力强大的对立面的艰难而勇敢的抗争。其中一个经典的场景就是在影片开始的情节里，是比利和一群球探在讨论补充球员的问题，显然，这种讨论的结果永远都难免落入窠臼，后来的讨论中增加了有耶鲁经济学专业背景的总经理助理彼得，也给讨论增加了令人耳目一新的经济学视角。当然角逐到最后，比利和彼得凭借经验和经济学规律实现了漂亮的逆转。

其次是男主角比利人生经历的颠覆。比利年轻时是一位业余棒球运动员，同时也是一位学习成绩优异的学生，本来已经获得了斯坦福的奖学金，可以成为斯坦福大学的一名大学生，但由于球探们对他球技不负责任的高估，让他以实际上并不算高的运动天赋在懵懵懂懂之中成了职业棒球手，随后的运动生涯证明了他并不是一个优秀的运动员，就像影片中的一句台词所说的"很多人被棒球召唤，但能留下的却很少"。显然比利并没有成为那为数很少的幸运者，而是成了传统球探模式的牺牲品，以至于人到中年后，做了一个三流棒球队的经理人，惨淡地经营着球队。事业不顺，个人生活也是坎坷不断。随后他遇到了影片的男二号彼得，一位球员技术数据分析员。当很多球探都沉浸在自己的感觉中不能自拔时，彼得却另辟蹊径,从经济学的视角去分析球员的价值,他的独特引起了同样独特的比利的关注,于是,一对棒球史上最独特的合作搭档也就此形成。最终以三流的身价打败了一流的球队,创造了令人瞩目的奇迹的同时,男主角比利也华丽转身,蜕变为一名金牌经理人。如果仅此而已的话,影片就只能算是浅薄的励志片了,实际上,贯穿于整个影片的是比利在追求胜利的过程中,对自己人生的不断思索与感悟,以及对自己既往工作模式的颠覆,最终他领悟到了自己生命的真正价值和意义。于是,当他由于颠覆性的经营思维和技巧而成为金牌经理人时,却拒绝了自己曾经向往的一流球队红袜队的高额聘用合约而坚持经营自己一手打造的奥克兰运动家队,因为他觉得只有在这里,才能充分实现自己的人生价值,享受与他的球员及同事亲密合作的温暖亲情、友情。

最后,就是布拉德·皮特对自己演技的颠覆。看过皮特的多部电影,他以往扮演的角色不是桀骜不驯的英雄,就是魅力超凡的情圣,真是帅得祸国殃民,是个很有性格魅力的演员,很难想象让他来扮演一位落寞的失败者会是怎样的。在这部电影里,皮特没有让粉丝失望,他一改过去的风流倜傥,出神入化地演绎了一位外表平凡但内心不甘平庸、充满梦想的棒球队经理人。这部影片证明,皮特不仅仅是英俊的偶像明星,不仅仅会耍酷耍帅,还是一位有追求有实力,敢于颠覆自己的一流演员。最近还看了他演的另一部电影叫《生命之树》,里面的角色和这部电影中的角色反差很大,但他同样驾驭得很好。个人认为,凭借这两个光彩照人的角色,足以使他在当年奥斯卡影帝的角逐中胜出,期待他得影帝已经好久了。我常常觉得奥斯卡的评委们会有一些偏见,比如对喜剧演员的偏见,还有就是对长得帅气的演员的偏见,看来这些评委也需要颠覆一下自己以往一成不变的评审视角了。

这一系列的颠覆在不知不觉中为观众营造了一个不同凡响的气场,同时也造就了一部极具观赏性和艺术内涵的优秀电影。

这部充满颠覆感的影片,让我无可救药地喜欢上了"颠覆"这个词。对于电影来说,需要不断进行摧毁性的颠覆才有可能创造更多的观赏价值,从而强烈地撞击观众的感官和心灵。对于经营管理以及人生来说,颠覆也同样应该是一种常态。从某种程度上说,颠覆是升华到另一种境界的途径之一。

2011 年

2 电影是艺术与商业的博弈
——对国产电影的管理学思考

最近连续看了几部国产电影《北京遇上西雅图》《致我们终将逝去的青春》和《中国合伙人》,觉得十分欣慰,那些精彩的桥段一直在脑中盘旋,兴奋不已。作为一个发烧影迷,感觉这几部电影与前几年盛行的所谓"中国式大片"相比,从很大程度上摒弃了浮华、浮躁,更加清新,接地气,终于找回了对国产电影的些许信心。

一部优秀的电影,其必备的要素就是一个动人的故事、一群鲜活生动的银幕形象(尤其是主角)、众多绚丽多彩的场景、绕梁三日的电影音乐、一系列炫目的特技等等,诸如此类。由此看来,电影是一门综合的艺术,只有当这些艺术元素完美地整合,才能成就一部令众多观众难以忘怀的旷世精品。换句话说,一部优秀的电影一定是凝聚了各门类艺术家独特的艺术品位和才气,并且在欣赏偏好不一的电影观众中找到了共鸣。

成就上述所有这一切艺术追求的,还有一样不可或缺的,就是让艺术得以展示的平台,对于电影来说,这个平台就是可以遍布全国的各种类型的院线。

理想的状态是,艺术家们的各种天马行空的创意能够有释放的空间,通过院线的银幕得到众多观众的认可,实现艺术和商业双赢,从而激励艺术家进行更多的艺术创作,于是观众就可以源源不断地分享到更多好看的电影,于是这个轮回就进入了良性循环的轨道。

但现实怎样呢?

现实是,因为艺术的特性决定了它的不可预测,而这对于商业运作来说恰恰是致命的。于是商人们为了逐利,为了减少风险,往往将大把的资金投入到已经取得商业效应的某种类型电影,比如张艺谋的那部投入巨资的商业电影《英雄》的成功,就催生了后面接二连三的同类电影《无极》《夜宴》等商业烂片的风行。

这类电影的模式就是大明星+大导演+大投资的所谓大制作,同时还有恰如其分的档期和大数量的院线支持,这些电影的投资者、制作者们从商业的角度似乎已考虑得面面俱到了,可他们恰恰忽视了一样东西,那就是观众的感受和智商。其实观众最想看的是电影那些最本质的东西,比如曲折动人又标新立异的故事情节、丰满的人物形象、富有创意的场景等等,缺乏了这些精髓,再有名气的明星、再眼花缭乱的特技场景也无济于事。

从这些电影中,我们充分见识到了艺术家们的无奈和电影投资者们的功利,也看到了艺术与商业的艰难博弈。

世界著名的管理咨询公司普华永道在最近发布的《2013—2017全球娱乐及媒体行业展望》中称,中国电影票房未来5年将以15.6%的年均复合增长率增长,在2017年将达55亿美元。去年全球电影票房是347亿美元,美国108亿美元,中国紧随其后,达到27亿美元。

这个数字貌似很具诱惑力,但在此背后,却是中国电影业惨淡的现实。据国家电影局公布的数据称,2012年的国产电影产量是893部,但其中真正盈利的不超过20部,整体比例不超过5%。

由此可见,国产电影已经进入一个怪圈:一方面电影的巨大盈利空间吸引了大量的投资,上述数量不菲的电影数量即为例证;另一方面,这些投资绝大多数都没有实现预期的盈利。

那么,艺术与商业之间的冲突是否就难以调和呢?

其实,如果从管理的角度还是能看出一些端倪的。就从那800多部没有实现盈利的电影可以发现,这些电影的绝大多数投资者对电影的投资是盲目的,也就是说他们对电影行业的游戏规则其实是不那么了解的。

实际上,电影作为一个产业也有其完整的产业链,至少包括故事创意、拍摄策划、募集投资、正式拍摄、后期制作、宣传营销,一直到最终收回投资等流程,也像其他产业一样需要完善、规范的管理,才有可能确保收回投资,而电影产业的特殊性还体现在它作为艺术创意产品有着巨大的风险性。

从投资来说,在好莱坞和韩国,都有一个已经运作发展非常成熟的电影投资体制,有很多十分专业的电影投资咨询公司,他们非常了解电影的市场运作规律,在进行规范的电影投资运作的同时,还为其他不熟悉电影行业的投资者提供专业的电影投资咨询服务,这样就可以从很大程度上减少投资的盲目性,让电影投资进入良性的循环。

反观国产电影的投资,很多是来自一些诸如煤老板之类的外行投资者,这些投资进入以后,缺乏对投资风险的评估,缺乏理性的投资目标规划和规范的运作,更多的是对盈利不切实际的盲目期盼。比如当年宁浩的电影《疯狂的石头》火爆之后,很多人冲进来投资,在全然不了解电影业投资机制的情形下,唯一的要求就是做出一个《疯狂的石头》样的东西来——中小成本、喜剧,岂不知电影市场的特性之一就是不可预知性,不是简单地通过几个要素的界定就能复制出同样的效应,最终投资效果不佳几乎是必然的结果。

从电影运作体制上看,好莱坞等电影业发达的地区基本是采取制作人为主的电影运作体制,由制作人专门负责包括募集电影投资,召集编剧、演员、导演,组织电影制作班底,进行电影宣传营销等一系列电影管理事务,这些制作人多年在电影行业摸爬滚打,通常既具有商人对市场的职业敏感,又具有一定的艺术品位,这样就可以确保电影在商业与艺术之间较好的平衡效应。而国产电影目前主要是以导演为主的管理机制,试想一个电影导演只能用三分之一的精力投入到拍电影中,三分之二的精力都要用来策划剧本和筹资以及在其他一些行政事务上牵扯精力,这样一位心力交瘁的导演如果能拍出优秀的电影那就是奇迹了。

香港有一位著名的电影制作人江志强,就是电影制作人管理体制的典范。他从事电影投资与制作多年,积累了丰富的电影运作经验和高超的职业嗅觉,被认为是亚洲最成功的制片人,当选过《时代》周刊的"亚洲英雄"。1999年因发行《卧虎藏龙》大获成功,除此之外,他还投资制作了许多既叫好又叫座的电影作品包括:《英雄》《色·戒》《不能说的秘密》《寒战》《北京遇上西雅图》等,目前正在全力投入制作由著名小说改编的电影《狼图腾》。他也是刘德华投资的艺术电影《桃姐》中男主角的原型,从取材于他真实生活的电影《桃姐》中可以看出一位优秀制片人所应具备的职业素质和个人品行。

结合国外的电影制作管理体制以及国产电影的现状,会发现《北京遇上西雅图》《致我们终将逝去的青春》和《中国合伙人》等国产电影良好的观众口碑与票房似乎有一定的偶然性,是众多牺牲者中的幸运儿。但如果未来的国产电影能够耐得住寂寞,潜心并诚意投入到对电影制作从内容到体制的完善管理上,那么将来我们的电影院里不断涌现出更多的《北京遇上西雅图》《致我们终将逝去的青春》和《中国合伙人》就会是一种必然的常态了。

2013年

3 于无声处，在黑白间
——看《艺术家》

如果有人在电影技术技巧已经高超高明到令人眼花缭乱的今天还胆敢制作一部黑白无声电影——这种电影创始时期的表现模式，那他一定有足够的自信和勇气将更加具有杀伤力的包袱抖给观众。

《艺术家》就是这样一部对观众具有特殊杀伤力的电影，至少让我重新深深地喜欢上了黑白默片。

影片用极其传统的叙事方式，惟妙惟肖地重现了上世纪20年代好莱坞默片鼎盛时代的场景，描述了一个让人看了舒服得不能再舒服的故事：在影片的开始，男主角乔治就已经是炙手可热的好莱坞默片明星，甚至连他养的一条宠物狗都成了明星，当然这条宠物狗的各种有趣表现也使影片趣味倍增。而女主角米勒则是一位到好莱坞追寻明星梦的普通女孩，因机缘巧合遇到了男主角乔治。乔治的风趣、随和、善良和明星风范给米勒留下了良好而深刻的印象，随着接触的增多，米勒对乔治的感情也由最初的明星崇拜转为难以自拔的暗恋。随着有声电影时代的到来，米勒因年轻漂亮、声音甜美等优势而成了万众瞩目的新星，乔治却因为不能适应有声电影这种新模式而惨遭过气，直至绝望自杀，幸而女主角的暗中相助及炽热爱情挽救了他，最终有情人终成眷属，而乔治也在米勒的引荐下凭借出色的舞姿重新回归他深爱的电影事业。

一个典型得不能再典型的好莱坞式的爱情励志故事。我倒觉得，既然是一部向好莱坞默片致敬的电影，采用一个典型的好莱坞式的故事也算是恰如其分名正言顺。毕竟浪漫爱情故事有着永恒的观众诉求，只要浪漫得有新意有质量，就算是泡沫，也是那种愉悦身心，有着长久魅力指数的唯美泡沫，更何况影片极具特色的表现方式也功德圆满地让这泡沫足够精美，充满惊艳和惊喜感。

影片采用了默片模式，但导演凭借精致的画面、演员精妙的表情和丰富的肢体语言以及高超的节奏掌控和强烈的戏剧冲突深深地吸引了观众，让观众欲罢不能。

自从电影有了色彩之后，电影制作者们就热衷于极尽能事用色彩打造炫目的画面来刺激观众的感官，而这部自始至终都是黑白影像的《艺术家》会让观众有一种顿悟感，那就是在阅尽了如繁花般绚烂的色彩后突然发现，原来黑白的画面也自有一种别致的风韵，就如同中国画，在那深深浅浅的墨色与白纸之间寥寥几笔就可以勾勒无穷无尽的层次和想象空间，那意境真是简洁到极致，同时也是美到了极致。

尽管是默片，但影片严格意义上讲应该不算是完全传统的默片，而是加入了现代灵感和技术的升级版默片，画面自然也很精美，虽然绝大多数时间没有语言对话，但富有表现力的音乐仍然在不失时机地烘托着气氛，使观众的听觉不至于寂寞，直到影片结束前的三分钟，制片人看到男女主角表演的一段配合默契精彩绝伦的踢踏舞，由衷地说了一句："太完美了！能否再表演一小段？"男主角也由衷地回答："十分乐意！"至此，观众情绪被提升到另一个高潮，顿时觉得前面无声阶段所积蓄的丰富情绪得到了完全充分的释放，感觉十分畅快淋漓。

由于无声，对演员的表演就提出了更高的要求，男女主角的演绎也非常到位。尤其是男主角，非常有戏，在镜头前十分松弛自如，毫无传统默片中难以避免的挤眉弄眼和其他夸张表情，无论是开始作为天皇巨星的踌躇满志，还是后来成为过气明星的落寞纠结，他的表演都是无懈可击的。特别是影片最后的那段长达五分钟的踢踏舞，也是跳得有款有型，尽显舞者风范，很具个性魅力，作为金球奖影帝真是实至名归。男主角的那条宠物犬，在影片中简直就是如鱼得水、游刃有余，天生就没有语言的动物那种种自然天成、妙趣横生的肢体动作，给影片增添了很多喜感。

《艺术家》用黑白无声影像征服了观众，成功撼动了人们惯常对电影的欣赏情趣，这证明了没有过时的模式，只有过时的创意。特立独行的创意可以赋予旧有模式以全新的内涵，从而让艺术作品焕发无与伦比的美，正可谓于无声处听惊雷，在黑白间现峥嵘。

2012 年

4 奇幻的真实与真实的奇幻

迄今为止几乎没有一部电影会给我这样的一种观影感受，那就是：90%的时间沉浸在如梦如幻中，直到最后的10%时间里开始撕心裂肺，进而顿悟其中的玄妙。这是我在看李安的最新电影《少年派的奇幻漂流》时心中的奇妙感觉。

看过李安的很多经典作品，强烈地感受到他的作品中贯穿始终、渗透到每个毛孔、无所不在的人文气质和极致之美。各种题材的电影，看了以后各种嗨，总之，就是以他一以贯之的拧巴劲，不将你看嗨誓不罢休。

这样一位导演如果拍一部3D电影，会赋予电影怎样的情怀，又会是哪种嗨呢？

实际上，最初看这部电影的初衷也更多是奔着这个3D来的，因为，以我对李安电影的品质的深信不疑，想当然地认为这部在3D的炫目程度上至少不会输给《阿凡达》，本来也没对电影在其他方面有更多的奢望，看着那张以少年和老虎为主题的海报，也想当然地猜测电影的情节无非是用高科技手法描述一段少年与动物之间的温馨友情。

影片开始的20分钟，我甚至觉得故事的铺陈有点冗长，有些情节貌似可有可无，直到海上沉船后，少年派与几个动物共处展开漂流历程时，才开始感受到3D画面惊心动魄的美。这部分可以说将奇幻发挥到了极致，以至于我怀疑有些情节已经奇幻到脱离了基本的真实，比如海上那气势磅礴的飞鱼群，食人岛上的那些美妙绝伦的画面，还有那本内容奇怪的海难生存手册，直到影片最后十分钟那极具爆炸力的第二个故事的逆转，才让我有一种醍醐灌顶的感觉！

这十分钟让我再次惊艳于李安讲故事的强大功力！这十分钟也促使我重新回顾前面的绝大多数情节，渐渐清晰地发现，导演的草蛇灰线早在电影一开始就已然严谨而细密地布置停当，那些貌似多余的场景其实全都是若隐若现的暗示和隐喻，而那些绚丽夺目的画面恰恰是用奇幻的表象在描述着触目惊心的血淋淋的真实。

也直到此时才恍然大悟，那些数量充足的饼干和水，它们根本就只是存在于这奇幻的第一个故事中，尤其是那本内容奇怪的海难生存手册，也根本就是少年派自己的奇幻体会，而导演处心积虑想要描述的其实是第二个故事，于是第一个故事里的那些不合常规与不合时宜在第二个故事里都得到了恰当的安放。正因为缺乏这些海上遇难者最需要的基本食品,才发生了惨烈的第二个故事,也就是那个令人难以置信却是实际发生并且真实得近乎奇幻的故事。

影片用了90%的时间描述的第一个故事恰恰反证了故事的表象有多么的虚幻,它所掩盖的真实就有多么的残酷!反过来说,也正因为第二个故事的残酷性,才从很大程度上造就了第一个故事的奇幻,那根本就是极致孤独即将濒死状态下的极致虚幻产物。

第一个故事里所发生的动物之间的相互残杀其实就是第二个故事中为了生存而发生的人吃人的真实场景,而少年派在那个特殊的场景下也不幸成为这个残忍食物链的一环,显然他还占据了上风,所以才活了下来。

当故事发展到了这里,才发现,电影中那头猛兽老虎之所以能够被少年派驯服并和平共处的原因就在于它不是一只真实存在的老虎,它其实是一种隐喻,象征了少年派心中的另一个自我,一个凶残、兽性的自我,而少年派漂流在茫茫的大海上,孤独无助、濒临死亡时,也正是靠着善良的人性与这凶猛的兽性之间旷日持久的博弈才让自己从中获得能量从而充满活力地与天斗与地斗并最终为自己赢得了生机。正因为如此,当他最终获救时看到老虎头也不回地奔向森林才会泪流满面,那是一种绝处逢生时矛盾丛生的百感交集,回归人群意味着他将实现人性的回归,而残酷的兽性虽然在非常时期狠狠地帮了他,但从此也必然会重新被埋葬到他的心灵深处。

写到这里,突然觉得李安这厮实在是够拧巴的,他愣是不按常理出牌,占据电影90%的时间,用大量精美绝伦精彩纷呈的3D画面展现了一个只存在于少年派心中的虚幻,但虚幻得那么真实,以至于让你相信那即使虚幻,也是一个真实的虚幻,因为它们就活生生地展现在你的眼前,当你正要沉醉于其中时,他又以迅雷不及掩耳之势来一个逆转,用第二个故事彻底地摧毁你的沉醉,告诉你那些光怪陆离的虚幻包裹着的却是一个沉重的让人难以承受的残忍现实!

呵呵,真虐心啊,不过,不得不承认,被虐得很爽很嗨!

一个电影故事讲到这份上也算是达成境界了:喜欢看热闹的人够尽兴,超过100分钟的3D画面足以带来强烈而难忘的感官刺激;喜欢看门道的人也同样尽兴了,因为这个故事被挖掘得够深够狠!总之各类人等各得其所。

结论:以这样的电影品质无论得什么奖都是"罪有应得"。

2012 年

5 救赎

将名著小说拍成电影,貌似可以沾点名著的光,可在我看来,更多的可能是风险,因为由于是名著,所以多半会被拍成很多版本的电影,基本情节观众都是烂熟于心,稍不留神就可能落入窠臼,被众多的其他版本所淹没,甚至被嘲讽为亵渎名著。

雨果的《悲惨世界》显然是名著中的名著。到豆瓣上搜索了一下,呵呵,放眼望去,很轻松就搜到十几个电影版本,而且其中不乏经典版本。

看了英国导演汤姆·霍珀的这部最新版本的《悲惨世界》,仍然觉得十分惊艳。明明是熟悉的人物,熟悉的情节,但影片诡异神奇的演绎却能使观众在如痴如醉中毫不意外地被戳中心灵的软肋,然后鬼使神差地被带入故事的旋涡中难以自拔,情不自禁中被触动,被感染。由此可以充分证明,这个版本让这部名著再次焕发炫目的光彩。

前有《国王的演讲》,后有这部《悲惨世界》,突然发现,我已被汤姆·霍珀这位严谨刻板的英国佬的这种精雕细刻的电影风格深深折服了。

影片将这个经典的以救赎为主题的故事演绎得洗心革面,惊心动魄。

电影传承了原著最核心的思想,通过两条线索深入浅出地探讨了人性救赎的问题,一条是警官沙威所代表的无比严酷的法治途径,另一条则是主人公冉·阿让所代表的和风细雨的感化途径。

在法官沙威看来,对待他眼里的暴徒冉·阿让,必须采取严厉的惩罚才能让他改邪归正,于是贯穿影片始终,一方面是冉·阿让获得心灵救赎后,幡然悔悟,竭尽全力地用他的下半生去救赎更多的灵魂;另一方面,警官沙威固执地坚守自己的信念,几乎也是倾其所能对逃跑的冉·阿让穷追不舍。最终,沙威彻底失败,因为他一直自以为是公平正义的化身,但却在自己生命最危险的时刻被他最鄙视的十恶不赦的逃犯冉·阿让救赎了,这是对他根深蒂固的价值观的极大颠覆,是他所不能接受的,可他又难以否认冉·阿让的正直与高尚,甚至品行的高洁还要在他之上,以至于在极度矛盾中崩溃自杀。

如果救赎是果的话,那么因就是弥漫于这个世界的无所不在的各种悲惨。于是影片的前半部分用了大量的篇幅,极尽能事地展现法国大革命后那些令人难以想象、沮丧到极致的悲惨,主人公冉·阿让和贫穷美丽的女孩方汀就是这些极致悲惨的典型。冉·阿让仅仅因为侄子饥饿而偷了一个面包就被判十九年苦役,极度的委屈与悲愤让他对社会彻底绝望,甚至在被神父救助之后还以怨报德地偷走了教堂的一套银器。此时,神父不仅没有开罪于他,还以出乎他意料的方式再次宽恕了他,从而唤醒了他内心深处沉睡已久的强烈的自尊与悲悯情怀,并开始了他纯粹彻底义无反顾的人性救赎之旅。

这样一部鸿篇巨制,线索繁杂,人物众多,很容易在史诗般的整体构局呈现与挖掘深刻的人物与细节刻画之间失去平衡,导致整部影片流于平庸。令人惊喜的恰恰在于导演对影片整体的掌控非常到位,应该说,影片的情节很紧凑,一部接近三个小时的电影,始终能够让观众情绪饱满地观赏,很多精彩的场景甚至令人产生窒息般的感动,实属难能可贵。

这个版本对原著情节的取舍十分精当,人物形象饱满,不仅主角流光溢彩,配角也十分亮眼,负责弘扬影片主题的主演休·杰克曼和安妮·海瑟薇,演技与唱功都相当了得,休将冉·阿让复杂的内心挣扎以及善良、高尚的人格演绎得感人至深,是我看过的最帅版本的冉·阿让。而那首主题歌《I dreamed my dream》则被安妮唱得情真意切,如泣如诉,谋杀了我多少感动的眼泪,罗素·克罗虽然嗓音差强人意,但他以纯熟的演技很好地驾驭了角色,当然也从很大程度上让观众忽视了他令人不敢恭维的唱功。负责养眼,给影片带来亮丽色彩的三位青春逼人的年轻演员也是唱做俱佳,饰演爱波宁的那位女演员演技尤其亮眼。负责丑恶的两位老演员成功地逗引了观众深深的厌恶情绪,足以让人对他们扮演的角色恨得咬牙切齿,负责惹人怜爱的两位童星也是嗓音清亮,形象可爱,萌态可掬。有了这么一个超强的演员阵容,可想而知会在影片中营造多么强大的征服观众的气场。

个人认为影片还有一个很大的亮点就是其音乐剧的呈现形式,当然,已经成为经典的音乐剧《悲惨世界》所贡献的优美动听的主旋律功不可没,但我觉得最惊艳的在于影片充分发挥了音乐剧的神奇戏剧功效。影片最戳人泪点,让人情感波澜壮阔的几个场景好像用歌唱恰恰是最好的表达方式,比如冉·阿让被神父救赎后的那段痛心疾首、激情洋溢的内心独白,比如方汀被迫卖掉秀发和牙齿最终沦为娼妓被冤枉凌辱后对这个悲惨的世界伤心欲绝、令人毛骨悚然的控诉,以及警官沙威矛盾纠结的内心挣扎,都成功地用抑扬顿挫的音乐旋律点燃了观众蓄势待发的情绪。

电影描述的是一个已然年代久远的故事,可看完以后会发现尽管时代变迁,可影片探讨的主题却仍然具有现实意义:人们似乎永无止境地纠缠于自己营造的情感旋涡,并不厌其烦地轮回于其中,进行着形式不同,但主题永远不变的、与自己与别人的情感博弈:有人爱了,有人被爱;有人爱得万劫不复,有人为欲爱不能而煎熬;有人痛苦,有人欢乐。但所有这些线索都归结到了一条主线就是有人救赎,就一定有人被救赎,救赎者救赎别人,也可能在某一个身心陷入困境的时刻被别人救赎。

是的,这世界很多时候确实是一个悲惨世界,可同时又是一个充满希望与快乐、生生不息的世界,因此归根结底,它最终仍然是一个可以被救赎的世界。

2013 年

6 奥斯卡的回归

刚刚在网上看了今年奥斯卡获奖的相关信息,难抑兴奋。一方面是因为非常喜欢并希望获奖的几部影片都获了奖,另一方面也是我最感欣慰的,就是奥斯卡终于在某种程度上实现了一种回归,我认为这是一个至关重要的回归。

回顾以往的奥斯卡获奖影片,基本都是艺术性和观赏性结合得很好的作品,比如《乱世佳人》《一夜风流》《宾虚》《尽善尽美》《泰坦尼克号》等等,那是多么的回肠荡气啊,部部都是经典中的经典。但看最近几年奥斯卡的最佳影片,虽然都是有着毋庸置疑的艺术内涵的优秀影片,但情节大多数都非常沉闷,难以看下去,这对电影来说是非常致命的"毒药",而今年的获奖影片终于有了一些让人耳目一新的改变。

今年的获奖热门影片我看了不少部,首先是最佳影片的奖项中,很喜欢《贫民窟的百万富翁》和《返老还童》,最喜欢的是前者。因为《返老还童》虽然阵容强大,有皮特这样的超级帅哥和凯特这样的演艺女王,而且剧本也很有创意,但总觉得它没有脱离传统的好莱坞电影的套路,大牌演员加精良制作再加上恰当的煽情结局,一切都显得那么完美,完美得让人有点审美疲劳,而《贫民窟的百万富翁》却不一样,电影紧凑、曲折、富有想象力的情节设置,新面孔演员质朴的表演,以及影片散发出的酣畅的激情、热情和鲜明的异国情调让人在观赏过程中始终有一种投入感和兴奋感,被电影彻骨的震撼力、清新的审美所深深感动。

其次是获表演奖的影片,西恩·潘的那部没看过,不过看过他早年的获奖影片《神秘河》,个人不太喜欢他的表演风格,尽管他是一位非常优秀的演员。温斯莱特的《生死朗读》和佩内洛普的《午夜巴塞罗那》都已看过,如果说温斯莱特当年在《泰坦尼克号》中的表演还基本上是质朴的本色表演的话,这部《生死朗读》让我看到了她在表演上脱胎换骨的进步,当美丽温婉中又加入了深刻的内涵和张力时,一个女演员基本上就达到了无敌的境界,我觉得温斯莱特几乎达到了这种境界。至于《午夜巴塞罗那》(这部本人超喜欢),我觉得影片延续了伍迪·埃伦作品一向的那种幽默、古灵精怪、颠覆常规、一本正经地描述荒诞的特点,佩内洛普将影片中那位才华横溢却性格怪异的女画家演得入木三分,以至于看完影片好久以后,还满脑子都是她那特立独行的可爱形象,演得简直太棒了,我彻底地喜欢上了这位性感、美丽、狂野不羁,有着迷人的性格魅力的西班牙女演员。还想说一说的就是斯特里普这位超经典级的女演员,我觉得她基本上就是好莱坞的一个奇迹,虽然已是接近奶奶级的演员,但仍然保持着旺盛的创作激情和迷人的艺术魅力,几乎每年她都有作品被提名,今年是《虐童疑云》和歌舞片《妈妈咪呀》,这是两个反差极大的角色,但却都被她演得栩栩如生,尤其喜欢她演的歌舞片《妈妈咪呀》,她在影片中既唱又跳,活力四射。我认为这种级别的演员基本上什么奖项对她来说都不太具有意义了,她可以作为一种传奇被后辈的演员们视作标杆去景仰,去顶礼膜拜。

今年的最佳外语片是一部日本电影叫《入殓师》,确实是一部视角独特、对人性挖掘深刻的非常棒的电影,影片将一个原本惊悚的主题拍得温馨感人,这两年看了挺多日本电影,觉得和韩国及中国电影相比,日本电影最近两年的进步很大,《入殓师》能获奖应该是对日本电影这几年优秀表现的一种肯定。相比较而言,个人认为中国电影最近几年的表现有些令人失望,电影制作者们要么媚俗地对商业效应顶礼膜拜,要么对获得各种国际奖项充满功利的向往,恰恰缺乏了对电影本身那种发自内心的纯粹的诚意。获奖其实是一个水到渠成的过程,如果能真诚地投入到对电影本身的精良制作中,那么或早或晚,必然能得到相关奖项的肯定。

有一种感觉:虽然这些获奖影片各具特色,但和前几年的获奖影片相比,观赏性提高了很多,情节大多曲折、流畅,很好看。我觉得这是一种令人欣喜的回归,因为奥斯卡是世界电影一个很重要的风向标,它会从很大程度上影响电影制作者对电影风格的偏向,所以我个人认为前几年好莱坞的好看电影乏善可陈跟奥斯卡奖评委沉闷的审美偏向有一定程度的关系。还好今年的奥斯卡奖评委们终于关注到了已被他们忽略了太久但却非常重要的东西,那就是电影不可或缺的观赏性。

2009 年

7 不止是一场风花雪月的事
——看电影《日出之前》和《日落之前》

毋庸置疑，爱情是一场风花雪月的事。但很多时候，当有情人终成眷属后，爱情就发生了质的改变，掺进了很多柴米油盐的事，显然，后者缺乏了前者的诗意和美感，更多了一些失意和现实感，这也许就是典型的浪漫爱情作品总喜欢把故事写到公主找到了心仪的王子并和他共同骑上白马绝尘而去后就戛然而止的原因，而这也是人们喜欢浪漫爱情剧的原因，爱情毕竟是人生最超凡脱俗、最绚烂的组成部分之一。

爱情是一种很奇妙的感觉，可能在某一个瞬间在不知不觉中突然产生，如果爱情遭遇了时间和现实以后会怎样呢？一份真正的爱情能持续多久产生多大的力量呢？这些都是我要谈论的这两部影片试图描述和探讨的内容，但又没有采用典型的浪漫爱情剧惯用的讲故事的模式，所以我觉得这是一个很有些特色的非典型性爱情片系列。

一般爱情片都会通过曲折跌宕的情节、悲欢离合的情绪，并且大多数情况下都会设计一个皆大欢喜的结局来吸引人们的眼球，看多了差不多都能猜出情节的发展线索，有点"审美疲劳"。而这两部影片摒弃了上述俗套，化繁为简，只利用简单的场景，很少的几个人物，通过人物的对话将一段通常被认为不那么唯美的一夜情描述得美妙动人。

要说影片的情节其实很简单，第一部《日出之前》摄于1995年，来自美国的男主角和来自法国的女主角在一列通往维也纳的列车上相遇并一见钟情，于是两人临时决定在维也纳逗留一天，当然也就此展开了在这个美丽的音乐之都的一场爱情之旅。整部影片其实就是描绘他们俩在维也纳一天的活动，最富有戏剧性的是他们在日出之前发生了一夜情，但最终，这对情侣并没有走到一起，而是依依不舍地踏上了各自的归途。这么一个简单的故事要想吸引观众看下去，相信对编剧、导演和演员都是一个极大的考验，显然他们都做了出色的发挥，影片通过妙趣横生的对话，有张有弛的节奏控制，经典雅致的欧洲都市风景，构建了一个清新而不失浪漫的氛围,就像在读一首有些慵懒、散发着淡淡的温馨感同时又有视觉享受的散文,感觉就像在春天的芳草地,温暖而舒畅。尤其是影片还通过一些巧妙的细节设计,对街头艺术、吉卜赛算命者、后现代话剧等社会文化形态进行了善意而有趣的调侃,更增加了影片的观赏性。

两位主角也选得很合适,女主角是来自法国的朱莉·德尔佩,她精灵般的气质赋予了女主人公独特的神韵,早在著名的系列电影《红白蓝》中,她的演技就得到了肯定。男主角是来自美国的伊森·霍克,好莱坞著名的文艺青年,在崇尚性感威猛、商业气息浓厚的好莱坞,他清新知性的气质也属独树一帜。这两位演员的表演为影片增色不少,从很大程度上奠定了影片的基本格调——美式文艺片,既有欧洲文艺片的艺术性,又吸纳了好莱坞商业片的趣味性。因此,影片获得1995年柏林电影节最佳导演奖也是实至名归,确实是一部相当不错的电影。

第二部拍摄于9年后的2004年,仍然是上部的原班人马,影片基本延续了上部的格调,影片的情节也设置在了上部故事发生的9年后,场景换成了另一个浪漫之都——巴黎。男主角成了一位作家,某天在巴黎的一家书店举行他的新作品的发布及签售会,并与女主角奇迹般地相遇。男主角只能在巴黎作几个小时的停留,女主角应邀做他的临时向导,影片集中描述了他们再次重逢的短暂时间里所发生的故事。影片的情节仍然是围绕着他们的谈话展开,只不过9年以后,各自的生活和心境都已是饱经沧桑,尽管依然话痨,但所聊的话题却比9年前复杂、深沉。最终他们发现,虽然各自都有了新的生活,但彼此仍然深深地爱着对方,男主角的新书恰恰是再现了他9年前的那段刻骨铭心的一夜情,到了即将离开的时刻,两人已然重新找回了那久违的爱情的感觉,变得难舍难分,不过影片最终也没有给出一个确定的结局,在意犹未尽中结束。

如果说《日出之前》详尽地描述了一段情产生的微妙过程,基本上还是属于浪漫爱情剧的话,到了下部《日落之前》中,则更注重探讨现实及时光的流逝对爱情的影响,尽管男主角已变得有些随遇而安,女主角也变得有些愤世嫉俗,但不变的是他们之间依然热烈的爱。

影片看似有些平淡,但细细品来,却又觉得蕴含着巨大的张力,虽然所有的爱只源于短短的一夜,但历久弥坚,凝成一粒执着的种子,已然深深地沉淀到了心灵深处,一旦遇到契机,真爱之花依然会灿烂地绽放。

感动,深深的感动。

2008年

8　成为简·奥斯汀

这是最近刚看过的一部关于英国著名女作家简·奥斯汀生平的传记电影的片名。觉得这更像一个有趣的人生命题：假如要成为简·奥斯汀，需要承受些什么？

很喜欢这部影片。喜欢安妮·海瑟薇（《公主日记》系列电影以及《时尚女魔头》的主演）所塑造的美丽、感性而富有才情的女作家的形象，也喜欢影片所展现的令人陶醉的英国乡村风情，当然最喜欢的还是奥斯汀的一些富有传奇色彩的人生经历。

简·奥斯汀一生所写的六部作品，绝大多数都是描述爱情的，可见奥斯汀本人对美好爱情的心驰神往。读过其中的三部，其中最爱的是《傲慢与偏见》，觉得这是我读过的最浪漫美丽的爱情小说之一，书中描写的爱情简直太完美了。

关于简·奥斯汀的生平，以往只知道，这位创作了世界上最美丽的爱情故事的女作家自己却终生未婚。看了影片后才了解了女作家苦难的爱情经历。其实，简·奥斯汀的一生中不乏追求者，她有足够多的机会给自己一段婚姻，但孤傲的女作家坚持认为自己不能接受没有爱情的婚姻，更不能接受为钱财而成就的婚姻，她认为："婚姻只能为爱情而成。"

她曾有过一段刻骨铭心的爱情，但给了她爱情的那个男人因种种原因却难以给她婚姻，因此她最终还是放弃了她的爱情，因为她不愿意她的爱人为了她一个人的爱而辜负所有的人，她的放弃其实恰恰表明她心中更深的爱，因为她为了爱人的美好前程而毅然放弃了自己的爱，她以终生空白的婚姻履历祭奠了这段遗憾的爱情。

看过一些文学作品，然后再对照作家的生平，会发现，大多数情况下，作家不如意的个人生活可能使他们的作品呈现两个极端，要么就是极端的晦涩和扭曲，要么就是极端的流畅和唯美。简·奥斯汀显然属于后者，她把自己对完美爱情的期待与向往全数寄托到了她的作品中，这就难怪她所描述的爱情有一种梦幻般的美，因为这根本就是她心中最超凡脱俗的爱情梦。

生活有的时候就是这么不可思议，简·奥斯汀那些丰富多彩的人生经历，没有成全她的爱情，却成全了她不经意中所做的作家梦。如果她成就了她的爱情，可能这个世界就少了一位优秀的女作家简，而多了一位平凡而幸福的妻子和母亲。两者相比，我倒宁愿命运能够让她成全自己的爱情，因为毕竟爱情是这个世界上几乎每一个女人心中最美丽的梦想，正如冰心所说的，女人是为爱情而生的，我相信简·奥斯汀当然也不例外。

当命运给了一个女人一颗勇敢、坚强的心，一副敏锐、智慧的头脑，那就一定会给她一个超乎寻常的苦难经历，让她的人生充满跌宕，直到耗尽她的最后一点热情和激情。这样的人生也许很有些趣味，但也很累很苦。

简·奥斯汀用她苦难的感情经历和命运交换了她那些脍炙人口的绝美作品，作为她的真诚读者，此时，我的心中有些迷惑，不知是该为她庆幸还是惋惜，但有一点是一定的，那就是为她所奉献的优秀作品多少年来给我带来的无上快乐与感动而对她心存感激。

还好，简·奥斯汀的辛勤耕耘还是取得了丰硕的收获的，以至于几个世纪后的今天，人们仍然对她的作品有着异乎寻常的热爱，一直以来她的作品都被人们乐此不疲地改编成各种艺术形式。我稍不留神，就搜集到了她最经典的作品《傲慢与偏见》的三个电影版本。

我觉得，要成为简·奥斯汀，成为这个特立独行的优秀女作家，要承受比常人更多的苦难、失落、孤独以及其他更多难以想象的心理磨难，而这些生活和感情上的挫折也恰恰塑造了她作品所独有的唯美、洒脱、机智、幽默和浓浓的女性气息。

待会儿，我将重温最新版本的电影《傲慢与偏见》，相信在这种心情下看这部电影一定会有别样的感受，并且我相信凯拉·奈特丽版本的伊丽莎白一定不会让我失望的。

2008 年

9 当理想照进现实
——看《白色巨塔》

最近看了一部日剧《白色巨塔》,看后只有一点遗憾:这部 2003 年就出品的经典作品,我怎么到现在才看呢？不过还有一点欣慰:终于没有错过这个经典中的经典。

这部戏在原著、编剧、场面、演员阵容、细节的刻画、音乐等方面都堪称经典。

这是根据日本著名女作家山崎丰子的同名小说改编的,以日本超一流的浪速医科大学为视角,用深刻的笔触揭示了日本医学界在学术、政治等方面的纷繁复杂的斗争以及在这个大背景下的各种人物在理想与现实、忠诚与背叛、理智与情感等方面的纠葛。

小说出版以来曾先后拍过好几个不同的电影、电视版本,其中在 1966 年版本中扮演男主角财前的演员由于过分投入角色,结果在电影拍完后续拍同名电视剧的过程中因入戏太深而自杀,可见小说对人物刻画的深入、细致。对此我深有同感,感觉情节丝丝入扣,人物关系微妙复杂,戏剧冲突强烈,给人带来剧烈的情感冲击。看完这个 2003 年版本的 21 集电视剧后,财前和里见这两位男主角的形象以及其他人物的故事总是在脑子里浮现。

毋庸置疑,财前和里见都是优秀的医生,但他们却代表了现实与理想之间某种程度的冲突。财前虽出身贫寒,但资质聪明,才华横溢,生性争强好胜,他是一流的外科医生,在剧集的开始,就是清晨他一个人在医院的阳台上聚精会神地默练外科手术的每一个动作,这个场景在以后的情节发展中又多次出现。不仅如此,他每次手术都会掐着时间进行,他觉得一流的外科手术不仅要有质量,还要有速度,难得的是影片每次展示他手术的场面时都非常逼真、生动,让人觉得看财前做手术简直就是一种艺术享受。这些描写已充分表明他作为一名医生对自己所从事职业的认真、投入与沉醉。同时,他对自己的事业又有着不可遏止的野心,为了当上教授,他可以不择手段,而坐上教授的交椅后他又有了更多的追求,可惜最后难逃宿命,在意犹未尽中英年早逝。

财前事业有成,入赘到妻子家后,生活富足,岳父对他疼爱有加,同时还有一位聪明、漂亮又有性格的女人心甘情愿做他的情妇,按现实的眼光,他应该是家庭事业都美满的成功人士的典范。可作者又塑造了一位更具理想光彩的内科医生里见,映衬出了财前在人性方面的不完美。同是医术精湛的医生,里见更具有天使般的悲悯情怀,他坦诚善良,淡漠名利,潜心医学研究,将自己作为医生对病人所应具备的天然的关爱平等地分享给他的每一位患者。由于做人做事的态度和方式的差异,他经常与财前产生矛盾,在我看来,这根本就是理想与现实之间不可避免的矛盾,里见基本上就代表了一种近乎完美的人格,财前在生命即将终结时对里见所表现出的发自内心的信任与认可也许表明了他对理想化人格的一种心驰神往吧。也许正因为如此,当电视剧的结尾,财前患上晚期肺癌即将走到生命的尽头时,总让观众觉得惋惜,因而情不自禁地原谅他之前的种种不堪的所作所为。

理想永远是唯美的,而现实总会有一些无奈,当理想照进现实,也许会遭遇一些冲突,也许会因委屈而哭泣,但它难以言喻的美总会在一定程度上对现实有所救赎,从而让人们在身不由己向现实妥协、内心时而志忑时仍对未来心怀美好的期待。

饰演男主角财前和里见的是日本曾经的两位超级偶像唐泽寿明和江口洋介,尽管在剧中已然人到中年,但炉火纯青的演技依然使他们散发出中年男人的独特性格魅力,尤其是江口洋介,当年在《东京爱情故事》和《同一屋檐下》给我的印象太深刻了,那轮廓分明的脸庞,那灿烂的微笑,还有那头飘逸的长发,简直超帅无比!以至于我惊奇地发现,原来男人留长发也可以这么帅。随着时光的流逝,理想中的白马王子也变成现实中的白马大叔了,不过还好,他没有让我失望,尽管和个性鲜明的财前相比,里见这个角色内敛而随和,演不好就容易流于平淡,可江口于自然而然中将这个人物塑造得平和而不平庸,有点于无声处显峥嵘的意思,与唐泽的角色相得益彰,只能说这个组合太棒了。女主角黑木瞳也是我很喜欢的,看过她演的《失乐园》《新感官世界》《鬼水怪谈》等,这些电影中的人物性格各异,但她演来都能收放自如,由此可见其表演功力。喜欢她不温不火、拿捏得当的表演风格和温情、知性的气质,在本剧里她扮演的财前的情妇,一位医学院肄业的善解人意、富有个性的妈妈桑简直太迷人了。

电视剧的主题歌是来自新西兰著名歌手海莉演唱的《奇异的恩典》,海莉用天籁般的嗓音奠定了电视剧在音乐方面优雅、空灵、宁静的基调,同时歌词与电视剧人性救赎的主题也十分贴合,每到关键时刻,这优美的主旋律就恰如其分地以歌曲、钢琴独奏的形式出现,如诉如泣,很好地配合了情节的发展,所以在音乐方面也堪称精美绝伦。

之前,曾经看过一部木村拓哉主演的电视剧《华丽的家族》,当时也是被情节的荡气回肠感动得思绪泛滥,后来才知道那部剧也是出自山崎丰子的同名原著,我知道自己接下来又有事做了,那就是将这两部小说找来读它个尽兴,然后再进行一番对照比较,我是不是有病啊?不管了,每当这个时候总是难以克制自己的这份好奇,这个过程实在是很享受。

2009 年

10 国王的梦想

想象一下,一位国王,一位20世纪30年代的英国国王可能会有什么梦想呢?按照常规应该多半会是一些创造或改变历史的惊天动地的梦想。

但电影《国王的演讲》中描述的这位英国前国王乔治六世(也就是现任英国女王伊丽莎白二世的父亲)的梦想却简单朴素得不可思议,他的梦想居然就是能够像平常人那样正常地说话。原因:他自幼就患有严重的口吃。

于是,整部电影就围绕这一主题,即乔治六世如何克服自身的缺陷,最终完全胜任作为大英帝国国王的主要政治使命之一:能够在他的国民面前进行各种类型声情并茂、激动人心的演讲展开了淋漓尽致的描述。补充一点,他所处的时代正值二战时期,战火已不可避免地蔓延到英国,于是一位能给民众带来希望和信心的国王在政治上就变得至关重要。而时任国王的爱德华八世却爱美人不爱江山,沉迷于辛普森夫人的温柔乡难以自拔,最终将自己造就成了情圣却失去了江山,于是他的弟弟,就是影片的男主角,患有严重结巴的乔治六世继任。

与那些情节曲折,暴力、情色、搞笑等娱乐因素众多的电影相比,这部电影的情节显然有些沉闷,但整部电影看下来却丝毫不令人感到枯燥、乏味,相反,妙趣横生的细节设计、色调素雅的画面、含蓄的英式幽默、栩栩如生的人物性格刻画以及众多戏骨级别的演员们炉火纯青而不失激情的演绎,使观影过程给人一种如品尝一杯醇正香浓的咖啡般的快感,初时有些苦涩,但越品越有味道,真是妙不可言。

影片的叙事方式简洁流畅,一针见血。一开始,就直奔主题:1925年,约克公爵(后来的乔治六世国王)在英帝国博览会闭幕式上发表讲话,而这位自尊心极强、严谨优雅的公爵却在众人面前瞠目结舌,状况尴尬。接着很自然地切入下面的情节,公爵在夫人陪同下治疗口吃。于是,第二号男主角罗格医生出场,至此,影片精彩的华章拉开序幕。这么说,是因为这两个人的对手戏太精彩了,他们俩巨大的性格反差以及由此激发的情绪火花极其富有戏剧性,是影片最引人入胜的看点之一。清规戒律众多的王室生活使约克公爵性格谨慎、内敛、不苟言笑、外冷内热，同时还有些性急暴躁，而职业演员出身，生活颠沛流离，半路出家当医生的罗格医生则性情自由、开朗、幽默风趣、亲切随和、彬彬有礼，同时又天马行空、不卑不亢、桀骜不羁。围绕主线展开的主要辅线之一就是他们两个人从陌生到熟悉、从初始彼此冷漠到情谊深厚的性格方面的碰撞、冲突与调和，两种相差很大的性格之间一张一弛，此消彼长，剪不断理还乱，于是，有趣的戏剧冲突就不断涌现。天性崇尚人格平等的罗格医生，不惧约克公爵的权贵身份，以他作为职业演员练就的娴熟语言技巧、丰富多彩的肢体动作以及他对口吃病人的独特解读，像一位真诚的朋友那样鼓励约克公爵敞开心扉，使他从导致他口吃的幼时心理创伤中走出来，肯定自我，甚至冒着藐视皇室的风险用激将法唤醒约克公爵内心深处勇敢坚强的自我，最终帮助公爵顺利完成演讲任务。

　　此外，还有一条重要的辅线就是那位为了美人而不惜放弃王位的爱德华八世（约克公爵的哥哥，也是后来的温莎公爵）。在女人的眼里，他也许是最伟大的情人，可作为一位国王，他却严重缺乏对国家的责任感，尤其是在那个特殊的时代，尽管外表风流倜傥，聪明智慧，但内心却远没有他的弟弟那么勇敢、坚韧，他的所作所为，更衬托了约克公爵木讷外表下难能可贵的性格魅力。

　　终于说到演员们的表演了，这也是我最想说的部分。这部电影的演员阵容堪称豪华，虽然没有养眼的帅哥美女，但看这些骨灰级的演员们游刃有余地流转于情节之中娴熟地飙戏，真是超爽无比。男主角科林·费斯年轻时英俊得倾国倾城，并且气质儒雅，很久以前看他演的电视剧《傲慢与偏见》中的达西，感觉他哪用演啊，一举手一投足简直就是一活脱脱的达西，前几年看了《BJ单身日记》，觉得他演的律师又是一位现代版的达西，优雅迷人得一塌糊涂。后来，陆续看了他作为主要配角的《道林·格雷》《妈妈咪呀》和《水性杨花》，惊喜地发现，这帅哥不仅会耍帅演优雅的贵族青年，留了胡子，换了装扮，照样能将桀骜不驯、玩世不恭的男人演得有圈有点，看了他2009年主演的《严肃的男人》以及2010年的《国王的演讲》顿时得出结论：岁月在他的帅气中又增添了成熟与沧桑，再加上入木三分的演技，其结果就是让这位已然大叔级的帅哥帅得更资深，帅得天理难容。但愿他能携连续两届金球奖影帝之势，在今年的奥斯卡影帝的角逐中将胜利进行到底。扮演罗格医生的那位演员演技也是十分了得，罗格医生这个至关重要的配角他演来真是驾轻就熟，他的演技和年龄都是无可救药的从容淡定，宠辱不惊，达到了相当高的境界，很喜欢看他和科林的对手戏，两个字：过瘾，三个词：特过瘾。演爱德华八世的是著名澳洲帅哥盖·皮尔斯,看过他主演的《洛城机密》和《记忆碎片》,都很经典,这回,他演的爱德华八世尽管戏份不多,但也相当出彩,很好地演绎出了温莎公爵这位皇家情圣感性、纨绔的一面。说到爱德华八世就不可避免地要说到辛普森夫人,尽管在电影中只出现两次,但演员画龙点睛的表演也是令人印象深刻的。可我总觉得,和以前看过的美国版的辛普森夫人相比,英国版的辛普森总有一些被丑化的成分,这次也不例外,看来,英国人对这位曾经抢走了他们国王的美国女人始终耿耿于怀,呵呵。

  影片的结尾也颇有点意味深长,一直到最后,约克公爵(即乔治六世)的口吃都没有完全治愈,他的这个终极梦想也没有实现。事实上,罗格医生后来成了他终生的演讲指导师,而且他们也维持了终生深厚的友谊,在我看来,罗格医生更像是他可以推心置腹的心理咨询师。这个结局,有些出人意料,但回味起来却是一个独具匠心的结局,因为它摆脱了常规励志片的窠臼,让影片的主题更加饱满,让人觉得,影片不仅探讨了励志的问题,还探讨了友情、亲情、理智与情感等更为丰富的问题,因此就更具有艺术感染力。

2011 年

11 海豚在哭泣
——看《海豚湾》

很早以前就知道日本人有一个恶习,就是喜欢吃鲸的肉,以至于全世界数量惊人的鲸,尽管在海洋中也是叱咤风云,可怜一碰到日本人,它们就会遭受灭顶之灾,毫无遗漏地成为他们的盘中餐。看了这部纪录片《海豚湾》才知道,日本人的恶习中还有比吃鲸更恶劣的。

据说,海豚是地球上智能仅次于人类的动物,正因为如此,当我们看到世界各地海豚馆精彩绝伦的海豚表演就不奇怪了,这些对它们来说简直就是小菜一碟。其实《海豚湾》这部纪录片素材的主要提供者里克·欧拜瑞几十年前也是一位优秀的海豚驯养师。

1964年,美国有一档名为《海豚的故事》的电视节目曾轰动全球,而这档节目也使里克·欧拜瑞成了全球家喻户晓的海豚驯兽师,同时也由此造就了全世界规模达几十亿美元的海豚表演及相关产业,这也是本纪录片中日本人捕杀海豚的主要原因。

最初,里克对海豚的驯养也源于他对海豚的热爱,为此,他亲自捕获了5条海豚作为这档电视节目的主角。里克还经常将他的海豚朋友出演的作品拿到驯养池边放给它们看,聪明的海豚们甚至能准确地分辨出各自在电视中的形象,它们还能认识镜子中的自己。但后来发生的一件事让里克的角色发生了很大的逆转,使他从一位年收入几百万美元风光无限的全球著名海豚驯养师变成了一位虽经常在世界各国因保护释放被捕获的海豚而遭到逮捕但仍执迷不悔的坚定的海豚守护者,导致这种逆转的原因就是他最钟爱的一头海豚竟因忧郁而眼睁睁地在他的臂弯中自杀,至此里克才意识到通常观众们在海豚馆里看到的那些海豚快乐、活泼的可爱表演原来是以海豚自身的极大痛苦和忧伤为代价的,海豚的微笑其实是大自然最高明的伪装,这微笑让人们觉得它们很快乐,实际上所有驯养海豚的"鱼屋"都备有一种或几种胃药,因为绝大多数海豚都因为压力过大而患有程度不同的胃溃疡。

通常，一头野生海豚在海洋里的漫游速度是每小时64公里，海豚在蔚蓝的海洋中自由自在腾挪跳跃、迎波逐浪的身影，真是大自然最和谐壮美的杰作之一，带给人的感动和震撼真是难以言喻。就是这样一种天性自由的动物，他们天生喜欢的原本是在广阔的海洋中无拘无束地遨游、嬉戏、捕食，结果却被人类囚禁在钢筋水泥制成的水池里，它怎么可能快乐呢？从生理结构上看，海豚是一种听觉动物，听觉是它们的主要感官，人在水中，它能听见你的心跳，甚至能感知女人是否怀孕，而进行表演时，周围观众的欢呼声对它们来说就是一种不折不扣的声音暴力，更不幸的还在于它们是高智能的动物，因此驯养实际上成了对它们身心的一种极大摧残！

日本有一个地方叫太地町，大多数人刚进入这个小城时，会看到这里到处都是千姿百态的海豚图片，甚至很多游船都被做成海豚的造型，从表面看人们会认为这是一个热爱海豚的小城，岂不知这是个天大的误会，看了纪录片会发现这里简直就是海豚的噩梦，每天都有成百上千的海豚死在这里，原因就在于这里是全球海洋公园及"与海豚水下共舞"项目的最大供应商，每条活海豚的最高售价可达15万美元，由当地的政府和渔民瓜分利益。

太地町渔民对海豚的捕猎一般从每年9月一直持续到次年的3月，据估计，每年有约23 000条海豚在这里被驯养和宰杀，在这里的海豚馆，可以堂而皇之地一边提供海豚表演，一边出售海豚肉和鲸肉，那情景堪称诡异、荒谬。

为了保护这项获利丰厚的产业，日本政府想方设法为他们对海豚和鲸的过量捕杀披上合法的外衣，为此他们还创建了一个组织，声称其唯一宗旨就是保护各种野生鲸类动物，即国际捕鲸委员会（简称IWC），但一些小型鲸类，比如海豚、鼠海豚等都不在他们的保护之列，原因显而易见。这个号称其唯一宗旨是保护鲸类的组织实际上做的却是与其宗旨背道而驰的事情，这就好比如果一群黄鼠狼成立一个禽类动物（尤其是鸡鸭）保护协会，它们会干些什么呢？！而IWC甚至已在联合国取得合法身份，于是这个委员会所从事的最主要的工作就是不遗余力地不断用糖衣炮弹收买一些小国家在联合国为他们对海豚及鲸的大量捕杀投赞成票。IWC最显著的成果就是：其于1986年明令禁止商业捕鲸，但一年后，日本的海豚捕杀量却增至3倍，于是就有了一个地球人都知道只有日本人似乎不知道的潜规则——以科技之名，行商业捕杀鲸类之实。

日本政府对海豚湾的秘密严防死守，甚至连BBC、《泰晤士报》这样一些世界著名媒体都无法进入这里采访。本纪录片中用大量的篇幅展示了这群海豚守护者是如何冒着极大的风险想方设法突破日本人的防线的,其惊险程度丝毫不亚于我们看过的最精彩的好莱坞动作片,不同之处仅仅在于一个是杜撰,一个是血淋淋的真实!为了对付日本政府的严密阻止,里克们甚至请好莱坞最顶尖的道具设计师帮他们设计出可以隐藏摄像机的各种道具,并请来世界上最优秀的自由潜水师(其中有一位拿过八次世界自由潜水冠军,能一口气下潜近 90 米,然后无需帮助浮上水面)、摄影师、天才的海上探险家、优秀的策划人员,组成一个类似于十三罗汉式的高素质的团队,然后冒着生命危险在夜深人静时避开日本警察的视野将摄像机安放到海豚湾海底、海面以及周围的海岛上,这支团队不为别的,只为保护他们心爱的海豚不再受到屠杀。正因为他们的潜心努力,才最终使这些屠杀海豚的画面触目惊心地展示在人们的视线中,当从守护者们安装的录音系统中听到海豚们在临死前那无助的哀鸣,看到被海豚血染红的大片海域,海豚在水中最后的无奈挣扎,心中有一种说不出的痛,同时也对这些海豚守护者心生极大的敬意,真是一群不可思议的疯狂的人,一群英勇无畏的斗士!

在影片的结尾,尽管这群可爱勇敢的海豚守护者们的努力终于取得了阶段性的成果,但日本人的海豚屠杀行为仍然没有停止,IWC 仍然在联合国进行游说,试图让更多的国家支持他们对海豚及鲸的捕杀,每年仍然有大量的海豚被人类囚禁和屠杀。

海豚们在哭泣,伤心地哭泣!

2010 年

12 有一种精神叫专注
——看《让子弹飞》

好吧,我承认,姜文、周润发和葛优这三位中的任何一位主演的新电影都足以引起我极大的兴趣,因为他们的演技实在是精彩绝伦,尤其是姜文导演和主演的电影。如果是三位爷集合在一部戏里,那肯定是必看无疑了。

我觉得一部好看的电影,首先要有一个好看的故事,然后再能被一位天才的导演用恰如其分的电影场景、演员和台词等惯常的电影语言富有创意地表现出来,那这部电影多半会是一部超级好看的电影。

令人惊喜的是,《让子弹飞》恰恰具备了上述的大部分要素,这就难怪会使我看得热血沸腾,笑得神魂颠倒,回到家里彻夜难眠,已经好久没有一部国产电影会让我这个发烧影迷产生如此生猛的生理和心理反应。

这是一部让你的思维从头到尾兴奋不已、难以平静的电影,或者说是一部很典型的姜文的电影:嬉笑怒骂、幽默风趣、激情肆意、桀骜不羁,永不缺乏奇思妙想,绝不让你的思绪像羽毛那样寂寞地飘荡,而会始终像子弹那样随着电影情节的发展跌宕地驰骋。

作为导演,姜文毫无疑问是佼佼者,但他的作品却非常稀少,从他的第一部电影《阳光灿烂的日子》算起,至今 16 年的时间里,他只拍了 4 部电影。尽管这 4 部电影题材各异,但每一部的观影过程都能强烈地感受到无处不在的姜文痕迹,都融入了他不同时期对电影的独特理解和诠释,以及他对电影无可救药的专注。正因为如此,他的每一部作品都给人一种焕然一新的感觉,绽放在今年年底的这部《让子弹飞》同样也不例外。

我觉得观影过程中最令人赏心悦目的情节就是那种设置巧妙得完全超出你的想象的情节,显然,姜文是这方面的高手,在他的几乎每一部电影里,都能享受到这样的无上乐趣。这因为如此,看他的电影,你的思维永远会兴奋而不会寂寞。最要命的还在于,奇思妙想的情节再加上演员炉火纯青的演绎,那简直就 high 到无敌了！姜文、周润发、葛优这三位爷中的任何一位都足以撑起一部精彩的大戏，让他们在一部电影里飙戏，那直接就不让人活了，因为会让人爽到窒息，哈哈。

英雄，尤其是寂寞而不乏豪迈的孤胆英雄，是电影永恒的主题之一，因为他是许多人心目中最向往、最梦幻的一种情怀。姜文用淋漓尽致的电影手法，塑造了一位狡猾奸诈，油嘴滑舌得毫不犯嫌，满身缺点，但却绝对富有性格魅力让人欲罢不能的痞子英雄。

这位富有理想主义色彩的土匪蜕变成的悲情英雄——土匪张牧之（这个名字还挺文艺，呵呵）的一次打劫对象是一位即将到鹅城上任还未赶上搜刮民脂民膏的县官，郁闷之中决定假冒县官到鹅城捞一票走人，结果，义子和兄弟都死在了鹅城恶霸黄四郎的手上。至此，牧之内心深处激发了强烈的英雄情结，在报私仇的过程中，他的个人义气逐渐升华成了豪迈的英雄气概，最终也成就了他的英雄梦。

看完这部电影，最初感觉貌似一部脱离了姜文文艺本质的很好玩的喜剧片，实际上，遍布整个电影的搞笑台词也确实俯拾皆是，令人忍俊不已。且看这段："张麻子（姜文扮演）：这是穆扎的曲子。他们叫穆扎，咱们这里叫莫扎特。儿子：您还能听出是穆扎来？张麻子：有时候能。儿子：什么时候？张麻子：唱片上写着穆扎的时候。"还有这段："张麻子：你觉得是你对我重要还是钱对我重要？黄四郎（周润发扮演）：我！张麻子摇摇头。黄四郎：不会是钱吧？张麻子：你再想想？黄四郎：不对，还是我！张麻子：其实你和钱对我都不重要！重要的是'没有你'对我很重要！"（呵呵，太幽默智慧了。）

但是当你再回味其中的一些情节时，又会觉得其中充满了导演耐人寻味的隐喻和思想。最后，会恍然发现，这仍然是一部用搞笑、暴力等娱乐元素包裹着的文艺片。从这个角度看，姜文这回取得了极大的成功，因为他既超额完成了市场的商业效应，又满足了大众的娱乐需求，最关键还在于同时也成全了他骨子里从未改变过的专注的艺术追求，套用电影中的一句台词，他确实是"站着把钱给挣了"。

曾经看过一个帖子，讲的是一位姜文的副导，对姜文顶礼膜拜，因为姜文对待作品的严谨与苛刻是超乎寻常的。有一次，他要求音效做的马蹄声的效果必须是出自主观的，也就是说，他要求马蹄声做到必须像有人骑在马上奔跑时，身体、鼓膜震动的感觉。我认为这个段子可以从很大程度上说明为什么他的片子好看，因为他痴迷地专注于做好电影的每一个细节，专注于做一部他认为品质精良的电影，而且专注到了苛求的程度。

一位对电影如此专注的电影人，想让电影不好看都难。

回顾姜文的前三部作品，其中有两部被封杀，一部毁誉参半。但我始终认为，即便如此，也难以掩盖洋溢在他作品中的那种炫目的艺术魅力，以及他精神上高贵的独立与不羁的自由。

电影是如此，其实从某种程度上讲，任何事情都是如此，要想达成完美的效果，就必不可少地需要一种精神，这就是专注——不折不扣、竭尽全力的专注。

2010 年

13 在世界转角遇见爱

这是一部保加利亚影片,片名是中国台湾人翻译的,所以很台湾——文艺腔挺重,估计小女生会喜欢了啦(我也有点染病,呵呵),不过瑕不掩瑜,整个影片的内涵远比影片的名字丰富、厚重。

印象中的东欧电影,基本上就是小时候看过的那些阿尔巴尼亚、罗马尼亚和南斯拉夫影片,政治和战争气息浓厚,但这部影片让我看到了别样的东欧式的温情,是一部充满情感张力的伦理片。

欣赏一部好的电影就像品一杯好茶,最美的味道和感觉一定至少是在再次品的时候,该片显然属于此列。

影片通过男孩萨西的视角讲述了保加利亚一个小城市一户很普通的家庭悲欢离合的故事。但一花一世界,一叶一菩提,一个家庭这个小世界,就是社会这个大世界的缩影,折射出人生很多重要的主题,比如亲情、信念和爱。

萨西是个安静、温顺的小男孩,其父母为了躲避政治迫害,逃到国外寻求政治避难,因此他很小就跟着父母过着颠沛流离的生活,从小到大,尝尽了人世间的辛酸苦难,更不幸的是,他父母因感情不和,父亲离家长达 15 年,完全由母亲一人将他带大,这些生活经历,养育了成年萨西内敛、忧郁的性格。15 年后,他父亲重新回家,原本一家三口打算重回保加利亚与萨西的外公、外婆团聚,岂不知,更大的不幸正等着这个小家庭,在回家的路上,遭遇车祸,只有萨西活了下来,但却失去了记忆,成了一个没有过去的人,更严重的在于,他这种糟糕的状态几乎使他也失去了未来。

对于一无所有的萨西来说,他最大的幸运也许只剩下他的外公了。至此,本片最有性格魅力的人物登场了:这位瑰宝级的老人年轻时曾获得保加利亚国家单车赛冠军,随后成了一名愤青,并因组织学生运动和试图炸斯大林墓被关进牢房 15 年之久,坎坷的经历却丝毫没有改变他的率真、坦诚、坚强、乐观、豁达和对生活永远不竭的激情。他给萨西最大的财富就是向萨西灌输了许多宝贵的人生经验和信念,他除了是单车高手,还是一位双陆棋天才,在萨西很小的时候,他就教萨西下棋,更重要的,他教育萨西下棋时应"志不在赌,要为荣誉而战""从大处着眼,天无绝人之路",这些价值观日后对萨西的性格和人生产生了很大的影响。

看到自己的外孙身处逆境,这位老人鼓励萨西和他一起开始了以家乡保加利亚为目的地、横跨好几个国家的单车旅行,一路艰苦的旅行,身体很疲倦,但心却在这种炼狱式的放逐中获得了极大的救赎。萨西在外公的帮助下,记忆一点一点得以恢复,渐渐从迷失中找回自我。外公带他重游当年他和父母潜逃时待了好几年的意大利临时收容所,冥冥之中好像是命运将萨西带到了收藏他小时候与一个漂亮的小女孩秘密的那堵墙边,他几乎是下意识地将手伸到墙角,居然找到了那个玩具车——这个承载了他童年美丽梦想的玩具车,也成为一种契机,唤醒了那些曾经被车祸抹去的回忆,让他百感交集。

当他们到达目的地时,萨西已然完全恢复记忆,重拾勇敢面对生活的信心。影片的结尾,萨西和外公及他的棋友在棋室进行了一场为荣誉而战的对弈,结果取得了胜利,成了"棋王"。这虽然不是什么至高的荣誉,但对萨西来说却意义重大,或者说是一个象征,意味着他又可以开始再做梦,重新活出自我。这正应验了一个道理,相信奇迹不必然会发生奇迹,但如果不相信奇迹,那么连发生奇迹的希望都没有了,所以如果相信了奇迹,至少有可能发生前所未有的奇迹!

影片中外公给予萨西的几次温暖的拥抱尤其让人感动:第一次是告诉萨西他父母已去世,让他勇于面对现实时;第二次是萨西下决心出院,重新寻找自我时;第三次是他们旅行途中,夜晚露宿在野外,悲情的记忆侵袭萨西,使他倍感脆弱时;第四次是他们旅行中登上一处很高的山峰,外公百丹以热烈的拥抱褒奖萨西的坚强;最后一次是当他掷出六、七两点的骰子时,外公又给了他一个完全肯定和信任的非常男人的拥抱,看得我也心生极大的羡慕,特想得到这位超有性格的外公一个满满的拥抱。其实,很多时候,一个充满温情与理解的拥抱就足以给人巨大的心灵抚慰,让心重回温暖与感动。

此外,影片用极其唯美的画面展示了沿途几个欧洲国家美得令人销魂的自然风光,所以,在我看来,这也是一部超棒的东欧风光纪录片。

影片给人的另一个启示就是:传承什么给孩子对于他们才是最重要的?在影片的最后,当萨西准备最后一次掷骰子时,外公对他说:"想一个数字,丢出去就会赢!"地球人都知道,当然不会,但这是一种信念,一种要战胜犹豫和怯弱的信念。正如影片中的一段台词所说的,有的时候,人生就像一场赌博,命运就是手中的骰子,好坏凭技巧,也靠点运气,但输赢很大程度上取决于心中是否有一种强烈的信念。萨西的外公是一位贫穷且社会地位卑微的老头,显然他不能给予萨西财富和体面的身份,但他却帮助萨西重拾了生活的勇气、信心、激情和不竭的斗志,这些对于任何一个孩子来说都是至关重要的。

很喜欢片名中"世界转角"这种说法,人生也许会遭遇各种难以预想的困难,但人生绝不是一条无限延伸的直线,而是一个曲折的轨迹,当遭遇困境时,总会有一些转角让你在这避风的港湾里稍事休息、反省,过了转角,也许就是一次全新的充满希望与梦想的开始与体验。

2010 年

14 天使在人间

假如天使在人间，他（她）们会活得怎样呢？快乐、忧伤还是如神一般的从容淡定，不食人间烟火？

刚刚看完了一部印度电影《甜点先生》，让我这穷极无聊百无聊赖的脑袋情不自禁地思考起了这神一样的问题。

不知是哪个翻译者给如此美妙的电影起了这么一个极其恶俗的名字，因为看上去极容易让人误会是一部稀松平常的宝莱坞三俗电影。还好，我冒着可能遭遇烂片的风险看了这部电影，五分钟后，就迷上了，然后就爱屋及乌地重新喜欢上了印度电影。

如果按类型，影片貌似应该算是爱情片，但看完以后，会有一种意外的惊喜感，首先惊喜于印度也能拍出如此古灵精怪、如诗般纯美的电影，其次惊喜于这令人感动到心醉神迷的电影故事，更大的惊喜还在于影片从如此独特的视角，用神一般的电影语言描述了爱情中超越爱情的天使之爱。

电影里三位主角中的两位都是有生理缺陷的人，男主角巴菲既聋且哑，而女二号吉弥尔则是一位患有自闭症的女孩，于是就注定了影片的沉静与悲悯基调，于是电影就将更多的关注点放在了对两位心理活动和外在行为的描述。巴菲不能发声，聋哑增加了他与别人沟通的难度，同时也从很大程度上使他心性单纯，他有一副充满魅力的无辜而大智若愚、颇具杀伤力的眼神，还有异常灵活灵动丰富多彩的肢体语言，再加上孩子般纯净的内心和幽默淘气像阳光一样明朗的性格，这些特质都足以使他俘获天使般美丽的女主角施如蒂的芳心。原本帅哥爱美女，尤其是两位又倾心相爱，这样的爱情应该是最完美的天作之合，但偏偏有着极其精致外表、美丽得无懈可击的女主角却难以超越世俗的现实规范，不能全然跟随自己的内心做出选择，进而不断伤害了巴菲的无瑕之爱，最终为这份理想中的完美抹上了一层灰暗的色彩。

影片的女二号吉弥尔是一位自闭症患者，自闭令她成了人群中的异类，可同时也因自闭而使她的内心基本没有受到外部世界的侵扰,从而成全了她赤子般纯真无瑕的内心世界。这样的一颗心,外表如城堡般封闭,固执坚守心门,难以打开,而内在却又犹如琉璃般晶莹剔透,脆弱易碎,可一旦有人能够让她敞开心扉,产生爱的感觉,那必将会爱得万劫不复。而巴菲在偶然中就成了那个彻底打破吉弥尔内心防线的颠覆者。在我看来,这貌似的偶然中其实也存在着必然,因为巴菲能够成为吉弥尔自闭终结者的原因恰恰表明在微妙的心灵世界里他们根本就是同类,都有着天使般纯粹的内心。于是,影片非常传神地用大量的场景表现两位在我看来犹如堕入凡尘的天使般的大孩子心与心的沟通,那种爱令人感到有点心酸,但更多的还是快乐并心碎着的感动,非常奇妙。

假如将施如蒂的外表与吉弥尔的内心合二为一,也许可能就是传说中的完美了,可太过完美本身恰恰就成了一种不折不扣的瑕疵,于是,影片就自始至终极尽其能事地将这两种完美割裂开,淋漓尽致地展示现实的残酷与温馨。尽管有些虐心,可同时也成就了电影让人欲罢不能的魅力。

理性迫使施如蒂选择了物质和身体条件都比巴菲更好的男人,可执着的内心却让她无论如何也难以忘却巴菲,难以忘却巴菲所带给她的无与伦比的爱与快乐的感觉。尽管她在离开巴菲六年后因为不能忘情而决定重回巴菲的身边,但是一切早已沧海桑田,巴菲已然选择和吉弥尔在一起,他们的情感中,有爱情,但更多的是彼此超越爱情的无私的亲情、友情和悲悯情怀,总之各种复杂,但复杂的简单结论就是他们度过了快乐幸福的一生。而施如蒂却终其一生再也未能赢得巴菲的心,成了两位人间天使完美人生的见证者。

影片延续了印度电影一向的长度,但沉浸在巴菲、施如蒂和吉弥尔的快乐忧伤、悲欢离合中,全然忘却了两个半小时的时长。尤其是三位演员的表演十分传神,女主角简直美得让你觉得只需欣赏她美丽的容颜就足够了,不过我必须承认,她的演技也相当不错。但相比较而言,女二号更具有性格魅力,演员的演绎非常逼真,那些似不经意的小动作,避免与别人遭遇的害羞眼神,偏执的性格,惹人怜爱的表情以及笨拙的肢体动作都让我相信,自闭症患者应该就是那个样子,尤其是她和巴菲在一起时的那些欢乐场景都很好地表现了一位自闭症女孩的纯情与可爱,而巴菲当然也是魅力四射,虽然不能说话,但他用眼神和肢体很好地展现了男主角丰富的内心世界,将巴菲的真诚、幽默,无辜和孩子气演绎得十分到位。

还有就是,特别喜欢影片贯穿始终以手风琴为主体的音乐基调,没有过多的混音渲染,简单而有温暖感,如田园诗般质朴,非常贴合影片的风格与情调。

影片让我深信：假如有天使，假如天使在人间，假如天使在人间彼此相爱了，他们也会快乐和忧伤，也会遭遇磨难，但他们必定会以天使之心去追求那种超越世俗、忠诚于内心的纯粹完美之爱，那种完美也许就犹如巴菲和他的爱了。

2012 年

16 白天鹅与黑天鹅

这部电影,我看到海报的第一眼就有一种一睹为快的冲动,原因:第一是感觉,第二是感觉,第三,还 TM 的是感觉(呵呵,看了姜文的电影,都落了病了,症状之一就是情不自禁地就会想起并引用他电影中的台词)。

是的,这部电影的海报让我产生了一种非常强烈的感觉。女主角娜塔莉·波特曼那摄人心魄的眼神,还有黑色礼服与漂浮着的黑色羽毛组成的黑色调和纯白的底色形成的强烈的对比画面,让人浮想联翩:这黑天鹅般妖媚美丽的女人何处而来?何处而去?她将会在电影故事中掀起什么样的波澜?

实际上,整个观影过程也确实很过瘾,在貌似平静的场景中充满情绪上的跌宕,最初是压抑,甚至窒息,随着情节的展开,直到结束,感觉心里压抑的情绪最终得到了充分的释放。

波特曼扮演的是一位名叫妮娜的芭蕾舞演员,其母亲是一位不得志的舞者,于是,将自己对舞蹈的全部梦想都寄托在了女儿妮娜身上,她严厉到近乎苛刻的家庭教育将原本就天赋出众的妮娜塑造成了一位极其美丽、脆弱、技艺超群的舞者,成为芭蕾舞中的领舞是她心中最憧憬的梦想。机会终于降临,妮娜所在的芭蕾舞团将要排演《天鹅湖》。导演托马斯·勒罗伊也准备替换掉原先的首席芭蕾舞演员。妮娜是他的第一选择,但不是唯一选择,因为《天鹅湖》是一部对演员要求极高的芭蕾舞剧,女主演既要能扮演纯洁、高尚、善良的白天鹅,还要能扮演邪恶、凶险、狡诈的黑天鹅。

处子般清纯的气质和娴熟出众的舞技使妮娜扮演的白天鹅几近完美,深深打动了导演;与此同时,莉莉饰演的黑天鹅也一样获得了众人的赞赏。于是两个年轻的舞者对角色展开了残酷的竞争,而在此过程中,妮娜也情不由衷地唤醒了隐藏于她内心深处的阴暗本性,产生了巨大的邪恶力量,甚至导致她的人格产生了如同《天鹅湖》中黑白天鹅般反差极大的性格分裂,这种疯魔的人格状态使她最终非常成功地演绎了白天鹅和黑天鹅两个角色,但也几乎摧毁了她的生活和才华。

要说影片的情节，其实不算新鲜，似乎是又一个版本的《红菱艳》，但电影看下来却觉得精致精美，扣人心弦，在明朗简洁的情节发展线索中巧妙地展现了人物复杂的性格纠缠。将简单的情节描述得引人入胜，让人欲罢不能，这才真正显现了导演的功力。

影片用对比强烈的色调、唯美的场景、贴合剧情的音乐，抽丝剥茧的情节发展，细腻地刻画了一位在善与恶、自由与拘谨、理智与欲望中痛苦挣扎的女芭蕾舞演员的性格嬗变。

故事从妮娜的一个梦境开始，在梦中身穿洁白衣裙、眼神无辜的妮娜如同一只纯洁美丽的白天鹅正在展示着优雅的舞姿，此时一个满身黑色羽毛的恐怖怪物打乱了她优美的沉静，使她从噩梦中惊醒。这开头的场景，用充满隐喻的画面从一开始就绷紧了观众的心弦，同时也预示了主人公贯穿全剧的性格矛盾，那恐怖的黑色妖魔更是隐喻了妮娜人格中由扭曲的欲望、功利、排他等组成的性格阴暗面。随后，顺着这两条由黑白色彩所代表的善恶主线，着力刻画妮娜内心的纠结与挣扎。

对色彩的运用也非常独到，很好地衬托了人物的性格特征。比如，妮娜的天性是善良、纯洁、无辜的，因此，在影片的大多数场景里，妮娜的服饰都是以白色和粉色为主，甚至在很多画面中，她还围着毛茸茸的围巾，让人联想到羽翼未丰的雏鸟。而在某些展示她性格阴暗面的情节里，她的色彩也发生了微妙的变化，比如在影片的第12分钟时，她做了一件小坏事，偷了她的前辈——一位过气的前女主角的一些小物品(口红、小耳环之类的)，此时，她服饰的主色调就加进了淡淡的灰色。在影片第57分钟，其他女演员的倾轧与竞争使妮娜感到压力倍增，性格扭曲加剧，内心邪恶情绪迅速滋长，她的服饰色彩也变得越发灰暗，完美地贴合了她的性格发展轨迹。而她的竞争者，扮演黑天鹅的女演员莉莉，性格放荡不羁，毫不掩饰心中的欲望，为了达到目的可以不择手段，其服饰则始终是以黑色调为主，描着浓重的黑色眼影，对主人公的性格刻画起到了很好的映衬作用。

还有女主角娜塔莉·波特曼也是影片中一个无可替代的亮点，这小妮子12岁时在吕克·贝松的经典之一《这个杀手不太冷》中扮演的那个早熟、敏感、古灵精怪的小女孩就展示了她不可多得的表演天赋。此后，她并没有像许多童星那样过早过多地消费自己的天赋，而能够抵制名利诱惑，十分爱惜自己的羽毛，并能耐住寂寞，潜心修炼身心。我感觉小妮子在影片中的表演也是铆足了劲，十分卖力，因此，能在这部电影中华丽绽放。所以她能成为金球奖影后也还不算突兀。如此年轻,就能几近完美地塑造一位性格如此复杂、多面的人物,相信即便她在接下来的奥斯卡影后争夺中胜出也是"罪有应得",呵呵。不过,吹毛求疵的话,我觉得她在电影中的表演也还是有一些遗憾的,显然,白天鹅的部分已被她演绎得出神入化,但黑天鹅部分,就显得有些心有余而力不足,眼神、表情的变化还不够犀利、有层次,没有让我感觉出这善恶两种性格间强烈的反差,总之还略显稚嫩。

影片的结局画面非常唯美、玄妙:一众纯白的羽毛中有一根黑羽毛在幽幽地飘荡,然后慢慢和白色羽毛交融,渐渐地,黑色越来越多,最终完全染黑了最初那纯白晶莹的一簇白色羽毛,接着,在一簇黑羽毛中,有一根白色的羽毛在其中孤独缓慢地荡漾……这似乎隐喻着妮娜心灵中黑与白、善与恶延绵不绝的微妙互融。

其实,现实生活中,每个人的内心深处又何尝不是暗藏着黑白两只天鹅并循环往复地在善与恶之间挣扎盘旋呢?

2011 年

16 边缘

当一个人因为某种原因而成为主流社会中的异类,那么他是否注定会从此众叛亲离、孤独一生?也许要看他生存的姿态。这是在看了电影《达拉斯买家俱乐部》后,一直在我心中萦绕的一个问题。

电影中的男主角罗恩在没有遭遇他平生最大的人生困惑之前,一直活得醉生梦死却也生机勃勃,正当他漫无目的地在自己的生命旅程中游荡时,医生突然向他宣布他得了艾滋病,并且只有30天的生命。

于是,一个令人震撼的边缘小人物求生与抗争的故事拉开了精彩的序幕。在经历了最初极度的沮丧和无奈后,生存的本能唤醒了罗恩灵魂中执着、认真的那一面,他开始想尽各种办法,千方百计寻求延续生命的途径。一次偶然,他遇到了一位墨西哥医生,在检查了他的身体状况后,建议他停用他目前使用的美国药监局批准在全美国使用的艾滋病专用药AZT,因为这种药物副作用很大,在杀死病毒的同时也杀死健康细胞,从而严重影响了他的免疫力,最好使用另外一些营养药物从而恢复并提高身体的免疫力。罗恩采用了这个治疗方案后,身体状况明显好转。

如果罗恩是一个平凡的艾滋病人,如果他悄无声息地延续了自己的生命,那么这个根据真人真事改编的电影故事也许就不会以如此具有冲击力的形式呈现在观众眼前了。

影片接着转而开始了对另一个问题的探讨:这个问题就是罗恩目前所使用的这些药物尽管已被他自身显而易见的治疗效果所印证,但这些药品却都是没有经过美国药监局批准可以在美国境内合法使用的药物。而生性不甘寂寞的罗恩偏偏又是一个执着倔强的人,于是影片的后半部分展现了罗恩人性光辉的一面,他一边治疗自己的病症,一边拖着重病的身体,和美国药监局等政府机构斗智斗勇。他建立了名叫达拉斯买家俱乐部的组织,旨在向更多的艾滋病患者推广他认为行之有效的治疗方法,鼓励患者们像他一样通过自救而不是求助于医生的方式来拯救自己的生命,由于罗恩不是医生,同时他所使用的药物绝大多数都没有经过美国药监局的批准,因此,政府以各种方式阻挠达拉斯买家俱乐部的活动。

一个艾滋病患者,一个被社会嫌弃的边缘人以一己之力与政府抗争,力量注定是单薄的,但坚强的罗恩和他的病友,一位同性恋者罗蒙一起,克服巨大的压力,维持着俱乐部的生存,尽管一直到影片结束,达拉斯买家俱乐部都没有取得合法的运作资格,而且罗恩和他的病友也最终被艾滋病夺去生命,但罗恩却完全逆袭了医生通牒他的30天的生命期限,他随后又整整活了七年,就像一只勇敢的飞蛾,以炫目的姿态结束了自己的生命。罗恩的故事让我更加相信,一个人如果具有强烈的求生信念、积极乐观的求生态度,将会在很大程度上影响他的生命进程,也就是说人的心理状态会极大地影响到他的生理状态。

必须要说一下影片的男主演,得州帅哥马修·麦康纳的表演所带给我的不亚于电影故事本身的强烈震撼。真是不怕帅哥帅,就怕帅哥不要帅。因为帅哥一旦在电影中不再摆酷耍帅,就一定会琢磨些别的东西刺激观众的眼球,其结果就是潜心修炼演技,演技大爆发从而塑造出比帅更加富有神奇魔力的角色。说实话,吸引我看这部电影的主要原因就是因为马修·麦康纳,我想看他能在多大程度上摧毁自己既往的形象来成全角色,即使这样,马修的表演仍然出乎我的意料。为了角色,体格健壮健美的马修减肥减到了令人难以置信的瘦骨嶙峋的程度,整个观影过程我一直在试图寻找曾经的无敌帅哥马修·麦康纳的身影,但呈现在我眼前的完全就是一位活脱脱充满精气神但却已是佝偻着腰身垂死挣扎的艾滋病患者,那份帅气完全被淹没了,同时一个充满张力的银幕形象也深深地感动了我。我觉得马修颠覆性的表现毋庸置疑地造就了他电影生涯中最熠熠生辉的一个银幕形象。马修与他所塑造的角色已然达到了水乳交融的境界,他为电影的成功贡献了最炫目的一抹色彩。个人认为,不谈表演,即使以这样敬业的职业态度,也应该在一年一度的奥斯卡总结表彰大会上获得一个敬业奖。

影片尽管过程很励志而令人振奋,但结局却很悲壮,不免感慨:人生就像一条河,此岸是生,彼岸是死,不管以什么样的形式,总归难以避免从此岸到彼岸这个宿命,但关键在于一个人以什么样的姿态去跨越这条既宽阔又狭窄的人生之河,罗恩在他生命的最后七年,就是以彩虹般繁花似锦的姿态激情豪迈地跨越了他的人生之河。

处于人群的边缘,会孤独寂寞,这是悲剧,但同时又有着其独有的资源和特色,善待了就能体现生命的价值和品质,悲剧就会向喜剧逆转,这也许就是生命的魅力所在。

2014 年

17 她

"她",是我刚看过的一部电影的名字。虽然只有一个字,看完电影后,觉得这个名字很好地承载了电影的神韵。

这是一部很有性格的电影,尤其是编剧的视角非常独到,没有像惯常好莱坞科幻题材电影那样滥用特技场景,而是加进了许多对人的现实情感的人文思考,将一部科幻题材的电影拍出了小清新的格调,前卫、喜感中透着一种说不出的伤感情调,一如主人公的性格,但恰恰戳中了观众的情感共鸣点,将一个原本有些荒诞、不可思议而平淡的故事描述得真切动人,栩栩如生。

影片描述了男主角与他身边的三位关系密切的"她"之间的感情纠结(这个词很精当,呵呵)。或者与其说是他和她们之间的纠结,倒不如说是他和自己内心那些解不开的心结之间的博弈。

这三位"她"分别是他的前妻、红颜知己和一个被设计成具有年轻女性特质的电脑聊天程序。

电影没有说明故事的确切年代,但可以确定的是:那一定是比现在更遥远一些的未来,因为电脑程序已经智能到可以和人类进行情感交流的程度,这就为影片中那位始终只闻其声、不见其形的机器人萨曼莎的存在设定了合情合理的前提条件。

主人公西奥多是一位心思细腻、性格内敛、有点忧郁的信件撰稿人,他的主要工作就是接受别人的委托,为他(她)们撰写各种类型的信件,他生活的主题似乎就是:沉浸。白天他无限投入地沉浸在别人设定的光怪陆离的情境中,创作了很多情真意切的书信;晚上他宅在家里,继续无限投入地沉浸在自己的世界里,和自己较劲,辗转反复地想着那些似乎永远也想不完的小心思。但遗憾的是,他可以为别人写出世界上最优美动人足以让人内心融化的情书,却难以维持自己的婚姻,所以尽管他十分不情愿,他美丽知性的妻子仍然成了他的前妻。而他的红颜知己尽管与他几乎无话不谈,关系很好,但他们之间就像两条无限延伸的平行线,不管距离多近,永远都没有交叉点。

百无聊赖之下,他通过一个智能电脑聊天程序排解情感困惑。尽管由金发美女斯嘉丽·约翰逊演绎的这位女机器人自始至终只贡献了她那略带沙哑但却低沉、性感的声音,但却不仅征服了男主,也征服了观众,无疑是影片中最富有性格魅力的一个角色。她总是在西奥多最困惑无助的时候给予他最善解人意和恰如其分的情感慰藉:她有时像一位少女,适时地撒个小娇;有时像一位感性的艺术家,时不时写一首浪漫的音乐小品与恋人共享;有时又像一位干练的助理,信手拈来地在西奥多以往写出的信件中挑出最出彩的,用来激励他,并将这些信件集结成书稿发到出版社,成功说服出版商发行一本感动无数读者的书信专辑。总之这位名叫萨曼莎的女机器人集无穷智慧于一体,游刃有余地扮演了情人兼红颜知己兼情感导师等多种角色,或者说是一个摒弃了各个角色的缺点而集中了所有优点于一体的完美形象,于是最诡异又奇妙的一幕出现了,男主情不自禁地爱上了女机器人萨曼莎,每天戴着耳机对着移动电脑碎碎念,俨然陷入人机热恋。

但是,世界上最完美而无懈可击的真理也许恰恰就是:没有完美!当然,这位貌似无所不能、堪称完美的机器人萨曼莎也不是完美的,她归根结底仍然是一个高度智能的机器人,因此她无法像一个真正的女人那样用自己的身体去抚慰一个男人,作为一个机器人,她同时还要与成百上千现实中的男人聊天,扮演不同类型的女性角色,因此以一个男人的立场,她并不是一位专注痴情的完美情人,并且随着与西奥多的情感沟通的深入,萨曼莎也在不知不觉中被浸润了更多更复杂的人的情感,从而也陷入了意想不到的困惑。当然对于地球人西奥多来说,尽管他不愿面对,但无可避免的是,新的困惑已然在他的眼前游荡,这是一个悖论,可也是一种必然。证据之一就是:理想的完美情人萨曼莎也离开了西奥多,尽管理由有些无厘头,但表达挺有诗意。

西奥多的情感似乎又进入了难于逃避的轮回,所不同的是这次进入了一个与最初不同的轮回,因为在进入这个轮回的过程中,西奥多已经在很大程度上从他的情感困境中解脱出来,他解开了心结,放下了离异给他带来的各种剪不断理还乱的纠结。

在我看来,与其说这是在讲一个男人与两位女人、一位虚拟女人的情感故事,倒不如说这是一个人给自己的情书,而且是一份有些伤感但效果还算不错的情书,因为正是与这三位女性情感交流的过程,使得西奥多最终能够重新审视自己,更诚实地倾听自己内心的声音,懂得如何抚慰自己,感动自己,说服自己,从而才从巨大的痛苦、沮丧中摆脱出来,再去面对一切,包括爱情。

这是一个缠绵悱恻的人与虚拟人的孤独爱情故事,同时也是描述一个人学会重新善待自己的故事。

对于一个男人来说,那个完美的"她"不在云端,其实就在他的心中,因为只有他爱得豁达、洒脱以及对情感的有序管理才有可能塑造一个日趋完美的"她"。同理,也适用一个女人。

2014 年

18 谜一样的双眼

起初选择看这部阿根廷电影是因为喜欢电影的名字《谜一样的双眼》，很有些令人欲罢不能的神秘感。看了之后，越发觉得影片就像她的名字一样妙不可言。

开始时，觉得非常貌似一部悬疑片，但看完以后才发现影片试图讲述的远比悬疑要广泛得多得多，是以悬疑之名探讨关于执着与爱的故事。

影片的主要线索是围绕一起强奸杀人案展开的，一位年仅23岁，如花般美丽的女教师被人奸杀，男主角警官本杰明随即对案件展开调查，在翻看死者照片时，凭借其敏锐的职业嗅觉，从几张照片中同一个人看死者的贪婪、沉醉、诡秘的眼神中嗅到了嫌犯的可疑之处，而后在同事的配合下以激将法诱使嫌犯露出破绽最终破案。

如果影片只讲述了这么一个并不算复杂的杀人案的破案经过，那么至多也只能算是一部落入俗套的热闹好看的悬疑片。而其精妙之处就在于在描述案件侦破过程的同时又巧妙地布下了好几条线索，为后面内涵更丰富的情节发展埋下伏笔。比如影片描述了死者年轻英俊的丈夫对她深厚到痴迷的爱，警官对公平与正义一根筋的执着追求以及与其美丽感性的女上司之间差距悬殊难以言喻的恋情。实际上，两个小时的电影在情节展开到大约一半的时候就揭开了案件的谜底，紧接着影片的情节发生了一个出人意料的逆转，那位猥琐残忍的强奸杀人犯居然合理合法地逍遥法外了，并且还生活得风光无限，进而公然挑衅将他送入班房的警官并将他最好的拍档杀害。

警官为了寻找破案线索，不惜冒犯上司，违反法律规范；当死者伤心欲绝的丈夫得知杀人嫌犯已潜逃到他所居住的城市时，他用了整整一年的时间，在每天下班后风雨无阻地赶到这座城市的各个火车站守候，期望能够追踪到逃犯。显然，这是一些执着到近乎痴迷的人。

当正义、爱情、友情遭到现实残酷无情、耗时漫长的挑战，并且身处其中的又是一群执迷不悔的人，那么一切将会怎样？如果时间跨度是漫长的25年，一切又会怎样？上述前提就注定了影片的下半部将顺理成章地会是对人性的执着的一种淋漓尽致地宣泄。

25年的时间里，警官本杰明历经了生活、事业的沧桑，一直到以皇家荣誉获得者之荣耀风光退休,也仍然没有解开这个尘封已久的心结,于是在退休之际又借构思小说为由,在整理自己复杂曲折的心绪的同时也重新开始了对这起案件结局的追寻。他找到了当年死者的丈夫,25年的时间毫无意外地将他从年轻英俊儒雅的翩翩少年变成风霜满面、步履蹒跚的老者。交谈中,他似乎也失去了当年的执着与锐气,他甚至力劝警官也别再纠结于过去,放眼未来,可执着的人在本质上是相似的,警官仍然从他貌似云淡风轻的外表下解读出了一种像年轻时一样执着的眼神,进而发现了一个惊人的秘密:这个执着的男人不惜牺牲自己25年的宝贵时光找到罪犯并将他囚禁起来,他以这种独特的方式对谋杀了他妻子的罪犯施行了本该由法律实施却并未得到公正实施的终身监禁,对罪犯进行了无情的精神凌迟。

至此,警官的心结终于得以化解,同时这种撕心裂肺的执着所带来的能量也给了他追求爱情的勇气,从最初在半梦半醒之中写下的"TEMO(我怕)"到最后坚定地在"TEMO"中间添加了一个"A"变成"TEAMO"(我爱你),终于找到失落并寻求了25年的爱的勇气。

和好莱坞影片的热闹、紧凑相比,这部阿根廷电影情节舒缓甚至略显沉闷,但逻辑严密,情节铺陈巧妙,越往下看就越会强烈地产生"于无声处听惊雷"的感觉,就越发感到许多细节的设计耐人寻味。比如影片用了很多唯美的长镜头来描述不同人物的眼神,在影片的开始,就是女主角柔情、坚定略含泪光的眼神,进而是死者生前青春靓丽的纯真眼神,她丈夫从新婚时幸福快乐到失去爱妻后忧伤、悲愤、绝望进而变得执着、冷漠的眼神,还有杀人犯充满欲望的贪婪邪恶眼神,警官本杰明对女上司从最初一见钟情的爱慕到胆怯、犹豫一直到最后变得沉稳、从容的眼神,所有这些眼神都在悄无声息之中揭示了不同人物丰富多彩的内心世界,充分贴合了影片的主题:每个人的眼神都在静静地诉说着他们内心的秘密,流露着不为人知的情感,都是谜一样的眼神。再比如影片中贯穿始终的道具,一部始终打不出"A"字的老式打字机,看完影片后才发现原来它并不是一个不经意的存在,而是一种隐喻,隐喻了男主人公从最初的"惧怕"去"爱",到其后的踟蹰不定,最终用了25年的时间才坚定了追寻爱的勇气。

影片以显性的悬疑之名,揭示了贯穿这个悬疑故事始终的隐性之实:执着与爱的力量,当执着与爱足够强烈时,将会产生多么强大的能量,带来多么令人震撼的结果! 相信这些才是影片最关注的问题,最想向观众呈现的,也是影片最出神入化、精妙精致之所在。

2010年

19 命运的玄机
——看《死神来了3》

很喜欢这个电影系列,虽然觉得影片的情节安排巧合得有些玄乎,但我却从中感受到了命运的一些玄机。

可能我们都觉得未来是无法预测的,但我总觉得每个人的命运都在以某种特定的规律有条不紊地向前推进,这个进程我们无需知道,也没有必要知道。如果一个人从记事起,就有某种预感,就像电影中的女主角,那该是一件多么没劲的事,因为生命的魅力就在于它的不可预知性,正因为有了这种神秘感,人们才会不厌其烦充满期待地活在这个世界上,如果从一开始就预知了自己的未来将和某些人、某些事不可避免地纠缠在一起,那么未来还有什么值得期待的呢?如果未来是幸福的,也许要好一些,可如果未来的命运是莫名其妙的死亡或痛苦,那有什么必要提前知晓呢?提前知晓只会降低目前生活的质量,就像影片中的温迪一样,整天生活在痛苦与恐怖中。

人们常常喜欢崇拜那些有先知先觉的人,岂不知上天给予他们这种天赋,并不是一种祝福,而是一种诅咒,因为那些有先知先觉的人总能比别人提前看到未来的某些迹象,可这些未来的迹象恰恰是一种命运的玄机,如果命运本身存在这种规律,那就基本上已经有了既定的轨迹,是无法改变的,当一个人能看到更多无法改变的必然时,那除了痛苦、悲哀跟无奈还能怎样呢?这也许是上帝残酷的地方,他只让你看到、预知到,却绝不会赋予你控制命运的能力。因此,与其清清楚楚地活在痛苦与恐怖中,还不如糊里糊涂地活在快乐与无畏中,无知就会无畏,就像大多数人那样,平静地来到这个世界,几十年之后再平静地离开。

从这个角度看,平凡平静其实是一种福气,你会在不经意之间与命运中的人和事相遇,然后带着美妙的希望与梦想去面对生活,坦然地接受快乐与痛苦,将痛苦看成快乐的前奏,将快乐看作痛苦的未来,于是就可以用平和的心境去公平地面对生活中的快乐与痛苦,去面对所有的一切。如果能达到这种境界,我认为就是一种大智慧。

　　既然死亡不可避免，那最好的方法就是坦然面对。其实从某种程度上讲，死亡并不是极其可怕的事，如果在现世生活得很快乐，那如果有一天即将离开这个世界，应该感到心满意足，因为与更多过得很痛苦的人相比，这种快乐就是上天的额外赐予；如果在现世生活得很痛苦，那就更没有必要留恋生而惧怕死了，因为随着躯体的死亡，灵魂就从此获得了解脱，如果真有灵魂的话，可以有机会重新寻找和选择更想要的生活，谁能说这不是一种快乐呢？

　　我感觉自己越发能理解为什么庄子在他妻子去世的时候会敲锣打鼓地庆祝辩证法的胜利。生命本无常，既然这是一个不能改变的规律，那何不用一种坦然淡定的心态去接受这个规律呢？

　　命运的玄机其实我们无需知晓，只要按部就班地活着，一个又一个的谜底总会在生活的某一个阶段、某一个瞬间展现在眼前，当谜语猜得差不多的时候就到了即将离开的时候了，那时再无怨无悔地离开，这不是挺好的嘛。为了达到这种生活状态，就应该珍惜生命，但绝不惧怕死亡，去做自己喜欢做的事，让自己活得有质量，爱惜自己，然后像爱惜自己那样去爱惜别人，这当然不是生命的玄机，这是一种对待生命的态度。有了这种态度，玄机不玄机的就无所谓了。

2007 年

20 如果爱
——看《生死朗读》

如果看到一部好的电影通常我会这样对待她：像珍宝一样收藏她，主要是为了经常重温电影中那些经典的情节、画面、台词以及演员的精彩表演，不仅如此，如果是经原著小说改编的电影并且那原著又是我没有读过的，那我就会满怀期待地找来小说，希望能从文字里再寻找电影的线索，在心中比较电影是否忠实地再现了原著，演员的形象是否符合书中的描述，原著中还有哪些精华没有在电影中得到展现，从而解除自己在欣赏电影时产生的一些疑问和困惑。这个过程往往很有乐趣，但必须具备一个前提，就是小说或电影要足够优秀，足够引起我极大的兴趣，《生死朗读》显然属于此列。

这一部是先看了电影，被深深震撼后产生了读同名小说的强烈愿望。花了一个下午的时间读完了原著，令我欣慰和兴奋的是，小说让我再次体验了看电影时的那种感动和饱享优美的文字盛宴的满足与愉悦，某些章节的文字甚至比电影更精彩，更令人感到一种淋漓尽致的畅快。

看了一些关于《生死朗读》的评论，其中的一个被热议的话题集中于"这是一部以爱情为名行反思二战之实的政治电影，还是一部构建在二战这个特殊情境下的彻头彻尾的爱情片"，我个人倾向于认为这是一部令人感动到近乎窒息的爱情片，因为这个故事的结局总让我觉得情节行进中积蓄的能量最终也没有得到释放，所以有一种窒息感。

影片的情节应该不算复杂，15 岁的米歇尔某天在放学的路上生病，得到了一位名叫汉娜的单身女人的帮助，于是情窦初开的男孩对这个大他 21 岁的女人产生了难以名状的特殊感情，最初是情欲，很快就变成了不折不扣的爱情，虽然这段感情仅仅持续了一个夏天，就以汉娜的神秘离去而终结，但却对米歇尔以后几十年的人生产生了极大的影响。成年后，他也曾竭力试图忘掉这段感情，他恋爱、结婚、生子，但汉娜始终是他解不开的心结，此后他在遭遇每一段感情时都会情不自禁地将对方与汉娜进行比较,没有了他所熟悉的汉娜的特有气息他就会觉得不对劲,以至于内心深处再也难以接纳汉娜以外的女人。

与汉娜的再次相见是在8年以后,米歇尔成了法学院的一名大学生,在学院组织的一次见习观察法院对纳粹战犯的庭审中,他看到站在被告席上形容憔悴的汉娜,才了解了汉娜鲜为人知的过去,她曾经是纳粹集中营的女看守。随着庭审的深入,米歇尔在为汉娜令人不堪的过去而困惑的同时,也发现自己仍然难以忘怀地爱着这个女人。

在原著中,有大量精彩的旁白和心理描写,反映了主人公米歇尔乃至德国人对二战的普遍心态,给读者展现了一个不同以往的审视、回顾二战的视角。也许正是这些有关二战的情节描述让人们将这部电影跟政治牵扯在一起。在我看来,二战只不过是作者为他要描述的爱情故事营造的情境之一,目的是为了增加故事的深度和厚度。

看了电影和小说原著后越发确定作品最核心的线索始终是男女主人公感情的发展。一段年龄差距21岁的忘年之恋,再加上二战这个背景,电影中描述的爱情显然有些另类,有些不可思议,但以爱的名义,所有这一切都迎刃而解,因为只有遭遇了爱情,才会使一切的另类与不可思议变得不需要理由。这是一个情节饱满,视角独特的爱情故事。

作品的原来名字叫"朗读者",但我觉得被译成"生死朗读"更贴切,因为这确实是一段因朗读而引发,并且以朗读贯穿女主人公一生的生死恋情,这也是这部电影最出神入化的精妙和独特所在。之前我从未想过居然可以用朗读作为一段旷世爱情的线索,深深折服于作者讲故事的功力与技巧。

汉娜聪明、美丽,但却有点自闭,是个文盲,于是从心底里对文字的世界产生了梦幻的景仰和向往,她与米歇尔爱的表达很大程度上就是在这对他们来说充满愉悦的朗读与倾听的过程中传递的,她会被书中的情节感动得像小女孩般的哭泣,会从一个独特的角度对文学作品作出质朴的令人耳目一新的评价,会对米歇尔的朗读给出发自内心的真诚赞赏,可以说这是一个美丽的、感性的、骨子里对高质量的精神生活充满期待的女人,是个无可救药的真善美的崇拜者,也正是因为这些特质深深地吸引了米歇尔。以至于她成为囚犯后,米歇尔仍然心甘情愿不厌其烦地为她深情朗读大量的文学作品,并沉溺于这由朗读构建出的美好氛围中难以自拔。

在观赏这部关于爱的深度的电影的过程中突然发现,浪漫原来也是有深度的,那些由烛光和鲜花营造的所谓浪漫因其司空见惯而难免流于肤浅、矫情。其实深度的浪漫不是营造出来的,而是在深刻的爱的过程中自然散发出来的,因为爱的深度,浪漫也随之有了深度。

汉娜在即将结束牢狱生活的最后一刻选择死亡,这个结局虽然有些令人遗憾,但依汉娜的性格这应该是一种必然,她深爱米歇尔,正因为如此,她不能容忍他们的爱有任何的缺憾,如果因为她而让他们期待中的完美爱情产生缺憾,她宁愿选择离开,也要守望和成全这份完美。由此看来,汉娜确实是一位有性情的不同凡响的女人。

影片处理汉娜自杀的情节令人感动而意味深长,她在监狱里因为米歇尔源源不断的朗读磁带的触动而开始对爱产生期待,开始学习认字,而正是这些文学作品提升了她的境界,让她的心能从容地超越死亡,因此尽管她刚站在那堆倾注了她晚年全部热情的书上时有些犹豫,但随后,她坚定地做出了最后的选择。

相信她在离去的那一刻心中应该是充实的,因为正是从这些书籍中她感受到了一份深入骨髓的爱,正如影片中的一句台词:只有一样东西能让灵魂如此完整,这就是爱。

她的灵魂因爱而完整,因此她的心也因为灵魂的完整而充实。

2009 年

21 我爱电影

很喜欢看电影,喜欢得无边无际,无以复加。有例为证,某天看到一个最喜欢浏览的电影下载网站上推出了一个专题:百部最经典爱情电影合集,而且这个合集被很多大型电影网站转载,结果不经意地浏览了一下,只有几部是我没有看过的(当然其他类型看过的也是不计其数),顿时感觉自己挺牛。

在我看来,电影的最大魅力(当然是指经典的好电影)就在于,可以让你在短短的几个小时内享受到各种最不同凡响的奇妙经历,人生也许(应该说肯定)只有一辈子,可是通过电影却可以身临其境地和其中的人物一起体验悲欢离合、喜怒哀乐,经历几辈子、几十辈子跌宕、离奇、斑斓而不可思议的人生旅程,这种感受简直太有趣而妙不可言了。

快乐的时候喜欢看电影,因为快乐的感觉是相似的,有些平淡无奇,而如果再在里面加进些许感动、温情,那就是一种飘飘欲仙的无敌的感觉,就像在一个秋高气爽空气清新的早晨悠闲地在阳台上喝一杯香浓的咖啡,在快乐的时候再看一部煽情而故事曲折的电影大多数情况下就会让那种感觉飘然而至。忧伤的时候仍然喜欢看电影,因为一部轻松愉快的喜剧片足以在相当长的时间内抵消那种忧伤的窒息和无奈,让忧伤随着电影情节的展开弥漫到无限的时空,此时忧伤就会变淡,消极的情绪就会得到很好的宣泄,心也被涤荡了。

最喜欢看的电影类型就是浪漫爱情剧,尽管很知道绝大多数皆大欢喜的结局有点俗套、有点虚幻而不切实际,甚至和现实有很远的距离,但仍然期望能看到一个令人满意的喜剧结尾,经典的浪漫爱情剧都会散发出一种梦幻般的美。其次是喜剧片,尤其是那种包袱抖得够幽默、够智慧的喜剧片,让人看的时候能捧腹大笑,看完后再回味还想笑的片子最有感觉。再次就是恐怖片,喜欢被吓得瑟瑟发抖,然后再找更恐怖的继续看,挑战自己恐怖极限的感觉相当刺激,呵呵。当然,能让人哭得稀里哗啦的电影也不错,其实跟着电影一道痛哭一顿以后心情反而会觉得比较舒畅,真是很奇怪的感觉。

以前，没学会从网上下载电影的时候，总是喜欢去买碟片，看着书橱里堆得高高的影碟，总有一种狗看到飘香的肉骨头般的快感，觉得那仿佛就是我不可或缺的口粮，因此，谁要是借了我的碟片然后不还我，我多半会对他(她)耿耿于怀，下次再也不会借给他(她)了(无可救药的偏执，呵呵)。

从学会下载第一部电影开始，就一发而不可收了。先是 BT，接着就是 eMule、迅雷，为了心爱的电影，这些下载软件我都是驾轻就熟。rmvb、avi、mkv 等等这些电影格式也是耳熟能详，一看到这些后缀，心里就油然产生一种亲切感。凡此种种，网络给我的这种爱好延伸出难以想象的广阔空间。每日里自由自在地徜徉在梦幻空灵的影音海洋里的时刻，往往就是我最快乐的时刻之一。

为了能不断看到喜欢的电影，我充分发扬独立自主、自力更生、丰衣足食、深挖洞、广积粮的革命乐观主义精神，心甘情愿、无怨无悔地耗费了很多人力物力投入到浩大的资源搜索挖掘工作中。

如果说在各大影视江湖荡漾时最开心的事是找到想要找的电影资源，那么最痛苦的事莫过于对影视资源的取舍了。我的电脑本身就有着大的变态的空间——500 G，不仅如此，我还先后购买了三个移动硬盘，就是这样，还是面临空间不足的问题。不开始网络上的电影搜寻之旅不知道，一旦开始了立马就会发现网络简直就是浩瀚无垠的银河系，和无限的网络资源相比，我所拥有的空间实在是有限得微不足道啊。

由于看的电影太多，在不知不觉中欣赏的口味也越来越挑剔，我通常的习惯是根据情节、类型、演员、制作阵容还有我的直觉等要素来确定是否下载并观赏一部电影，觉得不咋地的，看完后立马删除，觉得不错的，就会分门别类地存入硬盘，妥善加以收藏。

时间久了，发现，值得收藏的经典越来越多以至于不得不在辛辛苦苦地下载到一部期待已久的新品的同时删除掉以前同样含辛茹苦找到的存货，忍痛割爱的感觉真是令人彻骨心痛啊，但仍必须找一个能说服自己的理由使自己释然。

终于找到了这个理由。真正喜欢一部艺术作品不一定非要收藏它拥有它，可以将它的精髓烹制成永远可以品味的心灵鸡汤，化为自己精神世界的一部分，然后与更多喜欢它的人去分享它，让它被更多的人所欣赏，这对它来说不是更好的归属吗？

这样想以后，再遇到必须做出取舍时就坦然多了，因为顺着上述思路，是否收藏并拥有一部自己喜欢的电影已经不重要了，重要的是享受欣赏一部经典电影的经典过程,然后去回味,去分享。

　　最初看电影纯属为了娱乐的目的,但看多了会发现,从这个领域获得的精神营养远比娱乐要多得多,欣赏一部精彩绝伦的电影,就像一次心灵的神游,在安静欣赏的同时,也是与电影创作者们的一种心与心的交流,让我学会从许多光怪陆离的角度看世界,因此常常有得到意外收获的惊喜感。

2008 年

22 一首优美得有些忧伤的诗
——看《天堂电影院》

意大利著名导演托纳托雷的"回家三部曲"中,我最先看的是《西西里的美丽传说》,之后是《海上钢琴师》,最后看了《天堂电影院》,感觉彻底地被托纳托雷征服了。他真是一位伟大的导演。三部都很喜欢,但最喜欢的就是《天堂电影院》了,影片风格清新、淡雅,但激情满溢,格调极其优美,优美得有点忧伤,忧伤得让人难以忘怀。

电影的情节其实不算复杂,以小男孩多多的视角,讲述了意大利西西里地区的一个偏僻小镇从 20 世纪 40 年代一直到 80 年代所发生的故事,这些故事基本上都与当地唯一的一家电影院——天堂电影院有关,展现的虽然是小镇上那些平凡的居民的生活,并且这种怀旧的故事稍不留神就容易流于平淡无奇,但影片细节生动、妙趣横生,情节发展的过程或感动,或欢笑,或悲哀,平淡中有跌宕,洋洋洒洒近三个小时的电影居然让人一点都不感到冗长,看完后反而有意犹未尽的感觉,由此可见导演讲故事的功力。

居住在这座海边小镇的人们,生活十分贫穷,能到当地的天堂电影院看一场电影,对小镇的几乎每一个人来说都是一种不可多得的极大乐趣,对成年人是如此,对更富有想象力的孩子更是如此。当然,这位名叫多多的聪明而充满灵气的小男孩也毫无悬念地喜欢上了电影这种在他眼里无比神奇的美好所在。于是,电影也成了贯穿他童年生活乃至整个人生的重要组成部分。

小男孩多多极爱看电影,因为电影,他与电影放映员埃弗雷多,也是一位热爱电影、性情纯真的老头结下了不解之缘。多多的父亲在多多很小的时候就因参加军队而离开了,并且以后再也没有回家,在多多的眼里,能放映那么多神奇电影的埃弗雷多大叔就成了最令他景仰的男人,而埃弗雷多这位无儿无女、孤独贫穷的放映员也很喜欢这个古灵精怪的小男孩,他向多多传授了很多电影放映方面的技术,在多多最困惑时给他不可多得的帮助,他也给了多多难能可贵的父爱。影片将这一老一少不是父子却胜似父子、因电影而建立的深厚感情描述得十分温馨感人。

多多整天浸润于电影里,欣赏电影中那些超凡脱俗的故事,电影也养育了多多感性、执着,热烈而颇具理想色彩的性情,而这一切似乎也注定了他以后多姿多彩、曲折坎坷的感情生活。

几年后,埃弗雷多在一次发生在天堂电影院的火灾中严重受伤,虽然多多救了他一命,但他却从此再也不能放电影了,少年多多于是代替他成了小镇最年少的电影放映员,同时影片叙述的主线也自然而然地转到了成长中的多多的爱情生活。

多多爱上了镇上一位有名望的银行家的女儿,女孩也喜欢他,但家庭的悬殊让这段感情从一开始就遭到了阻挠,可这对恋人仍然不顾一切倾心相爱。后来,女孩家要搬离小镇,他们的最后一次约会因种种误会没能如约,此后,多多以为女孩不再爱他,于是怀着极度痛苦的心情离开了这座让他伤心的小镇。遗憾的是这一错过就在两人的心中留下了30年难以治愈的隐痛。

此后30年,多多都没有回到小镇,30年的时间足以改变一切,可有些东西也许终其一生都不会改变。多多成了著名的电影导演,也遭遇了更多的感情,但这些感情在他心中始终是过眼烟云,因为,在他内心深处一直难以忘怀小镇那位美丽的女孩。

再次回到小镇,已是30年后,为了参加埃弗雷多的葬礼。这次重回小镇,看到了家乡的变迁,那座曾经让小镇人魂牵梦绕也聚合了众多悲欢离合的往事的天堂电影院也因生意萧条而即将拆除,最重要的在于多多又见到了他心中永远的梦幻女孩。此时,当年的妙龄少女已然成为充满成熟风韵的少妇,同时这次见面也解除了一个惊天的误会,原来,制造误会的恰恰是多多最最敬重的埃弗雷多!埃弗雷多一直深信多多是个优秀的男孩,不应在小镇里荒废一生,为了多多的未来,他隐瞒了女孩当时曾来找过多多的事实。

人生有时就是这么无奈,很多的获得恰恰是以刻骨铭心的失去为代价的,犹如多多,去到外面的世界闯荡多年,最终功成名就被万众敬仰时却发现自己永远失去了内心深处最难以舍弃的一段感情。

影片的最后,多多收到了埃弗雷多留给他的最后的也是最珍贵的礼物,就是很久以前多部电影中被当成有伤风化而剪掉的但却是多多和当时的人们最想看到的镜头,那就是每部电影中男女主人公经典温馨的接吻镜头。这些尘封多年的画面尽管已然陈旧，但却让多多百感交集，也使观众情不自禁地泪腺崩溃。

扮演不同年代的多多的三位演员中，我最喜欢那位童年多多的扮演者了，真是一位超有灵气的小童星，将多多的机灵、调皮、纯真演绎得活灵活现，让人难以忘怀，扮演埃弗雷多的那位演员演技也是超级娴熟，将一位平凡的电影放映员塑造得十分富有性格魅力。

影片叙事风格简洁流畅，没有什么令人眼花缭乱的电影技巧炫耀，但娓娓道来，于平静处现波澜，将情感渲染得淋漓尽致，让人觉得十分过瘾，不自觉地受其感染，以至于被深深感动，犹如在读一首优美得有些忧伤的诗，那意境美得让人思绪澎湃。

一部电影如果仅仅能够让你会心的一笑，抑或让你淡淡的感动一下，抑或让你有所震撼过后再回味一下，那这部影片至多不过是一部类型片，但如果能让你在欣赏时同时激发起上述所提到的所有感受，让你的心灵在复杂的情感纠结中得到一种彻底的宣泄和涤荡，那才是一部不可多得的经典，《天堂电影院》显然属于后者。

2009 年

23 约定
——看《我与狗狗的十个约定》

一、请仔细聆听我的话；二、请信赖我就像我信赖你一样；三、请经常带我玩；四、永远都不要忘记我；五、不要打我，如果真打的话一定是我赢；六、如果我不听你的话，一定是有原因的；七、你能去学校，还有朋友，可是我只有你；八、请和我做好朋友；九、我只能活十年左右，所以请好好珍惜我们在一起的时间；十、我不会忘记和你生活在一起的那些时光，所以当我即将死去的时候请守候在我的身边。

这是我刚刚看过的一部日本电影《我与狗狗的十个约定》中女主角明莉的妈妈借用狗狗索克斯的口气说出来的让明莉如果要养狗就必须恪守的与狗狗的十个约定，其平实与朴素着实令人感动啊。而整个影片则通过描述明莉与她的狗狗索克斯生活中的种种与约定相关的生活点滴表现了人与狗之间的真挚情感。

这十个约定共出现了两次：第一次是在影片的开头，明莉的妈妈得了不治之症住进了医院，明莉带着狗狗去看她，当她说出了第十个约定时，那场景让人自然联想到即将失去妈妈的明莉的可怜，不由得鼻子酸酸。到了影片即将结束明莉翻看去世的妈妈用卡通画的形式展示的十项约定时，电影画面展示出的索克斯苍老而无辜的眼神已成功地让观众相信，狗虽然不会说话，可它们一定是有感情、有思想的，并且它们所表现出的忠诚、无私与执着甚至都要超过人类，最终让人泪腺崩溃。

看多了日本的恐怖片，不知不觉中已形成了一种思维定势：日本人只会拍那些让人看了毛骨悚然，吓得人不敢单独去洗手间的恐怖电影。看了这部影片似乎有了某种回归，日本人不仅会制造恐怖气氛，同时煽情的功力也相当不错。

电影着重表现了明莉与索克斯生活的十年时间里发生的温馨感人的生活片断：明莉还是个 14 岁的小女孩的时候，遇到了她命运中的狗狗索克斯，当时索克斯也是个天真烂漫的调皮小狗狗，在明莉失去妈妈的寂寞悲哀的日子里，索克斯给了明莉极大的快乐与安慰，陪伴她度过了十年的时光。而当明莉长成 24 岁青春靓丽的女孩时,索克斯已然进入垂暮之年。其间,经历了一些变故,但明莉与索克斯始终不离不弃,用行动过程着那平实而令人感动的十个约定。

　　十年的时光里,人改变着狗,让狗变得更富有人一样的温馨情感,而狗也改变了人的生活态度。沉默的狗狗索克斯以它和明莉的相依相伴让过去沉溺于事业、工作中毒的明莉的爸爸意识到了家庭的重要性,进而放弃了在名牌大学发达的机会回归家庭开了一间私人诊所以便有更多的时间与家人相处,从一个只擅长做手术的外科医生变成了一位精于家务、温暖慈爱的父亲。同时狗狗索克斯也先后让明莉和她的男朋友从很深的心理创伤中恢复过来,它成了明莉一家不可或缺的家庭成员。

　　感动之余也让我浮想联翩,狗虽不具有人类那样的高级情感,但却以它们难能可贵的忠诚、执着的本性给人类带来了太多情感层面的不求任何回报的馈赠,人类真是应该善待这种可爱之极的动物,像电影中的人物那样恪守与狗狗这朴素而真诚的约定,不管它们是否能够真正理解。不仅如此,人与人之间如果能多一些发自内心自觉自愿的类似十个约定般的默契、理解与感激,那么可能就会少一些猜忌、痛苦与失落,就会活得更快乐明朗一些。

2008 年

24 永远的奥黛丽·赫本

前几天逛先锋时,看到封面上赫本那纯真而优雅的经典微笑时,毫不犹豫地买下了这本书,因为凭我的直觉,能选择这几张照片作为封面的作者,一定是一个深谙赫本之美的人,这样的人所呈现的有关赫本的信息一定是值得分享和收藏的。

读完后,在为自己准确的直觉而庆幸之余,也感动于作者字里行间所流露出的对赫本超乎寻常的喜爱。这本书没有按照一般的写传记的手法,中规中矩地描述赫本传奇的一生,而是从一个影迷的角度,以赫本在从影黄金时期的十七部经典电影的各种不同版本的海报和剧照为线索,描述了每部电影在拍摄过程中与赫本相关的一些往事,很多鲜为人知的属于赫本的故事使这本书对于喜爱赫本的人们来说弥足珍贵。每部电影都附有影片在不同国家、不同时期上映时的宣传海报和精彩的剧照,真可谓精美绝伦。

第一次认识并喜欢上赫本是在看了她主演的《罗马假日》以后,喜欢她纯美无瑕的容颜,简洁优雅的穿衣风格,超凡脱俗的气质,当然还有她自然感性的演技。此后,陆陆续续看了她的《龙凤配》《窈窕淑女》《蒂凡尼早餐》《谜中谜》《战争与和平》等影片,这些影片让我领略了赫本在她银幕生涯不同时期越发炉火纯青的演技和无与伦比的美。

尽管赫本塑造的角色类型不同,性格各异,但有一些元素却是贯穿于赫本所有影片的,可以说完全是赫本所独有的风格,那就是清新、脱俗、淡雅和纯真,尤其是她所表现出的纯真。如果在她年轻时扮演的角色中看到这种纯真我倒是觉得稀松平常,但不可思议的是在她进入老年后所扮演的角色中仍然散发出这种纯真。记得我曾经看过一部斯皮尔伯格导演的电影《直到永远》(在我看来,这是老斯的众多作品中难得一见的描述浪漫爱情的题材,后来才知道原来是他导演的,觉得难以置信,但对他更多了几分敬意,因为这部影片充分证明,老斯不仅能驾驭关乎人类存亡的大题材,而且也能将一段浪漫而又有点忧伤的爱情描述得惟妙惟肖,大导演就是不同凡响,套用老赵的话:太有才了),赫本在其中扮演一个戏份很少的角色,一位天使,当时赫本已近六十岁。但看完影片后,赫本那一身白衣的天使形象给我留下了非常深的印象,尤其是她的眼神依然那么的清澈无瑕,她的身材依然那么纤瘦修长,似乎岁月忘记了要在她的外表和心中留下一些沧桑的痕迹,以至于今天在看到书中提到这部电影时,我已忘记了男女主角的形象,但仍然记得赫本那一袭白衣,一举手一投足都透着纯粹、优雅的天使形象。不过,现在想来,赫本一生的所作所为证明她原本就是一位堕入尘世的天使,因此,她能将天使演得惟妙惟肖也就不足为奇了。

我一直都认为,一个再好的演员,如果他(她)的内心深处没有某种特质,那他(她)就难以在表演中把那种特质表现出来或者表现得淋漓尽致。因此,我觉得赫本在《罗马假日》中塑造的安妮公主的形象根本就是她自己,这个角色跟她的本性是如此贴合,以至于她无需什么演技,只要作为她自己就足以征服所有的观众。这么说并不是否认她的演技,我想说的是赫本最大的魅力就是她的个性魅力,她的内在美与外在美天衣无缝的结合,使她成了银幕上一道独特的风景,一个纯真、美丽与优雅的典范。

如果说我对她的喜爱最初是源于对她所扮演的角色的喜爱,那么在了解了她的生平后,我开始相信这个女人简直就是大自然的一个奇迹,一个融执着、随意、单纯、成熟为一体的奇迹。她在晚年,以真诚的爱心,在患有重病、身体虚弱的情况下,作为联合国的亲善大使,完成了对非洲、亚洲等世界各大洲很多贫穷国家多达五十次的人道关怀之旅,这就是为什么她在银幕上表现爱与美时能够那么挥洒自如,因为那根本就是她本性的自然流露。

如今,赫本在我的心中已不仅仅是一位银幕偶像,她已然成为我们很多人所崇尚的一种典范,一种境界:不管外在的环境发生怎样的变化,仍然能够坚持做回自己,与世无争,无怨无悔地做回自己。

今晚我打算再次重温赫本的经典之作《罗马假日》,这是第几次看这部电影了呢?我也记不起来了。不管了,反正她是"永远的奥黛丽·赫本",她主演的是"永远的"《罗马假日》,我想她和她的电影会成为我愿意永远重温的主题之一。

2008 年

专题四
生活中的管理

一花一世界,一叶一菩提。这种说法也同样适用于管理,如果带着一双管理者的眼睛,就可以从生活的各个细节和过程中体验到管理无所不在的奇妙存在。

1 宗教的启示

最近看了《世界博览》上一篇关于奥运与宗教的文章,文章认为,当运动员达到运动生涯的巅峰状态时,那种体验有点类似参禅时的"入定"状态,运动员的身体和心灵达到高度的和谐统一,仿佛听到了神的声音,仿佛感受到了神助,于是就在这种如梦如幻的状态中创造了竞技的一个又一个奇迹。

这种说法很有点意思。不过我倒觉得,人的内心是世界上最复杂、最微妙、最不可思议的一个场域,在这个场域中同时存在着平常的、懦弱的自我和超常的、坚强的自我,文中所提到的所谓的神,其实更有可能是人们通过某种方式唤醒了心灵深处那个强大的自我,发挥巨大的潜能,从而帮助自我超越了自我,最后自己还不相信,于是把功劳记到了缥缈的神的身上。

由此看来,很多时候,当人们试图从宗教中去寻求精神寄托时,心中笃信的那个至尊的神其实很大程度上应该就是人们自己内心的那个超我。每个人心中都有一个自己所理解和想象的神,如果自身始终难以参悟,从而让自己走出自我的桎梏,那么,再高明的宗教都难以救赎一个人的心。

宗教作为人类思想智慧的结晶,不仅在从事体育运动时可以借鉴它的一些思想,在遭遇其他困惑时,也不失为一种有效地解决问题的途径,古今中外的很多实践都已充分地证明了这一点,只不过证明的方式各异而已。

但对于我个人而言,我不会去信仰任何一种宗教,因为我不想让自己自由自在的心受到哪一种意识形态的束缚。不过,我会做一个机会主义者或者是拿来主义者,从某些宗教中去汲取思想的智慧和营养,比如可以从基督教中学习感恩,从佛教中学习舍得与放下,从道教中学习随遇而安,以便尽可能去除自己身上的某些讨人厌的"苦大仇深"情结,从而让心自在逍遥。我知道这很难,但我会向着这个目标去努力。

挺喜欢这期《世界博览》的这组"禅解奥运"专题,尤其喜欢引自《圣经·新约》中的这段话:"请把承受痛苦当作一种享受,我的孩子们,你的一生要经历各种各样的磨难，这是为了测试你的信念，坚韧在痛苦中萌芽！"要是能达到这种境界，那人的内心世界就该无敌了。

　　佛教中也有类似的说法，那就是，当你遇到世界上任何的艰难险阻，那其实都是佛用来度你的一种契机，如果能通过自身的努力克服这种种困难，那就会使自己变得更加强大。

　　由此看来，无论是通过什么途径，只要我们能潜心挖掘，不怨天尤人，就可能在某一个时刻，发现那个我们自己以前从未感知到的新的自我。

2008 年

2　感恩

今天是感恩节,创造这个节日的西方人会在这一天让亲朋好友聚在一起吃火鸡,互致感恩祝福。在我看来这个节日最重要的还在于它的精神意义,可以利用节日这个契机好好反省一下自己已经多久没有心怀感激地面对生活,有多久没有感激朋友、感激自己以及其他需要感激的一切了。

我觉得我平时之所以常常沮丧、悲观,很大程度上是因为我总是沉溺于自己的世界,为自己的一些小悲哀而悲哀。其实略加思索就会发现在每天每天貌似平凡的生活中已然得到了许多,多得需要找一些人和一些事来感激的程度却还不自知。

基督教的信奉者们每天都会虔诚地祈祷,感恩就是他们祈祷的重要内容之一。我不信教,但我很赞同感恩这项祈祷内容,我认为这不仅是一种宗教仪式,而且是一种健康、积极,富有人情味的生活态度,有了这样一种生活态度,可以让自己的心境宁静、平和,从而更好地体会生命的温暖与质感。

我要感激我的父母,他们把我带到这个虽然有点混乱、有点浮躁但仍然不失美丽的世界,给了我健康的身体,让我四肢健全,耳聪目明,能不折不扣地感受这五彩缤纷的世界。我还要感谢他们给了我一副独特的头脑,让我用敏感的心灵去感知大自然中哪怕是最最细微的美,感知亲情、爱情、友情这些世界上最值得人期待留恋的情感。在无数过往的日子里,我还用这副头脑任由自己的思绪信马由缰地驰骋,尽管经常胡思乱想一些没边没沿的问题,但却能从中充分体会到思想并感知的无上乐趣。

我要感谢自己生存其中的社会与自然。原以为,自己来到这个世界本是一件稀松平常的事,但从感恩的角度去看会发现,生存的本身就凝聚了自然、社会对自己太多的付出,大自然赋予我空气、阳光、清风、雨露,社会赋予我身处人群的归属和温暖感,实在是应该对所有这一切心怀感激。

我要感谢我爱过和爱过我的人,他们让我享受到爱情的甜蜜与苦涩,但最终回顾的时候,那种感觉仍然很美好。

我要感谢我的朋友,他们在我生活的不同阶段,给予我温暖的友情,他们惦记我、开解我、祝福我,我也以同样的真情回报他们,他们让我觉得自己不是一个可怜的不相干的孤独的路人甲、邻居乙,而是一些温暖群体中的一员,他们给了我心灵弥足珍贵的慰藉。

我要感谢我曾经遇到过的几乎要置我于死地的挫折和困境,是这些挫折与困境让我看到了自己的怯弱与自卑,在克服与战胜它们的过程中,我渐渐变得坚强、豁达、自信,它们让我更喜欢和享受我目前的心理状态,并能以勇敢的心去面对人生不可避免的一切困难和挫折,因为我相信只要战胜了自己,就能战胜它们,这所有的一切,让我不断地感知到自己的坚强。

我要感谢豆豆这臭小子,尽管他经常让我生气,让我做长辈的虚荣心受到严重打击,但他让我享受到了做母亲的乐趣,他纯真、仁义,即使有时顽皮、懒惰,也是顽皮、懒惰得那么可爱,我和他吵架、逗乐甚至生气的时候不理他,但我知道在我的内心深处我从来都没有失去对他的爱。

我要感谢我的姐姐,她在我最最困难的时候,给了我最难能可贵的生活上和心理上的支持和开导,使我也学会了去力所能及地帮助别人,并从中享受到付出的乐趣。她是我最亲爱的姐姐,也是我最好的朋友,假如还有来世,假如来世还可以选择,我一定毫不犹豫地再次选择她做我的姐姐。我要感谢她让我成了这个世界上最幸福的妹妹。今天早上,我睡眼惺忪中就接受了她最早的感恩节祝福,晚上刚回家她又向我致感恩祝福,真是个健忘的傻女人,一个可爱的大智若愚的傻女人。

尽管我知道,一个人来到这个世界上,注定要孤独地来,孤独地去,难免悲怆,但一个人的内心同时又有着巨大的空间和张力,所以这个世界上最难克服的其实就是自己内心的各种心结,如能心怀感激,很多心结就能迎刃而解,内心也随之会变得从容。

尽管不能选择是否来到这个世界,但来到这个世界以后,我不后悔自己所经历的一切,即使现在就进入坟墓,站在上帝的面前,我也一定是一个无怨无悔的灵魂。我对自己此时能有如此的心态也同样心怀感激,我感激自己能将自己骗得浑然忘我,壮怀激烈,呵呵。

2009 年

3 花模样，玉精神

人们喜欢用"如花似玉"来形容女性的美，我觉得这个成语的经典之处就在于它不仅是对女人真诚的赞美，而且还是对女人之美的两种境界的精辟概括。

花的美在于她的天生丽质，多姿多彩，千娇百媚，但遗憾的是再美丽的花儿都是有保鲜期的，而且保鲜期往往还很短，因此就总是逃不过"待到荼蘼花事了"的无奈轮回。尽管情境苍凉了一些，却也很恰如其分地贴合了女性的青春美的本质。正因为青春相对于女人的一生来说犹如繁花般绚烂而短暂，所以艺术家们不吝用世界上最美丽的辞藻来形容女人惊鸿一瞥的青春容颜，当然用各种花儿来形容女性青春年少的美，是最天衣无缝、出神入化的一种类比。

玉的美则在于她的温润、晶莹和沉静，与花的风情万种相比，她的美似显单调内敛，但却具有花所不能企及的内涵与长久性。那是一种经由时光和自然环境上亿年的磨砺之后的结晶，是一块平凡的石头涅槃后的精华所在。

女人的一生，经过了韶华如驶的青春期后，接下来就是漫长的沉淀期，这时接踵而来的是各种人生的挑战，这些挑战中有对青春逝去的不适应，有成为人妻人母后艰难的角色磨合，作为现代女性，因为生活的空间更加广阔，因此就有可能遭遇更多投身职场后意想不到的困境与挫折。这些难以跨越的生活状态，表面看来似乎平淡无奇、枯燥无味，可内里恰似玉的形成过程，各种人生的磨难是耕耘的苦痛，更是精神财富积累的磨练，因为在燃烧生命的同时，也不折不扣地修炼了内心。

过程可能漫长得几乎让人因绝望而沉沦，可勇敢地经历并克服了以后就会发现，那只不过是上天开的一些善意的玩笑，其实他就在不远的前方拿着女人想要的所有的一切，准备作为礼物慷慨奉送，但之前他要考验你，看你是否能承受得起这些弥足珍贵的礼物。

岁月会染白女人的头发，憔悴女人的容颜，沧桑女人的内心，但同时也会赋予女人坚韧而从容的精神，淡定而优雅的气质，并如春风化雨般自内而外的散发出来，呈现在人们面前。这也是一种美，是一种摒弃了幼稚浮华后的成熟内涵之美，是兼具了另一种风情与神韵的美，它绝不会像青春那样过了期限就毫不犹豫绝然离去，而会不离不弃，永生相随。

想起了《红楼梦》中，紫鹃对病中的黛玉的一段劝慰，她希望她的姑娘放下烦恼，安心养病，保养成"花模样，玉精神"，真是个心思细密，玲珑剔透，像她的姑娘般冰雪聪明的女孩。她简单的一句话就说到了黛玉的内心深处，也说出了许多女人梦寐以求的状态，当然还很形象生动地解读了女性美的真谛。

女人爱美，天经地义。青春之美，取自父母，但凡女孩，人人有份，如出水芙蓉般自然天成；而气质内涵之美，则不那么容易信手拈来，而是需要耐得住寂寞精心修炼，用岁月和经历共同打造。

美是一种外在的装扮，是一种生活的态度，更是一种内在的价值观。

今天是专属女人的节日，谨以此文感恩自己作为女人所经历的那些死乞白赖、傻了吧唧地追求美挽留美的快乐和痛苦时光，并向所有像我一样用生命来臭美的女人致以节日的问候。

2013 年

4 精灵一般的女人

刚刚在网上看了第 67 届金球奖的获奖名单,很欣喜但毫无意外地发现好莱坞常青树梅丽尔·斯特里普以其主演的两部电影同时被提名的佳绩再度获得金球奖喜剧类最佳女演员的桂冠。至此,她已获得 25 次金球奖提名、7 次获奖,同时获得 15 次奥斯卡提名、两次获奖的记录又将她树立的"梅丽尔·斯特里普屏障"加高了一截,让她的后继者们更加难以逾越。不由惊叹,相信很多影迷也和我有着相同的惊叹:真是一位不同凡响的女人啊!

和我非常喜欢的奥黛丽·赫本的超凡脱俗的容貌与清纯气质以及凯瑟琳·赫本的绝对特立独行的性格魅力相比,斯特里普显得那么平凡,可她用自己塑造的许多光彩夺目的银幕形象证明,将平凡演绎到极致,并且演绎出高境界,同样能够彻底地打动观众,创造奇迹。

记忆中看她的第一部电影是由她主演的《克莱默夫妇》,这本是一部情节较为平淡、缺乏强烈戏剧冲突的伦理片,但当时年轻的斯特里普却将那位平凡普通的家庭主妇塑造得极其令人难忘,以至于我至今还记得她那满含隐忍、倔强的眼神。后来看了《猎鹿人》,非常惊异地发现,《克莱默夫妇》里那张温柔沉静的面孔居然可以变得如此开朗活泼而富有活力,仿佛是另一个人。如果说《走出非洲》里她塑造的屡受挫折却从未失去希望的女作家艾萨克从某种程度上延续了她前面塑造的那些角色的一些性格特征的话,那么在情节复杂纠结的二战片《苏菲的选择》里,她成功地另辟蹊径,将那位在纳粹集中营里饱受身心蹂躏、性格极其复杂分裂的波兰女性演得丝丝入扣,九转回环。在《法国中尉的女人》里她塑造了一古一今两个性格反差极大的女性,她非常传神地演绎出了古代那位眼神幽怨的名叫莎拉的女性身上那种"不知来自何处的女人"的神秘感以及那位现代女性的叛逆、大胆和随性。

她在演绎角色时,大多数时候你都会发现,貌似风平浪静,波澜不惊,可一旦将整部影片观赏下来就会觉得,她就像一座沉默的火山,你会在悄无声息的观赏过程中被她的角色所散发的巨大能量所融化,从而不自觉地沉醉于她的表演。

看多了她的电影,在不知不觉中我发现自己的兴趣点发生了微妙的变化,从最初因关注她演的电影本身而关注她变成了更多地为欣赏她精妙绝伦的表演而去关注她的电影。比如那部将尼可·基德曼造就成奥斯卡影后的《时时刻刻》,我至今想来还觉得那是一部情节极其沉闷的电影,但斯特里普在其中演绎的那个同性恋女作家却让我印象深刻;再比如那部看了以后满脑子都是尼古拉斯·凯奇纠结表情,情节有点莫名其妙的《改编剧本》,斯特里普却让我觉得仍然是影片中难以忽略的亮点。

后来又看了她的《天使在美国》《廊桥遗梦》《穿普拉达的女王》《妈妈咪呀》,还有《虐童疑云》,尤其是她以60岁的年纪,在《妈妈咪呀》里面载歌载舞,并且歌与舞都还有板有眼,以出色的表现反驳了有人说她只会用脖子以上部位演戏的批评。一路看下来,从她风华正茂一直看到她风霜满面,她的容颜由青涩纯真变得成熟优雅,不变的恰恰是她所塑造的性格永远千变万化的角色,因此每看完她的一部新作品都仍然会满怀期待地等着她的下一部,因为我已经确信无疑她一定能带给我惊喜,不同的只是来自哪方面的惊喜,最令人着迷的是你永远无法猜到这个女人在她的下一部戏中将会变出什么花样。

我觉得她就是为电影而生的,在这个明星娱乐新闻已形成相当规模和产业并且明星和八卦经常水乳交融的时代,斯特里普却是个绝对的例外,每演完一部电影她就会从人们的视线中消失得无影无踪,几乎听不到关于斯特里普的任何花边新闻,不过她也无需什么八卦来支撑自己的人气,因为她总能交出足够优秀的作品从而吸引到人们足够多的关注眼神。如果有一天她重新进入观众的视线,那就多半是她奉献的层出不穷的电影作品,以及对她获取相关奖项的报道,自然而然中就营造了一位演艺女王的强大气场。

她塑造的角色让你觉得很亲近,亲近得犹如邻家的某位阿姨、母亲,可同时又很神秘,神秘得犹如海市蜃楼般遥不可及。她总是那么从容淡定,似乎这纷繁复杂的现实世界永远都不会扰乱她既有的人生节奏,一如她那多年不变的不经意似的浅浅微笑。这样的气质也许只有精灵才会有的,斯特里普以她三十多年在影坛的辛勤耕耘、磨砺将自己修炼成了精灵一般的女人。

一想到她塑造的那些银幕形象,就情不自禁地想到老杜的那首诗:"此曲只应天上有,人间难得几回闻。"老杜当年是用这两句诗来形容一首绝美的乐曲的,我认为借此来形容斯特里普炉火纯青、精彩绝伦的演技,也同样非常贴合、精辟。

前段时间,已看了她今年获得金球奖的电影《朱莉与朱丽娅》,毫无悬念地迷上了她塑造的那位勇敢、执着又感性而富有幽默感的美食家朱丽娅,附带着还满怀热情地花了三个小时学做出了她在电影里做的那道招牌法国菜——红酒炖牛肉,得出结论:电影好看,菜也蛮好吃的,呵呵。她今年的另一部获提名影片《爱很复杂》也被我找到了,我要再寻一个完美的字幕,这样就可以再次美美地欣赏这位精灵般的女人出神入化的演技了。

2010 年

5 拿什么拯救孤独？

多年前,上外国文学课的时候,老师曾强烈推荐过一本书——《瓦尔登湖》。可当我满怀期待地打开这本书时却觉得很郁闷,因为怎么也看不下去,书中引用了很多我没有读过的典籍中的话,并且也没什么情节,大多数章节都是作者梭罗对自然、对社会、对人生的一些感悟。显然这些感悟很独特,但独特得使其失去了普遍的趣味性。

在我看来,这是我所读过的世界上最孤独的一本书,当时,我边看边困惑:怎么会有这么沉迷孤独并享受孤独的人？一个人怎么能有这么大的耐性和定力独自在瓦尔登湖畔几乎与世隔绝地一住就是几年？他是如何去排解那无边无际的孤独的呢？

常常感到孤独,孤独久了,在不知不觉中就将自己炼成了资深孤独者。并且在无可避免地面对漫无边际的孤独的过程中变得不再惧怕孤独,渐渐习惯了孤独,进而从孤独中读出了另外的一些东西。

一个人独处久了,显然会感到孤独,那就去寻找人群吧,可奇怪的是,在热闹的人群中待久了,仍会感到内心深处难以言喻的孤独。看来,是否会孤独跟独处还是群聚这种外在的形式无关,而跟自己的心有关。心到底出了什么问题呢？孤独在别人那里是怎样的情形呢？

尽管这都是些莫名其妙的问题,可却刺激了我那根固执的神经,于是想方设法去寻找问题的答案,于是将自己沉浸到了寻找答案的历程中,稍不留神,大把的时光已从身边悄悄溜走,可仍没找到问题的完美答案。值得欣慰的是有了一个额外的发现:我周围的人们也时常受到孤独的困扰,而那些离我很远的和我有着跨时空的遥远距离的人们也很抱歉的没有幸免,呵呵,因为我从他们创作的文学作品中,从他们的电影和音乐中,从他们的画作中,从他们的摄影作品中,都无一例外地看到了孤独的影子,并且越是令人产生很深感动的很伟大的作品,孤独的影子就越清晰！

于是我开始相信孤独像空气一样无所不在,我还相信,当人来到这个光怪陆离的世界时,其内心根本就是一片荒芜的田地,这心田的土壤就是孤独,每个人都不自觉地在自己的心田中耕耘,播种期待、希望、感动,播种真、善、美,当然也播种假、丑、恶,日子久了,会结出各种各样的果实,不管是善果还是恶果,结的果实多了就覆盖了给它们提供营养的名叫孤独的土壤,于是心就变得热闹、充实了,否则就会被孤独覆盖,变得枯萎、凋零。

孤独需要一种心态,不管在什么环境下,内心都应温暖、感动并拥有激情,这样才有动力和勇气去耕耘,才能笑傲孤独而不被孤独所吞噬。当孤独能被驾驭时,它是温顺的,看上去甚至挺美,反之它就是魔鬼。

拿什么去拯救内心挥之不去的孤独?既然逃不开也躲不过,那就只有放逐自己的心,去面对更多更深的孤独。经历的多了,就算不能驾驭它,至少也能与它从容相对了。

前段时间,在书店里再次看到了《瓦尔登湖》这本薄薄的小册子静静地立于书架上,带着怀旧与好奇的心翻了几页,有些章节竟然让我产生了一种以前读它时从未有过的共鸣感,同时心中也对梭罗产生了更深的景仰。一个人能够以如此惊人的从容去面对孤独,并能如此于无声处驾驭和享受孤独,这该需要多么强大、智慧与丰富多彩的内心世界啊!

当即决定买下这本书,回去重新细细品读,但愿能从这本孤独之书中获取一些新的感悟,一些拯救孤独的启示。

2009 年

6 你好,忧郁!

你好,忧郁!我知道,此刻你正弥漫在我的周围,如羽毛般飘飘然进入我的意识中。是的,从我开始能够感受快乐的时候起,你就如影随形,并且我发现,我之所以能感受到快乐,恰恰是因为有你作为参照,你总是在不经意中不期而至。你在一个不起眼的角落,静静地看着我经历人生中的一次次痛苦与挫折,我与自己内心的每一次纠缠,我的快乐、我的欢笑、我的哭泣以及我的愤怒……几乎在我的所有感觉中都有你的影子。

你在我的生活中是如此的不可避免,不可或缺,但你又偏偏是我常常希望能够逃避的一种感觉。因为最初与你相遇时,那种无边无际的无奈与无助让我几乎手足无措。我尝试了我所能想象到的所有办法试图让你远离我,但最后发现,所有的这些挣扎都是徒然,就如同想拽着自己的头发离开地球一样可笑。因为不管我愿意不愿意与你相约,你总会在悄无声息中,清清楚楚明明白白地浮现在我的感觉中,离不开也逃不掉。

于是,我决定面对你,试着换一个角度去看你,然后发现,你其实并不是那么可怕,甚至让我感觉你有时看上去很美。我爱看有点伤感的电影,爱听有点忧伤的音乐,爱读有些悲情浪漫的小说,其实很大程度上是因为她们中渗透了你,才会使所有这一切有一种让人感动的凄美。

我承认,很多时候,我都在处心积虑地想要摆脱你,为了摆脱你,我学会了坚强,学会了忍耐,学会了用淡泊、宁静、平和的心态去看我所面临的一切,渐渐地也学会了与你更融洽默契地相处。既然你已成了我生活中的一种必然,一种习惯,那就让你在我的心灵深处占有一席之地吧。但我绝不会让你成为我生活的全部,从而主宰我的一切。每一次与你遭遇时,我都会学着冷静地反省,是什么让我如此强烈地感觉到你!很多时候,还真能找到原因,于是,我会采取一些行动,让你不至于产生足以令我崩溃的能量,这个过程虽然很痛苦,可同时也很有乐趣。因为,每次战胜你,都能让我享受到一种不折不扣的成就感,我学会了不再恨你,逃避你,而是试图从你毋庸置疑的存在中找到更适当的与你相处的方式,一如此时的我,虽然强烈地感觉到你的存在,但却能像朋友一样与你相对,并向你问好!

以前,当我郁闷于你的无所不在时,常常问自己:到底是我招惹了你还是你招惹了我,现在我再也不问自己这个有点傻的问题了,因为我们已浑然一体,彼此依存,你中有我,我中有你,或者可以说你根本就是我以往没有意识到的另一个我,那个我总是试图逃避可又难以割舍的我。假如失去了你,我的生活一定会失去一抹不一样的色彩,因此,我决定,让你继续活在我的思想中,并且在以后的人生历程里,与你继续相依相伴。

写到这里,突然发现,此时或者很多时候,每当我有一些感觉,想写一些文字时,绝大多数情况下是因为你徘徊在了我的身边,当我将这些感觉付诸笔端的时候,我发现,你远没有我想象的那么恐惧,很多时候,你甚至能带给我更多的沉思,这真是一种奇妙的感受。

你好,忧郁!此时,我正在感觉着你,你听到来自我内心的问候了吗?

2007年.

7 人生，诗意还是失意

在杂志上看到一组专栏文章，探讨一个话题：人生，诗意还是失意？觉得这个话题很有点意思，于是自问：人生到底是诗意还是失意呢？

小时候，我们家生活很拮据，家里有四个孩子同时上学，可想而知，父母生活负担之重。但在我的印象中，童年生活的记忆更多的却是快乐。每过一段时间，爸爸就会带领全家人，穿戴整齐地到电影院看一场电影，尽管那时的电影内容很贫乏，跟现在的没法比，但一家人一起在电影院看电影的感觉非常之好，斑斓的电影画面、生动的故事情节给单调的生活增加了一抹亮丽的色彩。因此，电影从那个时候起，就成了我生活中重要的快乐和诗意之源。

到了夏天，在南京读大学的年轻美丽的三姨非常喜欢在暑假里和我们厮混在一起，我们最喜欢的活动之一就是早上很早起床，全家倾巢出动，走好远的路，到山里用泉水洗衣服，然后顺便将衣服铺在石头上晒干。由于水源及其洁净、环保，并且又融合了纯净的阳光，因此，每件衣服上都有一股特有的清香。穿着这样的衣服，觉得身上洒满了温暖的阳光，心情也变得灿烂了。现在想来，那种生活可不就是一种非常典型的充满诗意的生活吗？

很喜欢夏天的雨，因为淋在身上很凉快、舒服。有一次，外面下着倾盆大雨，我和弟弟找了一个非常可笑的理由就跑出去了，其实我们的主要目的就是为了到外面去淋淋雨，因为我们都觉得，这个雨足够大，淋起来感觉一定很好。

现在想来，这些点点滴滴的生活碎片真是非常富有诗意，这种诗意感所带来的快乐从很大程度上覆盖了贫穷这种失意感所带来的沮丧。

不可否认的是，上述种种快乐中多少有些少年不识愁滋味的懵懂，因此让美好的诗意占了上风，随着年龄的增长，对失意的感受会越来越强烈，这几乎是一种必然。

果然，到目前为止，我的人生印证了一句话：不如意事十有八九。但我总是提醒自己：失意和诗意都是生活的一部分，失意的时候要学着从中看到其诗意的一面。面对失意时,如果总是沮丧、焦虑,那就露怯了,而应该仍然尽可能保持内心的骄傲和尊严,全力保护心灵中尊贵的江河岁月,用坚强、勇敢和智慧去与它较量,去寻找解决问题的办法,去做一些可以让自己专注投入的事而尽量不去想那些见鬼的失意。如此这般,渐渐地,我发现,一个又一个失意就这样在悄无声息中离我远去了,而在与它们的较量中,我也变得越发豁达、明朗了。这个过程有点艰难,可同时也很有诗意,形成了自己独有的诗意心境。不仅如此,随着阅历的增加,能够从生活中感受到的诗意也越来越多,于是越发觉得诗意与失意真是一对极其微妙、奇妙的组合,失去了其中任何一个,生活的乐趣都会减少很多。

  写到这里,产生一种感觉:人生究竟是诗意还是失意已经不重要了,重要的是能够认识到人生其实是一种生活态度,当你用诗意的态度去面对生活时,就会发现,大自然的一草一木中都蕴藏了诗意,生活中美妙的诗意也无所不在,而当你用失意的态度去面对时,映入眼帘并且缠绕在身边的就会全都是失意。

2008 年

8 说吧，就说你笨吧！

今天做了一件超级无厘头的糗事，于是心中五味杂陈，各种情绪分别登场，展开了一番热闹的对话：

郁闷：今天这个郁啊，本来去游泳是一件很开心的事，像往常一样兴高采烈地骑车来到游泳馆，像往常一样精神抖擞地脱去衣服，准备穿泳衣，这时，和往常不一样的事情发生了，突然发现，几乎带全了所有的用品，偏偏没带泳衣，结果只好再穿上衣服，又来回骑车40分钟取回泳衣。

抱怨：看看，怎么说你是好呢？怎么老是屡犯屡教，屡教屡犯呢？为什么老是闹出这种极其低级的错误来恶心我呢？不是我说你，这么大的人了，也该学学人家那些细心仔细的人，早就提醒你出门前要好好看一看有没有落下东西，怎么老不长记性呢？去游泳没带香皂就罢了，可以用洗发精凑合一下，居然将泳衣都忘了，到游泳馆干什么来了，真是笨啊！你犯的低级错误简直数不胜数，我就不多说了，真让人受不了。就说上次吧，学人家拍照片，居然连镜头盖都不会开，还跑到超市振振有词地说人家电池没电，真丢人！再说上上次吧，将羽绒服的帽子取下来后居然装不上去了，结果还是豆豆帮你装上去了，还丢人啊你！我看你简直无药可救啦，找个房间呆着，好好反省吧，你这个全世界最笨的女人！

幸灾乐祸：让抱怨来得更猛烈些吧！这个笨女人，总是没头没脑，没心没肺，就是欠骂啊！

无厘头：我粗枝大叶好忘事怎么了，关你什么事！你还做不出这么有创意的事呢！这叫有个性！就不认错，就不反省，气死你！

无奈：我倒是想反省来着，可反着反着又犯了，怎么办呢？只好就这么着啦。神啊，请给我启示，告诉我如何才能成为一个细心的人呢？

沉思：生存还是死亡，改正还是不改，这是个值得思考的问题！看看历史上那些伟大的人，首先是一个心思细密的人，你不指望自己成为一个伟大的能够创造或修改历史的人，至少也该成为一个细心的人吧。

安慰:算了,错误已经犯了,郁闷和抱怨都解决不了问题,这个世界上有谁不会犯错呢,连上帝都会犯错,否则怎么会让亚当夏娃偷食到禁果呢?怎么会让潘多拉的魔盒将邪恶带到人间呢?最重要的是不能老是犯同样的错误,在哪里跌倒的就在哪里爬起来,要洗心革面,重新做人!这么着吧,明天再去游一次,到时候闷在水里好好反省吧,可别再忘了带泳衣啊,即使忘了,也别告诉任何人,自己闷在心里就好啦,也老大不小了,总是闹出这种糗事,虽然不是什么不光彩的事,也绝不是一件光彩的事嘛,所以呢,以后不要好了伤疤忘了疼,要时时事事提醒自己尽量细心一些。

忠诚:不管你犯了多大多小的错误,即使全世界都唾弃你,我都会一如既往地爱你,谁让我是你的躯体呢,我与你相依相伴这么多年,怎么说也是缘分啊,到了下一个轮回,还不知道与哪个灵魂为伴呢,我们也算相处得不错,虽然有时对你相当失望,可在未来相当长的一段时间内我还是会追随你的,放心!

真诚:不管怎么说,人总是应该诚实一点,不管是故意的还是无意的,从客观上讲你确实存在着这个缺点、这个毛病,所以最要做的就是承认自己的不足,正视自己的不足。当着所有的情绪、所有的人说吧,说你是个笨人吧,但不能同时是一个不思悔改的人,因此不能放弃改正毛病的努力,如果还是改不掉的话,告诉你一个最有效的方法,那就是:继续改,不屈不挠地改!不厌其烦地改!不折不扣地改!

2006 年

9 苏轼的政治智慧

以前,对苏轼的认识多半来源于他的三个作品,即《念奴娇·赤壁怀古》《水调歌头·明月几时有》和《江城子·记梦》,从这三部经典中我读到的是才华横溢、大气磅礴又不乏婉约缠绵的儿女柔情的苏轼。

最近,看了百家讲坛中一个关于苏轼的专题,才发现,此前对他的认识有很大的片面性,前面提到的作品尽管可以代表他在文学方面的最高成就,尽管可以证据确凿地证明他是文化领域无可替代的大师级人物,但远远没有勾勒出一个完整的苏轼。

尤其令我惊叹的是他融合了文学、历史、哲学特质的标新立异的政治智慧。

苏轼政治生涯的巅峰是翰林学士,相当于皇帝的私人政治顾问,离宰相只有一步之遥。其中有三件事给我留下了深刻印象,其一是在徐州做知州(相当于市长)治理水患时所展现的政治能力,其二是对一起欠债案富有创意的解决方法,其三是在杭州执政时精彩绝妙的创举。

苏轼在徐州做知州时,适逢那里遇到严重的水患,作为当地最高长官,苏轼首先安定民心,其次召集水利专家研究对策,然后做出了一个很恰如其分的决策,就是疏导而不是围堵,具体做法是在徐州北部一个叫清冷口的地方凿开一个出口,然后将水引到黄河故道上,以便流入大海,最终成功地治理了水患。此间,连续70多天,苏轼一直工作在治水第一线。从这个案例中可以看出,苏轼不仅是一位浪漫、感性的艺术家,还是一位务实、理性的政治家,两种截然不同的气质如此奇妙地组合在一个人身上,这不能不说是个奇迹。其实,苏轼的从政生涯虽然充满了跌宕和坎坷,但却做了许多类似的实事好事。

如果说上述例子可以充分证明苏轼具备一般从政者的优良素质和能力的话,第二个例子难度系数就相当高了。有一次,遇到一桩官司,被告是做扇子的,原告是绸缎商,被告向原告借了价值两万钱的绸缎作为做扇子的原料,后来由于被告父亲去世,同时又遇到夏季连绵的雨天,扇子滞销,无法还债。苏轼在判此案时,提出了一个非常人性化又非常苏轼化的解决方案,他提议被告拿出20把扇子由他在上面题词画画,然后再卖,苏轼用他精美的字画将20把扇子变成了弥足珍贵的艺术品,结果几乎是顷刻之间,就被抢购一空,使被告原告各得其所。不是所有为官者都能像苏轼那样随随便便在扇子上涂鸦一番,就可以使扇子价值倍增的。首先他的书画成就必须得到大众的认可,其次他得有一定的职位才有断案的资格,再次他得能想出这么个绝佳的点子。由此看来,这是一个很苏轼的案例,至少是难以效仿的。

第三个例子那简直就是高超的文化审美与政治智慧的完美组合,可以说非苏轼莫属。那就是西湖的综合治理改造,苏轼在担任杭州市市长期间,西湖的水面种植了大量水生植物,湖水严重缺氧,后果严重,水下污泥堵塞,影响了水流的畅通,使得西湖失去了往日西子般的清丽。对此,苏轼经过实地考察,制定出了一个天才的解决方案,即将湖底挖出的淤泥堆积到湖西岸,建成一座长堤,这一举措既架起了沟通南北的桥梁,又解决了淤泥无处堆放的问题,不仅如此,苏轼为了给长堤增加美感,还在长堤上修了六座桥,名字都特别美,比如跨虹、望山、映波等,同时又修了九座亭台,将一个简单的水利工程打造成了一个美轮美奂的人文景观,这个长堤就是后来闻名遐迩的苏堤。并且,为了避免农民在梳理后的西湖水面上乱种水生植物,他在湖的中心地带划出一个三角,并在三角的顶端盖了三座小石塔,后来演变为西湖十景中的三潭印月,赋予湖面以绝美的情愫。

我觉得,此三桩案例充分体现了苏轼从政的政治智慧和独特的政治素质。如果说治理水患体现了苏轼作为政治家所必应具备的良好素质和能力的话,那么后两桩案例则体现了一种高境界的政治智慧,将琐碎的事务处理得这么富有美感,简直就是一种行为艺术!

应该说苏轼具备了一流的政治智慧,但尽管如此也没有让他的政治生涯风调雨顺,因为他过分沉溺于自己的智慧,却疏忽了政治技巧的运用,或者说他根本不屑于去玩弄那些政治技巧,因此注定了他跌宕的政治命运和苦难的人生经历。

前面提到的苏轼的三部最经典的作品,恰恰是他在人生最痛苦的时候写出来的,这似乎印证了一个规律:当一个人遭遇了常人所难以承受的坎坷时,可能也是他获得常人所难以获得的高超智慧的机缘。

2009 年

10 最初的与最终的梦

最近在《世界博览》杂志上看到一组专题文章,描述一些国家应对经济危机的方式,其中对冰岛的描述给人印象特别深刻,在表述的形式上是用了一个环形的图表,在图表的起点,说明冰岛 2000 年之前经济主要依靠捕鱼业,当时的银行大多是国有的,就像政府的一个部门。大概在 2000 年左右,银行开始私有化,落入了那些同政府有密切联系,但却没有太多金融业经验的人手中。于是,银行开始从储户和外国资本那里大量借贷,然后再大量放贷,同时由于得到了银行的资助,冰岛的投资公司开始利用杠杆作用在欧洲到处投资。经过这样一番变戏法般的金融运作,从 2001 年到 2007 年的几年时间里,冰岛股票市场总值增长到从前的 9 倍,同时冰岛家庭平均财富也增加 50%,似乎一夜之间,冰岛人就成为世界上最富裕的民族。但这种富裕中隐含了很大的泡沫,有数据显示,冰岛人均家庭负债占可支配收入的 213%,而同期的美国也不过 140%。

随着债务的上升,冰岛国内的利率也持续不断提高,危机开始显露出端倪,2008 年全球遭遇经济危机,冰岛的三家最大的国有银行的债务总额已达到冰岛 GDP 的 10 倍!于是政府重又将它们收归国有,可此时已经覆水难收,其结果冰岛克朗只好无奈退出国际支付货币的行列,因为没有人再愿意买进了,于是国家面临破产困境,之前的富裕繁荣顿时成为镜中花、水中月,冰岛似乎在一夜之间又回到了以捕鱼为主业,经济稀松平常的起点。

在环形图表的终点,给出了几条建议:一、拿着国际货币基金组织的贷款到拉斯维加斯,或到黑市上赌博;二、申请快速通道,尽快加入欧盟并接受欧元;三、请求比约克(冰岛著名歌星)做一场"挽救冰岛"的慈善义演;四、干脆老老实实地捕鱼。

显然,上述建议带有很大程度的调侃意味,但却意味深长,因为这过程实在不可思议得令人惊叹,这个北欧的岛国带着美好的梦想,踌躇满志地开始了寻求梦中乐园的探索之旅,无奈轰轰烈烈地转了一大圈,最终不无沮丧地发现又回到了原地！这是一个毋庸置疑的事实，可却太富戏剧性，就像一场虚幻的春秋大梦。正因为如此，使我不由地联想到很久以前读到的一部我国古代文学作品中一个关于梦的故事。

这就是明代戏曲大师汤显祖先生在他的《邯郸记》中描述的那个经典的黄粱美梦。男主角卢生因机缘遇到了仙人吕洞宾，二人叙谈起来，店小二也凑趣为他们二人煮一锅黄粱米饭，此时吕仙人送卢生一个枕头，他靠在枕头上小憩间做了一个结构完整、情节跌宕的梦。在梦中，他先是好运连连，不仅与一位官宦人家的小姐结为百年之好，而且还凭借小姐家的关系金榜高中，其间虽历经曲折，但随后几十年官运亨通，儿孙满堂，不过最终仍难逃宿命，荣显已极时归天而去。恍然醒来，那黄粱米饭尚未煮熟，卢生此时方知先前发生的一切全都是黄粱一梦，可叹卢生一个梦境将一个人阅尽富贵荣华却又饱经沧桑的一生全数经历了。

这两者一今一古，一外一中，反差巨大。前者是现实，却虚幻离奇得如同梦境；后者是梦境，却真实残酷得如同现实。真可谓虚中有实，实中有虚，虚实难分，充分体现了人类爱做梦尤其是爱做美梦的本能。

不管是梦一般的现实还是现实般的梦境，在最初时，那梦总是简单而朴素，只是希望通过自身的努力，让未来比当下好一些而已，于是满怀希望地开始了寻求美梦的旅程。可上路之后，才发现那是一个漫长而艰难的旅程，本来这寻求只是为了赚足旅行的资本，最重要的还是欣赏沿途的风景，去感怀大自然的一草一木、一枯一荣，看春花秋月、细水长流，享受周遭温馨围绕的亲情、友情、爱情等天伦之乐，但寻求的越多越久，欲望就越强越大，以至于身不由己地迷失在赚足各种纷繁复杂的旅行资本的过程中，全然忘记了最初那简单而朴素的梦。

也许只有到经历了一个沧桑的轮回，重新被抛回到原地后才会发现，在几乎耗尽了所有期待、热情与激情，最终最想要达成的其实就是最初的梦：让心自由自在，过简简单单幸福快乐的生活，平平淡淡，一直到老。而倾尽一生去追求的富贵荣华其实至多就是一些如海市蜃楼般的浮华。

唉，这也许就是一个充满矛盾的世界、充满矛盾的人生，执着沉迷，执迷不悔，最初梦开始的时候，是因为执着，最终梦令人失望，于是再重新追寻，仍然是因为这无可救药的执着本性。如何能够做到适度追寻，适度取舍？这又成了一个新的梦的轮回，如此反复，也许这就是一种生趣，一个让人们生生不息、永无止歇去追寻的理由。

2008 年

11 做人如做事，做事如做人

没错，我也觉得这个标题很拧巴，可没办法，这不赖我，这都是因为看了柴静对周星驰的专访以及早几天周星驰的最新电影《西游降魔篇》后突然从脑子里蹦出后就挥之不去到必须写下了并碎碎念的标题。

尽管这部已远远不是周星驰的巅峰之作，但比起刘镇伟、王晶之流的号称香港无厘头鼻祖的导演（当然也曾经确实是）最近几年所制作的那些脑残到需要脑补的烂电影，个人认为《西游降魔篇》仍然算得上不错的喜剧片，至少拍得挺有诚意，有一些可圈可点的桥段，人物塑造得挺饱满，疯魔得令人感动，情节挺欢乐，尤其喜欢周氏电影中形象鲜明的舒淇、黄渤和文章，尽管三位都是有实力的演技派，但周星驰所提供的良好的演技发挥平台也功不可没。看得出来导演周星驰尽管已接近江郎才尽，却依然挖空心思地想着如何在貌似闹着玩的情节中尽可能抖出些富有创意的新包袱。

然后突然想起了他的电影中我最喜欢的那部《喜剧之王》，突然觉得电影中的人物似曾相识，他根本就是周星驰在很多电影中扮演的人物的另一个版本，或者说就是周星驰本人的写照。那就是，在他的电影中，他总像孩子般执着、幼稚，然后非常认真地试图将他那些很幼稚但很质朴的想法告诉别人，并且演示给人们看，然后人们就觉得一个像小屁孩一样幼稚的成年人居然像个哲学家一样试图讲一些高深的道理，做一些莫名其妙的事，于是觉得好笑，于是在不知不觉中开怀大笑。回顾他过去的那些作品，突然冒出一丝感慨，因为发现，他电影中最本质的东西其实从来都没有改变过，但观众恰恰很买他的账。比如小人物的艰辛与梦想，卑微与可笑，纯真与执着，但最最重要的还是他心中永不泯灭的英雄梦和情圣梦，这个在他的访谈中也得到了印证。

作为一个曾经的草根，他一直想要告诉别人他是英雄，他有盖世的功夫，他是情圣，如果他爱上一个人，他会"爱她一万年"，于是很多人听到后非常不屑，于是他想要证明，一部电影不能证明，他就用毕生所有的电影来证明。喜剧的是观众情不自禁地喜欢上了他在电影中那花样迭出不择手段的无厘头的但非常认真执着的证明过程,悲剧的是可能迄今为止基本没人相信他想要证明的那些东西但却在他的证明与表白中对他的执着产生了共鸣,因为成千上万看他电影的观众其实都像曾经草根卑微的周星驰一样有着自己的各种光怪陆离的梦想,只不过随着年龄的增长,这些梦想都已渐行渐远,但尽管时光荏苒,周星驰仍然蹦跶在他的电影中不厌其烦地翻着花样证明着,勇敢地坚持着他那些可能永远都难以证明的缥缈甚至荒诞的想法,似乎很幽默,但很有些黑色幽默的色彩,甚至有点忧伤。这种忧伤往小了说,是他个人的忧伤,往大了说就是喜剧的忧伤,因为很多喜剧往往都有一个忧伤的源头。这也从一定程度上解释了为什么很多喜剧演员往往会成为忧郁症患者,也许是他们感受了太多喜剧中那些忧伤的核心部分。

也正是因为他的电影带给人的这种强烈的冲突感,在不知不觉中造就了今天这个广受喜爱同时也饱受争议的周星驰。但是,不管争议的声音有多大,他的电影可以毋庸置疑地证明他的认真与执着,他对自己所从事的职业的深深的敬畏与投入。一句话,他就是这个世界独一无二的周星驰。

写到这里,终于有点弄明白为什么会满脑壳都充斥着开头那个非常拧巴的标题了,其实我想说的是,从一个人是如何做事这一点上是很可以看出他是如何做人的,反过来也成立。

他最受诟病的就是他爱钱胜过爱朋友,对此,他在访谈中也毫不犹豫地承认作为一个出身贫穷的人对钱的看重,但作为目前这部票房已超过十亿元的电影导演,原本众望所归顺理成章唾手可得的男主角这个可以让自己名利双收的机会他却放弃了,原因是想全身心做好电影的导演工作,这行动似乎又证明了他所承认的关于自己对钱的态度中他所没有说的后半句,就是其实对他来说钱也并不是超乎一切的追求。

柴静在对周星驰的访谈中讲到一个段子,说这个采访录了两次,前后相隔20天,第二次是周星驰主动提出重录的,原因是他认为第一次表现不够好,所以20天来他一直在努力练习普通话,他又准备了第二次,重新回答了第一次的那些问题。但感觉他在采访中,仍然很真实不做作,并没有刻意粉饰自己,甚至那头过早全白的头发,他都懒得去染,针对他江郎才尽的这个说法,他坦承自己早已就面临江郎才尽的状态了,正因为对这种状态的畏惧,他才更投入地搜索更多更新的创意。

以上至少可以证明他一直在竭尽全力地让自己的电影有一些新花样,不辜负观众对他的期待,这种做事态度至少可以证明他对自己作品的质量有一种难得的洁癖,也从一定程度上证明他性格的纯粹性的一面。

2013年

12 悲情波兰

昨天,看到一则令人震惊的消息,波兰总统卡钦斯基的专机在赴俄罗斯的途中坠机,飞机上包括总统在内的132名人员全部遇难!此次事件给这个本已命运多舛的民族又增加了一抹悲情色彩。

关注波兰是从肖邦和巴达捷夫斯卡这两位我非常喜欢的作曲家开始的,最爱肖邦音乐尤其是夜曲中那种唯美的抒情以及弥漫其中的忧郁情调,他的音乐绝大多数都是钢琴曲,而他谱写的旋律与钢琴所特有的行云流水般清澈晶莹的音质融合得简直完美无瑕,听上去美得无可救药,"钢琴诗人"这个称谓对肖邦来说真是一个最名副其实的赞誉。觉得他的音乐最适合一个人在安静地上网、看书或发呆时做背景音乐。为此我特地收藏了两个版本的肖邦夜曲全集。而巴达捷夫斯卡最令我销魂的就是那首清纯中透着点忧伤,但意境绝对清新脱俗的《少女的祈祷》,据说这是女作曲家年仅十八岁时创作的作品,这就难怪乐曲的旋律中散发出一种纯真淡雅的情怀,就更让我折服于这位少女作曲家惊人的才气,可惜这位创作出永不凋谢的鲜花般优美作品的女孩却在24岁花样的年华就凋零了。遗憾的是这两位波兰作曲家都是英年早逝,也许正是忧郁的性格特质造就了他们作品中一种相似的忧郁气质。

于是我毋庸置疑地对养育这两位音乐天才的波兰文化产生了极大的兴趣,进而发现,这个美丽的东欧袖珍国度有着灿烂的文化,除了音乐,在文学、诗歌和电影等方面都成就非凡,奥斯卡奖最佳导演,那位性格特立独行、桀骜不羁的罗曼·波兰斯基也来自波兰。

不幸的是,这个优雅、内敛的国度却是个多灾多难的国度。查了一些资料了解到,波兰于10世纪末建立封建王朝,17世纪后逐渐衰落。波兰位于欧洲东部,东接俄罗斯,西邻德国,南界捷克斯洛伐克,北濒波罗的海,地理位置重要。正因为如此,从17世纪开始,这个国家就成了周边国家利益争端的牺牲品,受到接连不断的侵扰,可以说几个世纪以来,波兰人民都在不断地为争取独立,反抗外国蹂躏而进行英勇不懈的斗争,也许正是这种政治上的灾难深重养育了这个民族已然深入骨髓的凝重、忧患和忧郁的特质,也许正是因为承载着这些沉重,才使肖邦们的艺术作品中有一种挥之不去的悲悯哀怨情结,从某种程度上是对这个民族延绵几个世纪的屈辱、无奈的一种宣泄。

前段时间,看了一部反映二战时苏联残酷屠杀波兰起义军的影片《卡廷森林惨案》,影片所展示的撕心裂肺的惨烈让我看了以后心情极其郁闷、沉重。1940年春,苏联政府将关押在科泽尔斯克战俘营的波兰军民押往离斯摩棱斯克不远的卡廷森林,在森林中分三批进行枪决,据称遇害者达到2万至3万人。二战结束后,在纽伦堡审判时,苏联要求法庭认可苏联的调查结论,但未获得同意。于是,卡廷事件成为历史上的一个悬案,成为波苏关系中的"历史空白点"。这段残忍至极不堪回首的历史曾被苏联作为永不解密的历史档案,直到20世纪90年代苏联前总统戈尔巴乔夫执政时,这段尘封已久的历史真相才重新展示在世人的面前。

2007年波兰政府决定将每年的4月13日定为"卡廷"事件遇难者纪念日,而此次波兰总统卡钦斯基率领的这支囊括了波兰众多政界、商界精英的阵容强大的访问团出访俄罗斯的目的正是为了纪念"卡廷惨案"70周年,令人唏嘘的是此次纪念活动竟然在不经意中演变成了另一轮悲惨事件的序幕!

此时,电脑里悠悠地响着肖邦的音乐,乐声犹如涓涓细流,静静流淌,荡漾在房间里,外面下着雨,天气阴冷,气氛有点阴郁,心情也有点沉重、忧伤,作为一名波兰文化的热爱者,在心中默默地为波兰也为这些刚刚逝去的不幸的死难者虔诚祈祷,愿他们在天国安息!

2010年

13 诗歌是一种崩溃的东西

　　早几年，那落花流水般的"梨花体"已经够让人受用的了，哪知其刚刚随着网友们渐离渐远的议论"俱往矣"，最近又横空出世了一个"羊羔体"，估计这些"作家"们是打定了主意，不让读者崩溃誓不罢休啊。如果是这样的话，他们已然超额完成任务了，我辈才疏学浅的读者们因难以承受这"梨花""羊羔"之重而被彻底雷倒，崩溃到底了！

　　普通人如果爱玩文字游戏，至多也就是写写日记，在网上码码文字，几个好友之间相互娱乐逗趣而已，虚怀若谷一点的，甚至都不好意思拿出来给人看，只是私底下自娱自乐写着玩，倒也不失为一项不错的爱好。

　　可做官的就不一样了，尤其是做大官的，人家要是玩点文字游戏，后果就严重了，稍不留神就能整出个什么"体"来，再使点力，没准就能得个什么文学大奖，呵呵。这不，那位以"温暖"见长的官员兼作家，就将自己"温暖"成了万众瞩目的鲁迅文学奖的得主，这可是相当有分量的诗歌奖哦，呵呵，哈哈。

　　不由地想起了鲁迅先生那"敢于直面惨淡人生"的文学抱负，那犀利的眼神和他那像他性格一样桀骜不羁的胡子，关键是他老人家那更为犀利和桀骜不羁的文字，谈笑着优雅着就将一位思想家和作家淋漓的尖锐和泼辣融进了文字而且入木三分。那可是几代人的偶像啊，以他老人家的名字命名的文学奖当然是要与先生的作品分量相衬啊。

　　照此推断，估计九泉之下的鲁迅先生如果看了这所谓的"羊羔体"诗歌，多半会被气活了，然后再死一回，哈哈。

　　这就难怪，近几年，诺贝尔文学奖的评奖名单上从没有我国作家的身影，也难怪每次诺贝尔文学奖名单公布之后，总有一些作家接受采访时，酸溜溜地评价诺贝尔的获奖作品太小众太没人气。是啊，读一些当下的国内文学作品感觉是够大众的，大众到只要是位大众分子，但凡会写字，写点大白话，就敢美其名曰文学作品。按这趋势估计那些专业搞文学创作的作家们得犯愁了，一下子就冒出这么多业余作家,而且来势凶猛,在进行"文学创作"的同时还能极富创意地整出这么多比他们的文字更加诗情画意、风花雪月的文学流派、体系,比华山论剑还热闹,让职业作家们情何以堪啊,呵呵。

窃以为,普天之下,人人都有爱好文学的权力与资格,官员当然也不例外,而且对自己喜欢的偶像明星赋诗以表赞赏,还挺有浪漫情怀。但是如果涉及文学作品的评奖,就应该文字面前人人平等,能不能得奖,无关其他,只关文字本身,最主要应该看其在文学方面的造诣,就算可能出现一些游离,也应该在读者可以容忍、原谅的范围之内,否则,还叫什么艺术创作、文学评奖呢?

我国是一个有着深厚文化沉淀的文明古国,我们老祖宗创作的那些美妙绝伦的文学作品真是令人陶醉到叹为观止。显然以那样的标准去衡量当代的文学,未免太过苛刻,有点不太靠谱,但至少也不能将直白到不能再直白的大白话截断了,排列成貌似诗歌的形式,就管它叫诗歌吧?!

写到这里,我仍然在崩溃并纳闷着:到底是我的心理承受力太脆弱,容易崩溃,还是这什么体令人崩溃的能量太过强大呢?

> 思念是一种
> 很玄的东西
> 诗歌是一种
> 崩溃的东西

纠结啊,这到底是什么体呢?是梨花体还是羊羔体?为什么呢?

2010 年

14 看博客与写博客

喜欢写博客,因为觉得这里是自己的精神家园,每当流连在这里的时候,心理上有一种回家的感觉,这是一种用言语难以描述的微妙感觉。既然是家,就应该是舒适的、自由的、安全的,有了想法可以尽情和自己分享。

对我来说,写博客的主要动力就是可以用文字记录下自己在某些时刻的心理状态:幸福的、感伤的、沮丧的、快乐的、痛苦的、无奈的、幽默的、宁静的,凡此种种。闲来无事的时候,可以翻看一下,阅读一下过去的自己,伴随着文字回顾自己过往生活的痕迹,让不同时段的自我汇聚在一起,进行心与心的沟通,任由思绪自由地驰骋,让自己的各种心理状态相互碰撞,那种感觉挺特别,好像在从一个旁观者的角度观察自己。每每在读自己的这些心路历程时,有一种悲怜的感动,似乎能感觉到那个经历了很多心理挫折,有些脆弱、沧桑但仍然不失坚强一路走来的自我浮现在自己的脑中,觉得和自己的心灵靠得更近了。有一点很奇怪,那就是即使是在看自己感伤、沮丧时写的日志,看完后心理上都有一种释放的感觉,顿时发现自己的一些消极情绪都得到了有效的稀释,恢复到了一种较为健康的心理状态。尽管写这些文字很费时间,费精力,但还是愿意在可能的情况下,记录下自己的心绪。因为很多时候,觉得心里突然产生的感觉是如此特殊以致不舍丢弃,所以很希望在它稍纵即逝之前就将它记录下来,好让自己有多一些特别的感受能被将来回顾。我认为这其实是一种很好的心理疗养,在经常的反省中让自己保持一种豁达、健康的心态。

也喜欢看别人的博客,看的博客大约分为两类:一是自己熟悉的朋友的博客,另一是毫不相干的陌生人的博客。看朋友的博客有一种很舒服的亲切感,和网上聊天相比,我觉得从博客中可以看到朋友们更深层次的状态,可以细细回味,在翻看他们的博客时,会情不自禁地产生共鸣:为他们的快乐而快乐,为他们的忧伤而忧伤,然后会希望就他们的感受进行一些回应,这种沟通是在沉默中静静地进行的,有一种很好玩的默契,好像在朋友们不经意的时候偷窥一下他们的内心(当然是善意的），然后留下一些爪印，似乎比面对面的沟通更有一些意味深长。而且由于朋友们性格各异，所以博客也是各具个性，能充分感受到姹紫嫣红的个人色彩，觉得自己的内心世界也变得丰富了。

看陌生人的博客时，主要是由于好奇心，有时喜欢进入我自己博客上不断更新链接的一些陌生人的博客，通常如果看到了一个比较特别的博客名称，就会进去浏览一下，这就像坐在某个街边公园或咖啡馆临窗的座位观察外面行人的表情一样，挺有趣，可以引发许多天马行空的想象。比如刚刚我进入了一个博客，首先看到的就是博客的作者和她的男朋友的合影，于是想象：她灿烂的笑容表明至少她在快门按下的那个瞬间很幸福，她此时还是那么幸福快乐吗？如果有一天我在某处看到那个女孩，那就更奇妙了。于是油然在心中为这个遥远而陌生的女孩祝福。

当然我也会被别人"窥视"，不过到目前为止大多都是一些比较愉快的感受。比如我很久以前写的一篇名为《最令人感动的表白》的影评偶然间被一个路过我博客的陌生女孩阅读了，于是她一连写了六个评论，告诉我这篇小文让她失恋以后的失落心情好了许多。我也为自己的文章能给别人这样的慰藉而高兴。网上这种无声的萍水相逢让我对网络有了一种特别的感情。

总之，不管是看博客还是写博客，感觉都像是在欣赏一道道的风景，每道风景里似乎都藏有一些玄机，找到了这些玄机，就能从一定程度上窥见博客主人斑斓的内心世界，景中有人，人中有景，真可谓奇妙无穷。

2007年

15 昆曲之美

——看青春版《牡丹亭》

一直都很喜欢《牡丹亭》这个故事,因为这个故事太富有想象力和震撼力了,汤显祖先生用他生花的妙笔,描述了由一个美丽的春梦所引发的曲折跌宕、超凡脱俗的爱情故事,构思了一个前世今生奇妙关联、太富有创意的凄美(这个词用得十分恰当)梦境。

这么美的梦当然得要有一个最美丽的载体,那就是女主角杜丽娘,一位秀外慧中、二八年华的贵族小姐。某天,她在丫鬟春香的陪同下去花园赏春,回到家中做了一个梦,梦中与一位手中拿着一束柳枝的白衣少年相遇,发生了一场风花雪月的事,醒来后才发现原来是南柯一梦,难抑伤感,最后郁郁而亡。来到地府,冥王原想判她枉死之罪,后来感怀于这位少女对爱情的执着,于是帮助她找到了她梦中的男子柳梦梅,美妙的爱情让她重新复活,于是有情人终成眷属。

个人觉得这个故事的经典程度甚至要超过莎士比亚的戏剧作品,所以几百年来不断被改编成各种艺术形式一点也不奇怪,比如京剧、越剧、话剧等,当然最经典的当属昆曲版的《牡丹亭》。

个人认为昆曲就像一幅意境深远的中国画,在简洁的笔法中体现无穷的意境,它可以在空旷的舞台上通过演员的生动演绎,营造出春天姹紫嫣红的大花园的美丽氛围,通过简单的道具淋漓尽致地表现骑马、坐轿、划船坐船、刮风下雨等场景,既有婉转低回、韵味十足的吟唱,又有抑扬顿挫的念白,不像西方歌剧那样,除了唱还是唱,因为过于强调唱功,有时难免忽略形象,比如小仲马的经典作品《茶花女》中美丽脱俗的茶花女玛格丽特小姐到了歌剧中却变成了嗓音优美,而身段却差强人意的茶花大婶了。同被誉为文化瑰宝,本人认为,俺们中国人享受的是色、香、味俱全的精美大餐,而他们西洋人只能尝到清汤寡水的单调西餐了(似乎有点自恋,没办法,谁让俺们老祖宗的文化如此精美精致呢,想不自恋都难)。

最早看的昆曲版本就是张继青(她是青春版《牡丹亭》的艺术总监)版的《游园

惊梦》,觉得张版的杜丽娘唱念做俱佳,十分了得,她在舞台上的一招一式将杜丽娘演绎得充满神韵,让人充分领略到了昆曲素雅、古典、清新的美。可惜的是张版的杜丽娘韵味有余、邵华不足,因为汤显祖原著中的杜丽娘是一位十六岁的少女,让一位四十几岁的艺术家去演绎青春年华的少女,就算再有艺术底蕴也难免有点勉为其难;再者,传统戏剧在服装、舞美方面也偏向张扬、艳俗,尽管昆曲已属于戏曲剧种中风格典雅的类型了,但仍难以脱离这个窠臼,因此就从一定程度上影响了现代人对这个古典文化瑰宝的欣赏兴趣。

而青春版的《牡丹亭》就改变了上述问题,在继承传统昆曲精华的基础上,进行了大胆的创新。有幸用三个晚上的时间饱览了青春版《牡丹亭》的现场演出,被那炫目的美彻底征服了。但由于当时的座位离舞台较远,难以细致地欣赏,昨天,又重温了碟版的上中下足本青春版《牡丹亭》,在享受了这场七个多小时的视听盛宴后,觉得十分过瘾,全剧亦庄亦谐,悲情处让人感动落泪,幽默处让人难抑笑意,一个浪漫美丽的爱情故事被演绎得荡气回肠,基本上到了出神入化的境界。

感觉昆曲《牡丹亭》本就是一块光彩夺目的美玉,而白先勇先生以他对《牡丹亭》的独特审美,去除了"美玉"平常的外表,让它充分展示了其玲珑剔透的美。为了让《牡丹亭》更符合现代人尤其是年轻人的审美,他对《牡丹亭》进行了恰如其分的扬弃,他大胆起用年轻演员参演,使舞台上的杜丽娘、柳梦梅更符合原著的精神,让观众看到了想象中的一对珠联璧合、青春逼人的神仙眷侣,煞是赏心悦目。同时在舞美、服装方面也进行了改进,使整个舞台布景看上去显得清新、淡雅,剧中人物的服装设计也摒弃了传统戏剧的臃肿、色彩艳丽,设计得十分合身、得体,服装色彩上也以柔和的色调为主,有一种难以言喻的古典美感。看完全剧,相信很多人都会由衷地对白先勇先生产生景仰之情,他不愧为一位有文化、有品位、有着高雅审美情趣的著名作家,打造了一个美轮美奂的文化精品。

此时,有一点遗憾的就是为什么没有人像白先勇先生那样去重新打造一个青春版的越剧《红楼梦》呢,那实在也是一出百看不厌、超级经典的瑰宝级的戏剧啊。还有一点感慨,其实我国有许多传统的文化瑰宝级的精品,如果能像打造青春版《牡丹亭》这样在继承精华的基础上进行一些扬弃,使其更符合年轻人的审美偏好,那文化传承的效果可能就会更好一些了。

2008 年

16 另一种学习

今天是周三,本该参加政治学习的,但觉得惯常的政治学习实在是很无聊,所以选择了"自学"——上网游荡,东看西看一番,看政治性帖子看累了,再看娱乐性帖子,同时选一组好听的背景音乐,边听边看,自由自在,自我调节,既学习了政治,又不会有无聊厌恶情绪,其乐还挺无穷,感觉相当不错。

先是看了奥运、"藏独"等热门帖子,又看了明星八卦等既热门更娱乐的帖子,感想如下:

关于奥运。我认为我们中国人有一种"众乐"情结,比如谁家里有了重大好事,都喜欢通知尽可能多的亲朋好友,聚在一起共同分享这家庭的重大快乐。推而广之,按中国人的传统习俗,对于奥运这么一个国家的重大喜事,请来国内外众多朋友和我们一起分享这天大的好事,看看我们经过自己的勤奋努力所取得的成就,过上的美好生活,我们所有中国人觉得于情于理都很正常合适,我本人认为虽略显高调,但完全可以理解,我们祖祖辈辈就是这样处理喜事的。

奥运本来跟政治没什么关系,可离奥运越近,气氛就越奇怪,国外很多主流媒体对北京奥运所表现出的不友好令我作为一个普通的中国人感到越来越郁闷,这些媒体对奥运越来越政治化、对中国越来越妖魔化的报道,令我对很多国外的媒体也越来越失望。原来,他们的所谓公平、真实是有双重标准的,是一种基于霸道地维护他们自己的价值观的偏激的公平和真实,甚至可以为此而不惜谋杀真正的公平、真实,不惜伤害其他民族的感情,这就有点过分了,套用我们经常喜欢说的一句话,这叫做人不够厚道。

朋友有了喜事,你不关心,不接受邀请来祝福,我们不怪你,但你不能表面打着公平公正的幌子,背地瞎捣乱,拿"藏独"这种陈年旧事来恶心我们,西藏问题完全是我们的家事,我们自会解决处理。话说回头,哪家又没有点矛盾、没有点不顺心的事呢?在别人需要理解的时候却背地挑唆,趁人之危捞取政治和经济资本,这种做法简直连小人都不如,这是伪君子的行为。

我们的热情遭到了别人前所未有的冷遇,从感情上我相信很多中国人一定会感到心中很不爽:西方媒体这是怎么了? 西方国家这是怎么了?

但冷静思考后又觉得没什么大不了的。这就好比富人看到他以前从未正眼瞧过的穷人突然之间发达了,甚至有些地方还超过他了,心中有点不舒服,甚至有点嫉妒,于是本能地会捣点乱以取得心中的平衡,总得让人家有一个适应期吧。从这个角度看,西方国家对我们中国的这种强烈抵触情绪绝不是偶然的,而是积蓄已久的一种嫉妒情绪的爆发,奥运其实是一个触发点,而这也同时说明我们真的开始强大了,强大到了足以让他们感到极度不舒服的程度。

奥运、"藏独"再加上国内的物价上涨、股市震荡,这一系列的问题也许会让很多人觉得2008对于我们国家来说是个多事之年,但我个人觉得对国家仍然充满了希望和期待。

以我个人的生活经历,我认为我们国家不管是在政治还是在经济方面都取得了令人欣喜的进步和发展。看了网民对奥运和"藏独"的各种评论,虽然有些显得不够理智、素质不高的地方,但更多的却是既精辟又有远见卓识的见解,其中印象最深的是一位名叫李洹的中国留法学生在近期巴黎游行集会上的演说辞,既体现了西方式的文明绅士风度,又体现了作为一个中国人的智慧、见识和尊严,好生钦佩、感动。心中有一种欣慰:人们越来越敢思想了,也越来越有思想了。更多的人愿意思想,更多的人对国家有了热情跟激情,国家就有希望了!

我们国家所遇到的这些困惑要是放在一百年前,甚至十年前,我们可能更多的只有忍气吞声的份,可今天却不一样了,我们可以用政治和经济手段做出有力的回击,这再次毋庸置疑地说明我们的实力增加了很多,同时也说明我们要想更有尊严地立足于世界,还要继续通过不懈的努力去建设自己的国家,从物质到文化上都不遗余力地增强自身的实力。

人民安居乐业、富足文明,我想不管一个国家一个民族的政治体制如何,价值观如何,这都该是一个共同的努力方向,基于这种共识,世界最终应该是一体的。

不自觉就絮絮叨叨写了这么多,突然发现自己不经意中对政治表现出了罕见的关心,不过这也说明,政治其实不是洪水猛兽,只要是以今天这样"润物细无声"的形式来观察它、关注它。

嗯,今天的网游很有收获:自觉学习,并在自觉自愿的状态下写一篇无所顾忌的学习心得,本人觉得还不错,强烈推荐此种政治学习方式。

2008 年

17 如果我是那头公牛

前几天，在网上看到一组非常惨烈的图片，5月21日在西班牙某斗牛场上，一头愤怒的公牛将牛角刺穿斗牛士的喉咙，然后从他的嘴里顶出来，而那头公牛也是满身鲜血，其状相当血腥。

可不知怎么的，看到这一切，心中总是不自觉地对那头公牛产生一种说不出的同情，仿佛感受到了它委屈无奈与绝望的心声。

这到底是怎么了？本公牛我招谁惹谁了？为什么人们的眼光都像要杀了我？没错，我是用我的角刺穿了他的喉咙，可刚刚他差点就杀了我啊，瞧，我也是遍体鳞伤啊，为什么没有人给我一点同情与安慰呢？我确实性情暴躁，可那是我的天性啊，就算我暴躁，我也不会无缘无故去伤害谁呀，我只想自由自在地晒点太阳，吃点草，发发呆，晾晾我的公牛嗓子，找一头性感漂亮的母牛，和她约会，然后再和她生一群小牛仔，一家人快快乐乐地活着，没事再寻找点过去的影子，不是挺好的吗？可人类为什么总喜欢将我困在黑屋子里，让我愤怒到崩溃的程度，然后再当着众人的面用我最讨厌的红色的东西戏弄我，欢呼雀跃地看着那个搔首弄姿的斗牛士肆无忌惮地侮辱我的尊严，将我累得筋疲力尽以后再将我杀死，我死得越难看，他们就越开心，这到底是为什么呢？最不公平的还在于要是我死了，那个杀死我的刽子手就会成为众人眼里风光无限的英雄，鲜花美女还有所有的名利都一起涌向他，而我只不过因为疼因为要保全自己的生命而用牛角顶了他一下，就成了遭到众人唾弃的"死公牛"。要是我死了，我的老婆没了老公，我的孩子没了老爸也会很伤心的，可为什么就没有谁同情安慰一下我呢？天啊，我好委屈啊！我不会说人话，可不代表我没有感觉啊，我受了委屈也会伤心也会流泪啊，人类的同情心都跑到哪里去了？上帝啊，救救我吧，我也是生灵啊！

以上旁白纯属我的想象，但很早以前就听外婆说过，牛在被杀死前，是会有预感的，并且会伤心流泪的，就算这种感觉很本能，很原始，可至少它们是有一些感情的。为了满足人的某些好奇好斗感而全然不顾一头除了无辜被杀与反抗已别无选择的动物的感受,是不是有点过分呢?

牛不会说话,不会跟人评理,可如果因为它不会说话,就肆意地伤害它,人类是不是也有点不够厚道呢?回顾牛与人相处的渊源,其实牛是人类最忠实真诚的朋友,人们让牛耕地,干其他农活,喝牛奶,吃牛肉,穿牛皮鞋,所有这一切,不对牛心存感激不算,还要在斗牛场上杀牛取乐,这行为想想都很不堪,惨无"牛"道。

斗牛曾是西班牙人引以为自豪的国粹,他们认为这个活动充分体现了他们民族的英勇无畏。据说从13世纪就开始了,高潮部分是斗牛士以一把带弯头的利剑瞄准牛的颈部,尔后引逗牛向其冲来,自己也迎牛而上,冲上前把剑刺向牛的心脏,于是牛会在很短的时间内应声倒地而毙,惨不忍睹……斗牛士却在凯旋的乐曲声中接受观众的祝贺。不知道这几百年来有多少勇敢的斗牛士和凶猛的公牛惨死在了斗牛场上,显然公牛的死亡数量一定比人多得多,但我认为不管是人还是牛,这种死亡都很无辜与无谓。

看了相关报道了解到,目前即使在西班牙,斗牛也受到了人们越来越多的谴责,但总有一部分人以保留传统文化的名义行客观上残害动物之实,其实,就算退一步说,既然是斗牛,既然是一种娱乐,可不可以改变一下游戏规则只逗牛而不杀牛呢?

由此想到了其他一些所谓的传统,比如日本人的食鲸习俗,中国人的烹食活猴脑……人们该如何传承有着悠久传统的东西?传统是因某种渊源而逐渐形成并巩固的,但如果传统中有一些与如今高度文明的发展趋势不相符合甚至背道而驰的东西,当然就该改变和扬弃了。道理似乎很简单,其实关键是道理以外的一些东西,也许对人类来说诚实地面对自己比懂得相关道理要难得多。

说实话,如果我是那头公牛,我也会不顾一切,奋力反击。

2010 年

18 生命的绚烂

太感动,太震撼了!这是在刚刚看完美国卡耐基梅隆大学教授兰迪·波许《人生最后一课》视频后最强烈、最直接的感受。此时,觉得用任何语言都难以表达自己对这位美国教授的景仰与崇敬。

美国很多大学都有一个传统,就是在资深教授退休前为他们安排讲授一堂面向全校学生的"最后一课",表达学校师生对他们的崇敬和感激,让教授以这种形式为自己的教学生涯画上一个完美的句号。而兰迪教授的情况比较特殊,他远没到退休年龄,但2006年,他被诊断患有晚期胰腺癌,将走到生命的尽头,为此,卡耐基梅隆大学特意安排他于2007年9月提前讲授他的"最后一课"。

这场长达一个半小时的课程其实也是他整个生命历程的最后一课,没看之前我估计多半应该挺伤感、挺惨烈的。可出乎意外的是兰迪教授以超乎寻常的洒脱、从容使整个讲课过程自始至终妙趣横生,全场听众甚至多次被他幽默而生动的演讲逗得开怀大笑,丝毫感觉不到这是一位只剩几个月生命的晚期癌症患者所做的人生最后的告别,在热烈而温馨的气氛中展示了生命的绚烂。

这最后一课其实并没有过多涉及兰迪对所涉猎的学术领域相关问题的探讨,更多的是他对生命的感悟、对梦想不懈的追求,对生者的忠告。

直到演讲结束,他的亲朋好友谈感受时,才让人非常强烈地感觉到这是一个即将逝去的生命在他的人生舞台上做最后的谢幕。视频的最后十分钟,相信很多人都是在泪眼模糊中看完的。

印象最深的是他为自己妻子过生日的情景,这个优雅的男人在生命的最后时刻,仍然不忘给妻子送上一份特别的祝福,当全场起立为他妻子唱生日歌时,我也被感动得热泪盈眶,相信这也是兰迪夫人最幸福和伤心的时刻了。

而逗引了众多人泪腺崩溃的兰迪教授却自始至终保持了旺盛的生命活力,他在演讲的开始就以惊人的从容向人们展示了他已积攒了10个肿瘤的病灶部位,接着又当场做了几个标准的俯卧撑,并幽默地调侃自己的病情,所有这一切都让人强烈地感觉到这个生命所展现的巨大能量。

刚刚从网上看到一条消息,兰迪已于 2008 年 7 月 25 日在家中去世,最后身边陪伴着的是妻子和 3 个孩子,终年 47 岁。

想起了一句话:有的人活着,他已经死了;有的人死了,他仍然活着。能以如此不折不扣的超脱面对死亡的男人,他生命的意义早已经超越了死亡本身,他以难能可贵的激情与热情诠释了生命的绚烂!他将永远活在人们的心中,他是无可争议的真正的英雄!因为他在有限的生命历程中战胜了这个世界上最强大的敌人——他自己!他以顽强的意志与疾病抗争,与随之而来的各种心理上的懦弱、消沉、绝望、妥协等消极情绪抗争,在生命的最后一刻还在给予所有生者极大的正能量,所有这一切都充分展示了一个典型的英雄所应具备的特质。

对于这个逝去的生命,我不想像人们经常做的那样,愿他安息,因为我觉得这对于兰迪来说太过俗套,这是一个太过智慧而具有强大能量的灵魂,因此这样的生命注定会是超越时空在另一个美好的世界自在驰骋的。

2008 年

19 我看于丹

不知从什么时候起,于丹这个名字被炒得铺天盖地,终于忍不住好奇心,去网上找到了她的《于丹论语心得》的视频,打算聆听一下这位传说中的论语专家对论语的精妙见解,顺便再瞻仰瞻仰她的光辉形象。

但见于丹教授在讲台上眉飞色舞、气宇轩昂,念做俱佳,果然不同凡响,十分了得,尤其是她的表达,妙语连珠,着实很有感染力,不由对她心生景仰。

洋洋洒洒说了七集的论语,于教授似乎越说越有感觉,越说越有自信,到了说庄子的时候,已然需要十集方可说完,于是,我也毕恭毕敬地将她的新作品找来学习。看完她说的庄子后,觉得尽管没有超过论语,但表达也还算精彩,中间穿插的庄子说的故事也还算有趣,因此,仍然对她印象不错。

直到最近,看了一本闲书……

这是很久以前林语堂老先生用英文写的,又由黄嘉德先生翻译成汉语的《老子的智慧》,林先生认为庄子是老子的学生,况且庄子的文笔极其优美,很擅长拿故事说事儿,于是在他的这本书里,虽然书名是《老子的智慧》,可贯穿始终都有很多庄子的言论,他觉得这样对照比较,便于读者更好地理解老子的思想。

就是这本书,让我越看越奇怪,因为我发现于丹在她的《庄子心得》里,贯穿始终,不仅选的故事和这本书里选的几乎一模一样,而且讲每一个故事所用的语言也是一模一样,也就是说,于丹教授给广大观众讲的庄子故事原来是从别人翻译了的林语堂先生的著作中搬过来的口水故事。引用别人的东西,这本也不出奇,但比较出奇的是于教授甚至连提也没提到这本书。

就算我们平时写博客,如果原封不动地引用了别人的东西,也至少会说明是转载,可于教授居然大言不惭地将别人的东西拿过来大肆宣讲,俨然是她自己的思想体系,这就有点不太合适了。百家讲坛怎么说也是一个学者专家的讲坛,如果从做学问的角度来看的话,那这学问的分量就值得商榷了。

现在我终于完全理解为什么她会在学术界引起那么大的争议,为什么她会被封为"学术超女"了,这个词简直用得太精辟了。

尽管被说成"学术超女"不一定是于教授愿意接受的,但"超女"毕竟不同于一般的女子,终究要有点道行的,否则怎么体现那个"超"字呢。最近,又看了她的一个以昆曲为主题的演讲系列,觉得她的口头表达还是相当了得的,那激情四溢的表述确实很能引起听众的共鸣,如果仅听她的演讲本身而不去追究其学术性,倒着实是相当吸引人的。

话说回头,这个社会当然需要学问做得博大精深的典型性学者,因为他们是一个民族不可或缺的文化脊梁,但同时也需要一些演讲比学问做得更好的非典型性学者,去进行一些通俗化的文化推广,不过一说到通俗,这个度就不太好把握了,因为搞不好就容易流于媚俗。

既然都是忽悠,既然社会需要一些还不算太犯嫌的忽悠,老赵满世界忽悠卖拐,将全国人民逗得开怀大笑,于教授忽悠民族文化自然就显得更有些境界也更有必要了。

此时,有一个故事一直在我脑子里闪现,那就是余秋雨先生在他的一篇名为《夜航船》的文章里提到的,明代文学家张岱写的《夜航船序》中记下的一则有趣故事,摘录如下:

昔有一僧人,与一士子同宿夜航船。士子高谈阔论,僧畏慑,拳足而寝。僧人听其语有破绽,乃曰:"请问相公,澹台灭明是一个人、两个人?"士子曰:"是两个人。"僧曰:"这等尧舜是一个人、两个人?"士子曰:"自然是一个人!"僧乃笑曰:"这等说起来,且待小僧伸伸脚。"

以往景仰于教授景仰得不得了,仰视她仰得脖子都有点酸了,且待小女子我也动动脖子,以便减轻一些疲乏,呵呵。

2008 年

20 一只特立独行的猪

刚刚在网上游荡的时候,再次跟王小波的那只"特立独行的猪"不期而遇,于是再次重温了这篇散发着豪迈、自由气息的美文。

记得第一次读这篇文章的时候是十年前,当时王小波刚去世没多久,带着多少有些猎奇的心理买了一本他的杂文集《我的精神家园》,结果毫无悬念地喜欢上了王小波那嬉笑怒骂、放荡不羁、字里行间透着幽默洒脱的文风。他是典型的科班出身,但他的文字却一点都没有学究气,不做作、不矫情、不板起面孔说教,读起来通体舒畅,给我一种强烈的感觉就是:从头到尾说的都是人话!

而那篇名叫《一只特立独行的猪》的杂文更是成了我最爱的文章之一,十年前我比现在更加没心没肺,因此当时读这篇文章时,最深刻的印象就是觉得好玩,王小波对那只猪的生动描述彻底改变了我对猪这种动物的既有印象,那可真是一只十分了得的猪,既有头脑,又有个性,而且还相貌堂堂,是个帅猪,它身手敏捷,会模仿汽车、拖拉机和汽笛的声音,它还很会享受生活,吃饱喝足后,会跳上屋顶晒太阳,没事还会到邻村去找漂亮的母猪约会,理由是它觉得自己圈内的母猪因过度生育而变得又臭又脏,不够有风韵,十足是世上最牛的一头猪。喜欢它的人会因它的聪明和另类而倍加喜欢它,讨厌它的人会因它过于特立独行、不守规矩、调皮捣蛋(尽管绝非故意、纯属天性使然)而想方设法地企图制服它,试图像控制其他猪那样去设置它的生活,但它用自己聪明的头脑和敏捷的身手与这些人斗智斗勇,捍卫自己的尊严,最终成功出逃,成了一只不再受人类操纵的绿林"野"猪。

记得当时看完这篇文章后,难以抑制旁若无人地开怀大笑,以至于一个人走在路上想起那些情节还越发觉得好笑,独自傻乐,招来别人好奇的眼光。

真是光阴荏苒,似乎只是打了个盹,十年就过去了,一切犹如过眼烟云。那本书也被我一个好朋友借走,一直没还,为此我至今对她还有些耿耿于怀。今天再看这篇文章时,似乎有了另外的一些感悟,觉得不太笑得出来了,相反却有些难过,因为如果从那头猪的角度考虑,它一定非常郁闷,它从未想过与谁作对,没招谁,也没惹谁,它只想做它自己,只想按它想要的方式活着,但可恶的人类老是想以自己的价值观去设置它的生活,非要让它像其他猪一样年复一年地生育小猪、长成肉猪,最终成为人类餐桌上的食品。做一只特立独行的猪就注定了它的孤独与寂寞,它着实不容易啊!

其实人类喜欢设置生活的习惯不仅给这只无辜的猪带来了无尽的麻烦,也把自己的生活设置得了无情趣。种种外显的、潜在的规则,让人类画地为牢,循规蹈矩的生活反而使自己在精神上陷入困境,束缚越来越多,一旦越出雷池就会成为群体中的异类,使个体显得格格不入。由此在心里对这只特立独行的猪生出一些敬意,觉得它身上有一种难得的勇敢和勇气,为了争取自由自在、天马行空的生活即使付出生命的代价也在所不惜,真是一头可爱的有着英雄气概的猪!

其实人类作为一种高等动物,其内心深处应该蕴藏着更为强烈的追求自由、自我的本能,但随着文明程度的提高,这种本能反而被种种规范给淹没了,作为人类,我也有些迷惑,是该为文明的高度发展庆幸还是该悲哀?

写到这里突然发现,我也犯了人类的通病,不仅被社会而且也被自己设置了,被那只猪感动了十年,却没有学会它的勇敢和智慧,有许多梦想,还未敢下定决心去尝试一下,就从"即将"变成了"曾经",但愿随着阅历的增长,面对生活的信心、勇气和智慧也有所增长,也能活出些许特立独行。

2009 年

21 向孩子学些孩子气
——有感于网友的创意六一

今天是儿童节。在网上闲逛的时候看到了一个有趣的帖子,是网友们就如何过六一提的纯属娱乐性质的建议,转帖如下:

六一将至,给自己残留的童心放个假,哈哈,想了几招无比 Happy 的节目,以下几条你能做到吗,反正我不行……

1. 在自己的房间开心地裸爬;
2. 穿着鞋在自己的床上狂蹦;
3. 披一个床单在身上,在街上跑,告诉别人你在飞;
4. 亲自己心仪 MM 的嘴嘴,然后在她愤怒时告诉她今天六一,你的童心需要关爱;
5. 定一份麦当劳的儿童乐园餐,并故意把可乐洒得到处都是,管来帮你收拾的服务员 MM 叫阿姨;
6. 在床上画个圈,并在晚上把它尿湿;
7. 假装迷路,或在路边无助地哭泣,当有人来问你时,告诉他/她你找不到妈妈;
8. 打电话问妈妈,你是怎么来的;
9. 一边唱《我们的祖国是花园》一边跳舞。

上述提议如果从成熟的成年人的角度来衡量,基本上条条都荒谬无比,但不知怎么的却在难以自抑地开怀大笑的这个瞬间发现,自己情不自禁地喜欢上了发帖之人,因为我觉得,这厮的想法太强大太富有想象力了,以一个成年人日趋规整化的头脑却没有失去儿童才会更多具备的信马由缰、自由驰骋的思维,那其身上一定有一种我喜欢的气息,就是孩子气。

人类好像有一种根深蒂固的习惯,就是喜欢设置自己和别人的人生,其结果确实是使自己的生活中规中矩,时间久了,就形成了一个貌似完美的模式,如果很好地顺应了这种模式,就是大多数人眼里成功完美的人生典范,可这致命的习惯也使本应斑斓而各具个性的生活在很大程度上变得了无生趣。

随着年龄、阅历的增长,成熟几乎是一种必然,但如果过于成熟,那就像一个熟透了的桃子,尽管一定是甜的,但甜得只剩甜了,除了甜还是甜,甜得理所当然,甜得毫无意外,甜得烂熟于心,因而难免就甜得有些枯燥乏味,因此也就少了一些意犹未尽的回味。所以最理想的状态也许应该是适度的成熟,那就是在成熟的基础上还保留一点孩子气,开心了就笑一下,生气了就发点小脾气,伤心了索性就哭一场,偶尔对自己亲近的人撒个娇,上述行为也许会让别人觉得不太成熟,不够沉稳,可另一方面,也释放出了一个人内心深处那个真实的自我,在我看来,这种真实恰恰体现了孩子气的可爱。为什么一定要将自己武装得无懈可击呢?

孩子是人类的未来,人们爱孩子,并用儿童节的方式表达对孩子的爱与重视,人们已非常习惯于将自己的希望寄托在孩子身上,精心地培养教育孩子,可情不自禁地就沉溺于扮演长辈的角色,而忘记或忽视了孩子们那自然天成的纯真的孩子气恰恰是我们遗失已久需要重新找回的清新气质。

孩子需要成长成熟,成年人也同样需要用纯真的孩子气来保持对生活一如既往永远洋溢的好奇与热爱。因此,对孩子最适度的爱也许应该是让他们成长的同时不要让他们尽失孩子气并和他们一起挽留那渐离渐远的孩子气。

孩子们适度的成长与成熟是必要的,因为他们需要这个过程来获得独立、自由地寻求身心健康、快乐与幸福的能力;成年人适度地心存些许孩子气也同样不可或缺,因为通过这个过程人们会发现一个崭新、奇妙、充满乐趣的人生视角。

上述建议中的任何一条如果付诸实施都会造成一些尴尬后果,但偶尔搞点无关紧要又相当可乐的小破坏又有什么关系呢?我们每一个人不都是这样一路各种小破坏大破坏地破坏着就长大了并且踏入了成年人的队伍了吗?天又不会塌下来,呵呵。

2009 年

22 旅途

今天是国庆节,电视里有盛大的庆典转播,城市被装点得姹紫嫣红,街上有热闹的国庆游行活动,晚上还要燃放烟火,总之,这一天已注定会是不同寻常的一天,尽管由于将旅程安排在了国庆节这一天,所以不可避免地错过了上述那些热闹的场景,但旅行中的一些遭遇仍然让我体验到了另一番的不同寻常。

本来,一天的行程是这样安排的:先去老家看望了得了重病的外婆,然后转道回上海与父母相聚,顺便再和弟弟一家到周边郊区做短期旅游。一切听上去紧凑而丰富多彩,让我充满期待。

实际开始似乎也如同期待。早上醒来,天气不错,心情也不错,收拾停当后和姐姐一家兴致勃勃地踏上了旅途,一路上尽情饱览了充满特有韵味的初秋的风景,甚是惬意。不料启程两个小时左右的时候,后车胎爆了,还好有备胎,姐姐姐夫配合默契地换了轮胎,二十分钟后继续赶路,大家都觉得这是个有惊无险的小插曲,情绪基本没有受到影响。

不久,就到了外婆的住处,尽管外婆已然94岁高龄,儿孙满堂,如果有一天她平静离开,大家也都能坦然接受,可不幸的是外婆一路健康地活到如此高龄却不能安然离去,被诊断为食道癌晚期,由于年纪太大已不能手术,只好接受这使身体遭受极度痛苦的临终关怀。这次与她老人家见面,也许是最后一次见她老人家,看到外婆极度憔悴、消瘦到令人不忍面对的身体,不由想起了过往与外婆相处的很多美好而温馨的时光,心中很是难过。尽管知道有一天与她老人家永别几乎是一种必然,但看到曾经那么精神矍铄、身体硬朗的外婆如今受到病痛的如此煎熬,心中仍有太多的不舍与不忍……

稍事休息,下午又踏上了另一个温暖的旅程。刚走没多远,一件最不可思议、出乎意料的事发生了:我们遭遇了本次旅程的第二次爆胎,这次是左前胎!这次爆胎比相隔不久的前一次要惨多了,因为此时已是傍晚时分,我们沦陷在了前不着村、后不着店、无边无际的高速公路上,备用胎也用完了,我们只好打110求救,经过漫长的等待终于等到了闪着橘黄色亲切迷人灯光的拖车,又用了近一小时的时间将我们连同车送到了临近高速的一家汽车修理厂,由于修理厂没有型号匹配的轮胎现货,又花了一个多小时的时间调货,结果前后折腾了近三个小时,终于让我们乘坐的银白色坐骑重新英姿勃发!饥寒交迫的我们终于再次踏上旅程。这次经历让我充分而刻骨铭心地体会到了什么叫崩溃!

不过,一天中两次被车胎忽悠的经历也让我知道了一个常识,那就是胎压的重要性,因为我们后来到修理厂检测时,发现胎压竟高达 3.5 个标准大气压,而正常情况下这个季节的胎压只需 2.3 个标准大气压就足够了,看来全是胎压惹的祸啊。了解了这些,对我很重要,至少我自己以后如果学开车并开车旅行的话,一定会特别关注胎压的问题。能从崩溃中学到这个知识,也算是相当大的一个收获了。真是生活处处皆学问,人生时时蕴哲理啊。

夜晚的高速公路上尽管灯火阑珊,如同"天上的街市",有一种别样的美,但漫长的旅行过程中心中更多的感受却是孤独与寂寞。凌晨十二点多终于到达目的地,当看到年迈的父母迎接我们的那股开心劲,心中的沮丧与崩溃感在很大程度上有所消退,取而代之的是一种温暖与安全的感觉——这是回家才有的一种非常愉悦的感受。

此刻,坐在电脑前,想起昨天那充满戏剧性的旅途经历,不由浮想联翩:在人生的旅途中,我们常常会对不可预知的旅程充满各种光怪陆离的期盼,尽管一些经历是我们想不到也不想遇到的,可经历过后就会发现不管是惊喜的、惊险的还是不可思议到令人崩溃的遭遇,其实都是生活不可或缺的组成部分,只要心中有所坚持,并坦然面对,那就能将所有这一切都化成"这边独好的风景"。

2009 年

23 烹饪之乐

对我来说，烹饪之乐最初其实是源于一种无可奈何。虽然我对色香味俱全的美食心怀无限的向往，算是挺有吃货潜质的那种人，但这些美食不会从天上掉下来，为了获取美食，最经济最靠谱的办法就是自己做，而做就不像吃那么有乐趣了，恰恰相反，极其枯燥、无聊，尤其是经常去做，可以说，必须让这两件事达到和谐的统一，美食才能变成一种不折不扣的乐事美事，值得庆幸的是我终于找到了解决问题的办法，那就是将烹饪的过程变成一件快乐的事。

要说烹饪的过程中最没劲的活恐怕就是烹饪前的准备了，得将脏兮兮、油乎乎的蔬菜、肉类洗净切好，这上面花费的时间比真正烹饪要多多了去了，为了克服这种痛苦，我决定在备菜的时候同时再做另一件事，那就是听音乐，我拥有很多各种风格的音乐资源，平时如果专门坐在那儿听音乐，总觉得太奢侈，太挥霍时间了，在做饭的时候听就可以两者兼备，真是天才的设想！和着美妙的音乐干活，怎么想怎么觉得有那么点搞艺术创作的意味，一下子就把自己干活的形象拔高了。似乎有点自恋，没错，就是自恋。

至于烹饪这个环节，对我来说，那根本就是一件乐事，就算没有音乐也是很有乐趣。当系上漂亮的围裙，打开煤气，开始烹饪的那一刻，手持烹饪器具，感觉自己俨然就是即将施展厨艺的大厨了，一想到通过自己生花的妙手，指挥饭菜和锅碗瓢盆演奏一部活色生香的协奏曲，可以像变魔术一样地变出色香味俱全的菜肴，尤其是想象将会有一群人专注地体验我的手艺，津津有味地大块朵颐时，就会在无形之中产生极大动力。

我这人想问题有些天马行空、没边没檐，要在平时这就叫胡思乱想、没心没肺，可到了烹饪的时候，这简直就是一难能可贵的优点，叫做富有创意（嗯，这个词用得很贴切）。虽然在做很多大菜时，为了确保效果，我通常会打电话向老妈请教，但是如果是一些小菜，我就会搞些小改小革，来点小创新。比如，如果某天有几道剩菜，我就会灵机一动，提前向我的小甜心豆豆预报："豆豆，吃过韩国拌饭吗？没有啊，那三姨今天给你做好吃的韩国拌饭，不对，比韩国拌饭还好吃。"于是，豆豆满怀期待。我就把剩菜和饭放在一起炒一炒，再拌上鸡蛋、番茄酱、其他各种调料和橄榄油，尝了一下，果然口感不错，接着，怀着胜利的喜悦，煞有介事地端上饭桌，豆豆居然吃得津津有味，我更是暗自窃喜：原来韩国拌饭就是杂碎拌饭嘛，稍不留神我也会做韩餐了，看来我也有点大长今的潜质。

虽然我做饭做到得意忘形的时候曾偶尔做过野心勃勃的大厨梦，但很多时候，我的食客只有豆豆一个人，于是在饭桌上和他逗逗乐也成了烹饪之乐的重要组成部分。有一次，我从老妈那里带回来一些藕饼，放在冰柜里，拿出来食用的时候，藕饼的颜色变得有点黑，豆豆问我为什么，我用带着神秘感的语气回答：听说过马王堆汉墓吗？那些被埋在地下几千年的古尸刚出土时，皮肤都很有弹性，就像活人一样，甚至身上穿的丝绸衣服都完整而且色彩亮丽，但过了很短时间，皮肤就又干又黑，成了骷髅，丝绸也很快就变成了粉末，这个藕饼发黑也是同样的道理，就是氧化的作用，明白了吗？豆豆点点头一脸无辜地看着我。估计我的解释给他留下了深刻印象，不过以后有很长一段时间他都不愿意吃藕饼了。

以前，总是被老妈饲养，看着老妈不厌其烦、满怀热情地给我们做各种好吃的，然后心满意足地看着我们狼吞虎咽时，有些替老妈不值，天天做饲养员多辛苦啊。自从饲养了豆豆以后，就充分地理解了老妈的那种无上的成就感。看着豆豆那胖嘟嘟、壮实实的小样儿，就想没事偷着乐，这孩子身体这么结实，这身肉长得多不容易啊，虽然人家是回汉混血儿，品种优良，但至少也和我的饲养有很大关系吧，看来我也是个不错的饲养员。

记得很久以前看过一部由姜文和刘晓庆主演的电影《芙蓉镇》中有这样一段情节，他们两人在"文革"中先后被打成右派，让他们去扫马路，这让刘晓庆很郁闷，所以她每天扫地时都愁眉苦脸、没精打采的，看见人都觉得丢脸而不敢抬头。这时扫地已然扫出境界的姜文出现了，他引导刘晓庆说，其实扫地也是很有乐趣的，于是他就演示起扫地的乐趣，前腿蹲，后腿弓，三步两步探吗探呀探，原来扫地的姿势还可以像跳探戈那样优美，于是两人化惩罚为乐趣，兴高采烈地扫起了马路。当时看了这段情节，我又想哭，又想笑，当然更多的是感动，总之印象深刻。

别人的实践和我自己的经历都使我相信，有一样东西简直太重要了，那就是心态，如果能够经常提醒自己保持乐观的心态，遇到任何郁闷的事，都尽量去想它积极的一面(实际上就是再糟糕的事也确实一定有它积极的一面)，那么，就能在生活中找到更多的乐趣。也许有点自欺欺人，但是，如果能把自己骗得开朗乐观，让自己活得快乐一点，那这种欺骗不是也挺好嘛，为什么不去做呢!？

2008 年

24 人生如戏

最近，看了一本回忆旧时一些著名京剧艺人生平的书《伶人往事》，感动的同时心中颇多感慨。

书中描述的这八位京剧名伶，擅长的行当或生或旦，在舞台上或儒雅俊彦，或倾国倾城，在他们盛年时，几乎都是拥有粉丝无数，曾经风华绝代的当红伶人，可以说，他们在风华正茂的年龄幸运地遇到了京剧极为风行的年代，而反过来他们极其优异的表现又造就了20世纪三四十年代京剧的鼎盛。

这本书还有一个副标题：写给不看戏的人看。于是书中展现的更多的不是让这些伶人美轮美奂的戏剧舞台，以及对他们的艺术特色的专业化的评析，而是远离戏剧舞台的另一个舞台——他们的真实生活，在他们逃不掉也离不开的这个人生舞台上，他们情不自禁地都扮演的是悲情的角色，他们中的绝大多数在经历了京剧盛行年代的同时也经历了传统文化遭到致命摧残的时期——"大跃进"和"文革"。

这是他们的无奈，也是人生的无奈。在戏剧舞台上，他们可以游刃有余地从身段、唱腔、程式上对一部戏，一个醉心的角色尽情打磨，直到尽善尽美，一次演出有了一些不如意，可以在另一次演出中弥补，就算是同一个角色都可以根据自己对角色的理解演绎出一个自己心目中以为合意的形象，因此经过他们的演绎，展现在观众眼前的多半是理想化的完美形象，因为他们将自己对人生最精妙的理解与想象都加入了其中。

毋庸置疑，能成为伶人中的佼佼者，他们至少是不缺乏聪明、智慧、勤奋与技巧的，也正因为如此，在炫目的舞台上，他们演绎的角色才会散发出令人难以抵御的艺术魅力，从而成为很多人心目中的偶像。而在人生这个真实的舞台上，他们却脆弱得令人惊异，令人怜惜！因为人生这个舞台要残酷无情得多，在这里，人会被限定在既定的时空，所扮演的角色也别无选择，并且情节也是无可逆转，更要命的是，他们面对的是一个与他们不相容的时代、不贴合的体制以及一些被扭曲了的强大的社会群体,所有这一切,基本上就注定了他们戏剧般跌宕的悲剧命运。

  戏如人生,人生如戏。伶人们所演绎的那些精彩绝伦的戏曲作品无一不是对真实人生百态万象的艺术化的浓缩展现,所以才会使观众产生共鸣,因为每一位观众都从中看到了自己的影子,看到了自己的某种想往,对人生的某种美丽的期盼。而人生则是一个更大的舞台,每个人都在不自觉地扮演着塑造着"自我"这个角色,很多时候,做自己尤其是做自己想要做、喜欢做的那个真实的自己要比演戏难多了,不管做出怎样的选择,总是意味着要放弃另外的选项,就必然要付出一定的代价,即使这样,当"戏"到即将结尾时,都是身心俱疲,回顾下来,仍然还是有着这样那样的遗憾,唯其如此,人们才格外需要编戏、演戏、看戏、评戏,因为这实在是人生这个大悲剧中不可或缺的快乐点缀之一。

  如今,人们的文化生活与这些伶人所处的那个时代相比要丰富得太多了,再怀想那个年代那些伶人的故事似乎有些许陈旧、感伤,但那毕竟也是一个曾经鲜活的时代,产生了如此众多德艺俱佳的优秀伶人,演绎了如此众多精致精美的京剧作品,也感动了如此众多喜爱京剧的观众,给人们带来了难以忘怀、无与伦比的艺术享受,这么瑰丽灿烂的文化实在值得被记忆和传承。

2009 年

25 早生活

原打算暑假回家好好陪陪咱爸咱妈的,结果反而被爸妈照顾得无微不至,想想自己每日里吃香喝辣,吹着空调上网、看闲书、逛街,尽情休闲,做猪做到忘乎所以,全然忘记了自己最初的承诺和使命,觉得自己很渣很堕落,于是暗下决心要重新做人。

稍事观察,终于发现一个切入点,就是陪咱妈去晨练。通常爸妈早晨都是一道去公园锻炼身体的,但是到了夏季,咱爸由于身体原因,只能在家锻炼,于是我就暂时代替咱爸,光荣地成为资深美女——咱妈的护花使者。

要牺牲早上那至少两小时令人销魂的睡眠时间,刚开始着实有点不太习惯。尤其是每天五点半起床的那个时刻最为痛苦,但一走出室外,感受到盛夏都市里难得的凉爽、清新和宁静后,就觉得痛苦程度已减轻了大半。

先随咱妈到菜场买菜,然后去公园,进入公园后,再陪咱妈绕公园散步一圈大约20分钟,待咱妈开始她的固定项目——做半小时的关节操后,我就开始自由活动了。通常我自己再绕公园的环形路走两圈,咱妈的关节操就结束了,于是一天的早生活结束,回家吃早饭。

最初是带着尽孝心的想法,有点勉强的意思,可不知不觉中就喜欢上了以晨练为核心的早生活,尽管以往基本上没有过夜生活的习惯,但由于住处就靠近所在城市夜生活的中心地带,每晚被彻夜不息的音乐吵得难以入眠,早上骑车上班还要无奈地去消受酒吧、饭馆前夜娱乐时留下的路边堆放的垃圾散发出的难闻气味,就已对这种生活产生了生理上的感冒。觉得和夜生活相比,早生活显然更健康,也更环保。

早晨的公园,空气特别清新,随着露珠的蒸发,甚至能从中嗅到各种植物的清香气息,扑面而来的是一种令人倍感舒适的积极的生命气息。也许在滚滚红尘中,人们都在为生活而奔忙,也因为生活而劳心劳神,可至少在进公园晨练的这段短暂的时间里,人们的心都相对纯净了,因为沐浴在晨曦中,与大自然亲密接触的同时也与自己的身心靠得更近了,相信此刻尽管大多数人身体大汗淋漓,但心里多半是轻松愉快的。

尤其喜欢绕着公园漫步的时刻,且行且想且欣赏,其乐无穷。一圈走下来,会经过一池碧绿中透着粉红的婷婷袅袅的荷花,几座精致的小桥,几片平坦的芳草地,其间点缀着各种不同类型的花草树木,除了这些自然风景外,进行着各种不同晨练项目的人们也构成了一道生动的人文风景,移步看过去,有的在练太极,有的在耍剑,有的在随着音乐翩翩起舞,人们发挥了自己无穷的创造力编出了各种各样的健身体操,无限投入地沉浸其中,浑然忘我。人声、丝竹声不绝于耳,真是一幅活色生香的生活画卷。

与那些迎面而来的晨练者擦肩而过时,突然生出一些感慨,百年才能修得同船渡,那么这些从我眼前恍然而过的人们是否也在前一个或前几个轮回中和我有着某些方面的因缘呢?

而生命又何尝不似这园中的风景,在不同的阶段,或如映日的荷花,或如青青的芳草,或如流水,或如落花,尽管有灿烂,有黯淡,但自有其注定的运转轨迹,当身处其中时,沉静面对是否好过徒劳地挣扎呢?

原来早上一觉睡到自然醒也是有代价的,至少错过了一缕新鲜的空气,晨光初现前天马行空的胡思乱想,还有美妙的早生活,而这些实在是其乐无穷的美妙体验。

2008 年

26 中秋记事

这个题目看上去有点怀旧，有点平常，因为这是我上中学时所写的一篇作文的题目，当时还被语文老师当作范文在课堂上念来的，自己那美滋滋的得意劲儿至今还记忆犹新。现在想想当时写的内容，真是幼稚肤浅得冒泡，现在想想都觉得不好意思。

如果将人生当成一次旅行，那么当时就是起始，几乎没什么行囊，心中对不可预知的生命旅程满怀好奇和憧憬；如今见多了各种各样的风景后，不知不觉中就多了几分沧桑和淡定。以前总希望往行囊里添一些东西以显示分量，现在却老想在行囊中减一些东西以使心灵少一些不能承受之重。作文时不再为搜寻值得"记事"的素材而烦恼，却要为从众多可以"记事"的内容中筛选精华而烦神。看来人生总是脱不了一个累字啊。

早晨醒来，心中有点感动和忧伤。因为又梦见了过世多年的奶奶，好久没有梦见她了，在梦中她老人家大约是五十几岁的样子，眉清目秀，慈祥温柔，看到她心中感觉很是温暖温馨。

很奇怪的事情，我这人其实是最不懂一些特定节日的风俗的，甚至在不知道某天就是某某节日的情况下梦见奶奶，结果发现这天经常就是清明、入冬、七月半或中秋这样的节日。据妈妈解释是逝去的人喜欢谁，就会进入谁的梦里，我也越发相信妈妈的说法。因为以前还没有这么深的感受，后来每当回忆起与奶奶一起生活的点点滴滴，就越发觉得奶奶确实是很喜欢我，我也很爱她老人家。

可有一个心结可能永远都解不开了，以至于每念及此，心中就很难过。奶奶退休以后就住我们家，她老人家风华正茂的时候我还小，可当我记事的时候，奶奶已步入垂暮之年，变得有些絮絮叨叨，而我正处于人们常说的叛逆期，愤青得不可理喻。因此当时总觉得奶奶絮叨得让人心烦，常对她老人家恶言相向，殊不知对于一个不识字又耳背的老人来说，谈话的内容是什么已不再重要，但与人聊天或者让人听她说话恰恰是一种至关重要的情感宣泄，可我当时却总是不能理解她的心。而当我真正开始理解并愿意跟她聊或听她聊时,奶奶已离我而去。心里真是愧疚,再也没有机会告诉她老人家我已能了解她的需求,并且会很有耐心地听她说说她想说的话,纵然心里很爱她可又有什么用呢?

今天是中秋节,如果人真的还有另一种存在形式,但愿奶奶在另一个世界能快乐幸福,能有人听她聊聊想说的话。

此外,今天早上睡得还迷迷糊糊的时候就收到了今天的第一个祝福短信,这是我最感骄傲和优秀的一名学生发来的,可惜的是她的工作偏偏找得很不顺心。不过我倒觉得踏入社会的初始就遭遇挫折对她来说也许是件好事,可以让她尽早接受历练,这样将来的抗挫能力会强一些,对未来的发展更为有利,但愿她能在挫折中不折不挠,茁壮成长,散发出她金子般的光泽。

除此之外,还收到了很多学生的祝福短信,让我更喜欢自己作为老师这个社会角色了,也真诚地希望他们在新的人生旅程中一路走好。当然还收到了许多亲朋好友的祝福短信,心中感到快乐满溢,被这么多人惦记着,真好。

中午,还做了一顿美餐,吃得豆豆满满地将我的厨艺赞扬了一通,搞得我晕乎乎的特有成就感,这臭小子总让我觉得自己挺重要,虚荣心得到极大满足。

总之,这个中秋过得相当充实,不错。感谢所有这一切,也感谢我自己又度过了平静而美好的一天。

2008 年

27 一位奇迹般的女人，一本奇迹般的书

本学期由于系里对课程时间更加合理化的安排，我有了更多的空余时间，真好。看了很多好看的电影，也读了很多精彩的好书，没想到最喜欢的一本书是在年末轻轻地进入我的心里，从而让我沉浸其中，难以自拔，有一种触电的感觉，这就是王小慧女士的纪传体随笔文集《我的视觉日记》。

其实，这本书六年前刚出版的时候我就关注过她，但不知怎么的，始终没有完整地阅读全书。结果，绕了一大圈，仍然与她不期而遇。当某天在先锋的书架上看到封面王小慧那深邃、微笑的、带着一丝忧郁但内涵丰富的眼神时，终于决定买下这本书，好好地了解一下这位奇迹般的女人。

在我看来，王小慧传奇般的经历已然让她自己成了一本值得再三回味的生命之书，在这本浸满了幸福与痛苦、快乐与忧伤、鲜血与泪水的书的前半部，她是一个幸福的女人。在上个世纪 80 年代末，她幸运地与自己深爱的男人双双取得赴德公费留学的机会，并在这位才华横溢的男人的万般宠爱中开始了她的摄影艺术之旅（她在《我的视觉日记》中用深情的笔触描写了她与俞霖几乎完美的爱情生活，令人深深的感动），并且在德国留学的过程中又有一位优秀的德国戏剧演员也无可救药地爱上了她。上帝似乎过于眷顾这位聪颖、美丽的女人，到了书的下半部，她的命运发生了令人难以置信的逆转：首先是那位深爱她的德国演员因觉得无望得到自己梦幻般的爱情在绝望中选择自杀，接着她的丈夫也在与她一起的一次旅行中遭遇了一场惨烈的车祸而逝去，只留下她带着身心双重的重伤活了下来。

好像记得有这么一句话：上帝如果对你关上了一扇门，就会同时为你打开另一扇门。也就是说当一个人的生命历程中出现了某些重大转折或者说灾难时，可能会产生两个结果，要么因难以适应这种变故而就此沉沦，要么会从中涅槃出一个全新的自我，王小慧显然属于后者。她以自己的勇敢、智慧和惊人的勤奋承受了生命中难以承受之重，让自己的人生像她的一篇随笔的题目那样成了"再生的繁花"并且更加绚烂而富有生命力。

《我的视觉日记》以令人毛骨悚然的坦率和勇敢展现了她生命中最痛苦的瞬间，令我最感动、印象最为深刻的章节就是她和俞霖遭遇车祸的那部分。书中展示了他们出车祸时被撞得面目全非的车，难以想象被撞成这样的车中居然还会有活着的人，这个人就是王小惠。我觉得难以用语言形容她的勇敢与坚强，甚至在她遍体鳞伤，躺在床上缠着绷带和颈箍难以动弹的时候，她都没有失去一位摄影艺术家的职业本能，她忍着巨大的身心伤痛自拍了自己那肿得面目全非的变形脸庞，以她肿胀干枯的嘴唇不断地涂上鲜红的唇膏用了几乎一夜的时间在两张宣纸上印下了整整一百个吻以祭奠已与她阴阳相隔的丈夫俞霖，以至于在写这些文字的时候想起曾看到的那些画面和文字还觉得鼻子酸酸的。多么伟大的爱情！王小惠至今仍孑然一身，我更倾向于相信是因为这段逝去的爱情太过刻骨铭心，曾经沧海难为水。

很喜欢这本书的构思，通常人们都是以文字记录自己对生活的感受，而王小惠却以她独特的摄影家的角度感性地记录了她命运中充满跌宕、不可思议的十五年，她对艺术、生命、爱情、死亡、孤独等问题的思考和感悟。而如果都是大量的图片的话，那么这本书的魅力也许会减少许多，难能可贵的是她的文笔也极其感性、优美、细腻、流畅，展现了她在摄影、文学以及其他方面很高的综合素养，娓娓道来却又同时蕴涵巨大的张力，给人带来愉悦的阅读感受。

记得在一个章节中她谈到，有一次她和一些艺术家去往一处很美的风景点进行创作，他们乘船欣赏湖两岸的风景，当别人都因绝美的湖光山色而目不暇接时，她却全程被湖上美丽的水的波纹所吸引，结果全程拍的都是千姿百态的水波，而我看她在书中展示的水波的图片确实有一种不同凡响的美，之前我从未想过，水波居然可以被拍得这样美。由此可以看出她作为一位艺术家惊人而独特的观察力。我不懂摄影，但我看了她书中的那些摄影作品，不由自主地喜欢上了她作品中那些非常出人意料的构思，在她的镜头里，花与草、天与地、人与自然都有了一种不同凡响的灵性与美感。

在书末尾的附录中罗列了她这十五年的一些重要的艺术活动，包括她在摄影、电影、摄像等艺术领域的创作活动，看着每年出版的那些数量可观的书籍和画册，心中不由感到震撼，一个人要以怎样的艺术激情和创造力以及惊人的投入和勤奋才能做成这么多的事啊！她沉浸在自己的艺术世界里一定很充实，但同时也一定很孤独，那是一份优美而沉静的孤独，她守望着这份优雅的孤独而浑然忘我，创造了一个又一个艺术奇迹，也成就了她自己这个奇迹！

2009 年

28 多年长辈成兄弟

姐姐在怀着小宝宝的时候,特别喜欢吃毛豆和菜花,于是她放言,假如未来的孩子是个男孩就叫毛豆,是个女孩就叫菜花。虽然她很希望生一朵"菜花",可却迎来了一颗"毛豆",这令姐姐有些失望。

我也有一个梦想,那就是到了做母亲的年龄能生一个和我相同属相的小孩。可世事难料,这个梦想基本上已成了水中月、镜中花。

于是,姐姐的些许失望却在不经意中成就了我的梦想,这个孩子除了不是我生的以外,几乎完全符合我对自己未来小孩的预想——和我有着非常亲密的关系,最重要的是和我有着相同的属相,并且是个极其调皮、有趣、可爱,有时让人心烦可有时又让人喜欢得欲罢不能的小孩!他就是豆豆。

从豆豆会说话的那一刻起,他就顺理成章地叫我三姨,我也非常自豪于这个光荣而美丽的称呼,因为在稍不留神之中就成了别人的长辈而没事偷着乐,但这么多年相处下来,不知怎么的,我们之间离长辈的距离越来越远,离兄弟的距离却越来越近。

因为种种机缘,所以我在姐姐家住了很多年,而因为没成家,所以我的地位也越来越低,竟落得和豆豆一样的待遇:姐姐买了好吃的东西,总是给我和豆豆每人一份,如果我碰巧不在家,豆豆多半会留下我那份而不会独吞,这小子这方面的品行还是不错的。姐姐家有个双人高低床,我睡上铺,豆豆睡下铺,我们上下两只猴的"夜生活"已形成一个固定的程式,那就是豆豆经常有着要睡上铺的强烈要求,但从未得逞,几乎每天睡觉之前都要打打闹闹或开开玩笑,然后各自睡去。当然,如果玩得过火,打闹就变成了真的生气,变成了谁也不理谁的冷战,在这种冷战中,豆豆多半会耐不住寂寞或者在他妈妈的"逼迫"教育下主动找我道歉,于是我们又重归于好,于是我们的交往又进入了一个时间是新的,但内容几乎永远都不变的循环。就在这种不经意间成了多年的"同居密友"。

豆豆小的时候,我还挺能强烈地感觉到自己的长辈地位,我接送他上学,做饭给他吃,常常引诱他说我做的菜好吃,如果引诱不成就威胁:不说好吃下次就不做了,于是豆豆在菜的口味可以忍受的限度内多半会夸我做的菜"很好吃"。暑假里,我还借来我喜欢的恐怖片和他一起看,把他吓得半死,上厕所都要我陪着,恐吓他如果不听话就把他卖了,要么就和他吵一架然后不理他,要么就和他疯玩一通,倒还挺能唬住他。

  当然,做长辈不能总靠吓唬小孩为主要手段,否则怎么能长久维持江湖地位呢?还需懂得"恩威并施",时不时地给他一些人文关怀。比如和他一起玩玩游戏、捉捉迷藏什么的,不像我们小时候,每家都有好几个小孩,可以相互陪伴,鉴于对豆豆的这种独生子女孤独感的深切同情,我常常饶有兴致地听他聊聊他们"孩帮"的一些内幕,并时不时地表示赞赏或给他出点主意什么的,于是我成了豆豆假想中的无话不聊的兄弟。

  随着豆豆年龄的增长,我们所聊的话题也越来越"深刻"。不知从什么时候开始,好像突然有一天,他长大了,以我难以预料的速度迅速成长,在不经意之间,他的个子比我高了,声音比我低沉了,性格也变得让我有些看不懂了,我们之间的谈话也从以我为主的"循循善诱"式变成了平等互动的"针锋相对"式。他的观点虽然还略显稚嫩,但已有模有样、有棱有角了。他甚至还时不时地对我的一些幼稚之举讽刺嘲弄一番,当然是建立在友爱友好的基础上的。

  我知道孩子要成长并成熟,这是一种必然,可心中仍然有一种说不出的茫然与困惑,当然结局是释然的,就像这篇小文的基调一样充满了矛盾:最初是轻松,接着是无奈,渐渐地适应,最后又找回了最初的感觉,那就是另一种境界的轻松。

  我觉得这是一种难得的感觉:既然人生有它既定的规律,那为什么不能以平静凝和的心去接受呢?不管是长辈还是兄弟,有一样东西始终没变,那就是亲情,我从心底里深爱这个虽有很多缺点与不足,但不失仁义与男子汉气概的孩子。

  豆豆正在无可挽回地向一个成年人的道路迈进,对于他的未来谁也无法预料,但我这个长辈兼"兄弟"有一个始终不变的心愿:愿他成为一个快乐幸福的人,即使会遭遇各种挫折与困难,但仍能在克服这些挫折与困难后,不断有快乐与幸福陪伴!

2008 年

29 小弟的管理"追求"

小弟在家里排行第四,比我小一岁。但他从小就很有追求,力求和我平等,小时候,因为他身体倍棒,吃嘛嘛香,而我恰好相反,又是女生,所以,尽管他是家里唯一的男孩,又是最小的,但受到的父母的关注却比我少得多,为此,父母每次给我某样东西的时候,他都会锲而不舍地抗争并执着地追求,对爸妈说:"三也要!"小小年纪就表现出惊人的管理者追求。在他幼小的心灵中似乎坚定地认为,只要这么说并这么坚持,就能从父母那里得到和我一样的关注。尽管经常受到当时也是小女生的我各种丧心病狂的嘲弄,可小弟仍然执迷不悔。

我们的成长过程证明:只要足够有追求,小弟可以分分钟变兄长,亦可以分分钟变成有管理"追求"的男子汉。

小弟小时候比较调皮捣蛋,必须强调一下,调皮捣蛋在我的语境中绝对是褒义词,因为我发现,不是在调皮捣蛋中长大的男孩,就难以成长为不折不扣的纯爷们,也难以成为有追求的管理者。

我不知道调皮和有管理者追求对于一个男孩来说谁先谁后更好一些,小弟作为同时具备这两个特质的男孩,在学龄前就成长为我们大院里闻名遐迩的"孩子王"。那时候,物质生活贫乏,但他总能够井井有条地调配他的"下属",去开展各种成本低廉但富有创意的儿童娱乐游戏,每天和他的小伙伴玩得热火朝天、乐不思蜀。以至于尽管那时我和他没少吵架打架,用我们都处于幼稚状态的智商情商斗智斗勇,但我必须承认,我其实挺服气他在一帮孩子中的领头范儿。

顺理成章,小学、中学他在同龄人中也一样出类拔萃,记得他那时成绩很好,是少先队大队长,还经常参加一些文艺活动,是老师喜爱、同学羡慕的优等生。高中阶段,由于想法太多,叛逆期太长,严重影响了学习成绩,没能考上名牌大学,最后尽管是以自费生的身份进入位于青岛的某高校,但刚进学校没多久就凭借实力和其不懈的管理者追求进入学生会,成了学生中的明星人物。有一次,我和我的同学聊天,偶尔谈到我的弟弟,没想到我的同学居然也知道他,原因在于他有位同学在这所高校，从他同学那里听说，我弟弟参与并组织了他们大学很多闻名遐迩的校园活动，是他们学校当时的风云人物。由此看来，一个人的管理能力应该也是一种天赋。

随后，他的人生就陷入了一个漫长的低谷。学水产养殖专业的小弟，虽然毕业后专业对口，进入了水产养殖公司，可由于赤潮，他的事业刚开始就遭遇了巨大的挫折，这对他打击很大，接着，他开过服装店、饭馆，但似乎命运在故意捉弄他似的，做什么，亏什么，尽管挫折对于每个人来说都是不可或缺的经历，但身处其中并且周期很长、程度很重的时候，那种经历其实是很难熬的。

有人说："衡量一个人的成功标志，不是看他登到顶峰的高度，而是看他跌到低谷的反弹力！"从这个角度衡量，我觉得，我的弟弟真的是一个强者，每次重重跌倒后，小弟没有怨天尤人，而是默默承担，顽强地爬起来，再重新开始。一个机会让他涉足烟酒贸易行业，对于这个完全不熟悉的行业，小弟踏踏实实，以三十几岁的年纪，从一个最基本的打工仔做起，每天起早摸黑，勤奋工作，因为有知识，同时又有过去许多挫折中积累的经验，小弟的这一次起步获得了不错的成果。如今，他事业有成，创建了自己的公司，业务也逐渐走上正轨，趋向稳定。我弟媳妇在他的公司帮助打理业务，而我那聪明、英俊的侄儿也考上了名牌大学，真是非常快乐幸福的一家人。弟弟用他出色的管理才能，将家庭和事业都打理得有条不紊，令人煞是羡慕。

时间真的是一种奇妙而不可思议的存在，之所以有这样的感慨是因为，当你身处其中的时候，你全然感觉不到它的奇妙，可突然有一天你不经意中回忆过去的时候，却发现了生活中许多意想不到更不可思议的变化。不知从什么时候开始，永远有斗不玩的嘴吵不完的架的我和小弟，尽管在一起相处的时间越来越少，但情感上却变得越来越亲近了。最难得的是爸妈给我带来的小弟，在现实生活中却给予了我许多兄长般的关怀，他的管理才能也无时无刻不体现在生活的各个方面。比如，每次旅行，只要小弟在场，他一定会将我的行李打理得妥妥帖帖，很多活动，只要和小弟一起，我就自然地觉得很放松，因为他会将一切安排妥当，将我照料得无微不至，反而是被他尊称为姐姐的我，老是没心没肺，没有长进。

近几年，老爸的身体越来越虚弱，于是，小弟在打拼事业、照料家庭的同时，又多了一项较为繁重的工作就是照料老爸。他开车带着坐轮椅的老爸出游，爸爸住院，他跑前跑后联系医生，看着他忙碌的身影我心中很庆幸爸爸的福气。

从男孩到男人，假以时日，似乎水到渠成，但一个男孩如果要成长为一个有追求的管理者并能得到更多人认可的男子汉,还是需要付出很多努力并对自己的人生进行卓有成效的管理的。时光只能让男性成为年龄上的男人,如果再加进执着的追求和不同的人生阅历,将会出现很大的反转,我的小弟以他的聪明、智慧、有担当,以及丰富的人生经历,不仅将自己塑造成了内外兼修、顶天立地的男子汉,而且还成了一位沉稳理性并有执着追求的管理者。

专题五
管理论文

管理是一门实用学科,其存在的终极目标是在实践中的应用,而为了使管理的原理和规律得到更好的应用,又需要更深入的理论研究与探讨,如此管理丛林才能生生不息、繁茂生长。

1 提升"中国制造"的质量竞争力

摘 要: 本文依据质量竞争力相关理论,针对目前中国制造在国际贸易中质量方面遭遇的困境,在进行现状分析的同时,阐述了提升质量竞争力的重要意义,并提出了提升中国制造竞争力的相关质量方法和途径。

关键词: "中国制造" 质量竞争力

一、问题的提出

近年来,随着中国制造出口数量的迅速增加,进口国尤其是西方发达国家对中国产品的质量质疑也呈现增长趋势。今年以来,接连发生的"毒玩具"、"毒牙膏"以及"输美轮胎事件"使"中国制造"的质量遭遇挑战,损害了"中国制造"的国际形象。

从某种程度上可以说,产品质量不仅会影响一个国家在国际贸易中的形象,更是一个国家综合竞争力和可持续发展能力的体现要素之一。因此,对于中国企业来说,在提高产品质量方面加大力度,从而提高自身的质量竞争力已成当务之急,势在必行。

尽管导致中国制造"质量门"的原因复杂,但毋庸置疑的是:相比于国际贸易中相关质量标准的要求,中国产品在质量方面的竞争力确实存在着不小的差距。提高质量竞争力是"中国制造"面临的迫在眉睫的问题,无法解决这个问题,"中国制造"就无法真正在国际市场中立足。

二、质量竞争力概述

国内学者蒋家东认为,企业竞争力是一个比较复杂的概念,他归纳了国内外学者从经济学、评价指标体系、战略抉择、质量管理等不同角度,对企业核心竞争力定义进行的研究,并在此基础上对企业质量竞争力的内涵进行了六方面的解读。

据此,将质量竞争力定义为:在竞争性市场中,一个企业在质量方面所拥有的,能够持续地比竞争对手更有效地向市场提供产品或服务并获得赢利和自身可持续发展的综合素质。

著名学者多明戈(Domingo)指出:"全球竞争力始于质量竞争力又终于质量竞争力,在努力寻求价格竞争力、成本竞争力和技术竞争力之前,必须首先获得质量竞争力。"由此看来,质量是构建企业竞争力的核心中的核心。提升中国制造的质量竞争力对于中国制造未来的健康生存和可持续发展意义重大。

回顾美日等发达国家经济发展的历史就可以发现,其实,中国制造在质量方面遭遇的困境这些国家都曾经历过,但它们通过自身的努力,将危机转化为契机,从而促进了经济的崛起。日本运用质量管理这个"武器",成功度过上个世纪70～90年代的经济危机,而上个世纪80年代开始,美国企业也借助卓越绩效、六西格玛管理等质量管理手段,提高了质量竞争力从而使企业重整旗鼓。

综上所述,中国制造需要将更多的专注集中于提高质量竞争力,并从中挖掘出促进企业重新构建核心竞争力的新契机。

三 "中国制造"的质量竞争力现状分析

企业质量竞争力与其获得赢利和自身可持续发展综合素质密切相关。企业质量竞争力的各种影响因素总是整体性地发挥作用。目前许多企业要么不惜一切降低成本,要么沉迷于花样繁多的营销策略,恰恰忽略了企业发展最重要的基石——质量。

1. 企业的质量执行力欠缺

质量是企业竞争力的核心要素,也是技术和品牌的依托和保证。质量是企业的立命之本,以牺牲质量为代价的规模扩张和成本控制,其代价必然是损害企业生存和发展的根基——声誉和品牌。目前"中国制造"较高的国际市场占有率,主要依靠的是建立在低成本基础上的价格优势实现的规模扩张,而在质量上则与发达国家仍存在一定的差距。这种差距既有性能、可靠性、稳定性、使用寿命等方面的不足,也有卫生、环保、安全等方面的欠缺。中国产品要想成为世界品牌,就必须要有世界级质量的支撑。而世界级质量的打造则取决于四个方面的质量执行力,即技术、管理、生产和市场开发方面的执行力。因此,"中国制造"要牢固地占领国际市场,就必须练好内功,着力提高质量执行力。在这方面,中国企业必须付出艰苦的努力。

2. 质量文化建设的缺失

相对于发达国家来说，我国的企业质量文化建设基本上还处于起步阶段。从近几年产品的抽查结果来看，质量差、产品结构不合理、企业内部质量严重欠缺、领导和职工的质量意识淡薄等问题已成为制约"中国制造"发展和效益增长的关键，严重削减了我国企业参与国际市场竞争和开拓国内外市场的能力。目前，我国企业在质量文化建设方法的缺失主要体现在以下几个方面：

一是企业管理者自身对质量的认识不到位，难以实现引导性的质量管理。二是员工对质量的认识不够明确、具体，缺乏共同的质量意识培养与质量目标凝聚，加大了质量管理的难度。三是工作过程的质量定义权，相当一部分由员工自己掌握，缺乏规范性，由此引起的企业内部质量"纠纷"与阻力时有发生。四是企业内部的质量诚信规范没有形成，质量诚信与质量道德氛围远没有成为员工的职业操守，低层次质量问题仍然占相当大的比例。五是员工参与质量思考和质量管理的程度不够，顾客的需要、管理者的关注并没有为大多数员工所认同和接受，重复性质量问题难以禁绝。

3. 产品标准的问题

标准是指为在一定范围内获得最佳秩序，经协商一致并由公认机构批准，共同使用的和重复使用的一种规范性文件。在市场经济条件下，竞争不仅仅是标准水平的竞争，更重要的是标准执行力的竞争，标准执行力会直接影响到企业的产品质量。只有不断加强标准的执行力，才能使企业的产品符合一定的生产和服务标准，从而全面提升企业的产品质量水平，否则就会被市场淘汰。

标准影响的是一个行业，甚至一个国家的竞争力。当今世界谁掌握了标准的制定权，谁就在很大程度上掌握了技术和经济竞争的主动权。

近10年来，随着各国政府所推出的各种安全质量法令法规相继出台，各种政策壁垒的压力也接踵而来。2007年，欧盟RoHS、EUP等指令进入全面实施阶段，欧盟对进口产品的检测认证对中国产品出口造成的影响尤为巨大。

一方面，中国企业如果想将产品出口到欧美日等发达国家市场，就必须达到并通过各种严格的标准检测认证；另一方面，很多企业却没有对标准化建设引起足够的重视，不愿意投入资金、技术，增加检测手段，提高检测能力，不能严密有效地贯彻相关标准。有的企业只重视产品标准的制定和贯彻，而忽视与产品标准配套的其他技术标准、管理标准和工作标准；标准修订周期长，标准之间的协调性差，不适应市场需要；没有把企业标准化建设与质量管理和经济责任制挂钩，不能有效提高产品质量和经济效益。

四、提升"中国制造"质量竞争力的途径

1. 培养注重质量的企业质量文化

美国著名质量管理大师克劳士比曾告诫,任何先进管理办法要发挥效用,都需要有一种发自内心的质量文化和组织文化作支撑,否则就会流于形式。因此,积极转变思想观念,树立起强烈的风险和责任意识,无疑是我们增强质量竞争力进程中的一项重要内容。

质量文化是一种管理文化,也是一种组织文化,它通过潜移默化的方式影响职工的思想,从而产生对企业质量目标、质量观念、质量行为规范的"认同感"。在质量文化所形成的氛围中,职工为了得到领导和同事的认同而产生自我激励的动因,为实现企业的质量改进目标而努力工作。

企业质量文化的建立可以使企业和员工树立科学的质量价值观,把质量放在优先地位,使全体员工在质量和用户第一这个共同的价值观的指导下,凝聚到一个共同的方向,保证质量方针和目标的实现。

企业要面向市场和用户,就必须以企业质量文化为中心来带动企业各项管理工作,在诸多的管理工作中,最重要、最有潜力、最急需解决的是企业质量文化素质问题,产品质量的提高,归根结底是要依靠全员质量文化素质的提高。企业要生产高质量的产品,在市场竞争中永远立于不败之地,很重要的一点就是要构筑培植好企业的质量文化,企业质量文化要靠企业的领导和员工共同来创建。

企业质量文化应以人为本,应倡导职工以主人翁的姿态发挥积极性、主动性和创造性,积极参与企业的决策、管理和各项有益的活动。

2. 加强产品的标准建设

标准执行力问题是关系到产品质量的一个核心问题。标准执行力反映一个国家和地区综合经济管理水平。因此强化标准执行力,引导企业积极采用国际标准和国外先进标准,对于提高企业的产品质量整体水平、增强企业竞争力具有深远的历史意义。

为此,一方面,国家标准化主管部门应确保标准化建设所需资源的投入;另一方面应由国家标准化主管部门或行业协会出面,组织来自企业、科研院所、同行业竞争者、供应商和专家联合实施标准化的研发和攻关,共同研究和制定相关行业的技术和管理标准;再者,标准化主管部门应采取各种激励措施。激发企业标准

化建设的攻关热情,通过企业标准化建设推动国家标准和行业标准的建设。

企业领导还应把标准化战略作为企业发展战略的重要组成部分,加大对标准化工作的投入。企业的研发部门应集中设计、采购和施工过程中的专业技术和管理人员,把标准化建设作为研发工作的重要内容,把研发工作与企业的实际需要接轨,加强与相关方(包括顾客、国内外竞争对手、供应商、政府和行业标准化主管部门、科研院所、高校等)的合作,集中各方的优势资源,建立企业标准化建设的平台,使所有相关方都在标准化建设中获得利益。

3. 加强现地现物的细节管理

完美的产品质量的源头主要体现在组成产品的各个细节上。丰田公司闻名于世的精益生产模式的核心其实就是现地现物注重细节的生产模式。对细节的苛求成了企业管理最基础、最核心的要素,同时,他们的服务理念、品牌价值已经实实在在地体现并固化在细节中。由此看来,细节的重要性在提升质量竞争力的过程中怎么强调都不为过。

"现地现物"在日语中的字面意义是实际的零部件和实际的地点,听上去似乎简单,但却是丰田管理的最重要的原则之一。这个原则的含义就是:解决问题的方法是要亲自看到实际情况,掌握一手信息,对生产过程中的人、设备、技术、物流和操作的每一个细节都要有所把握。从而组建更好的管理体制,使人、方法、材料、设备、计策达到最佳成果,产生最佳效益和质量。丰田注重细节的管理模式对于已经成为世界制造工厂的中国制造企业研究、反思、学习丰田的生产、制造、质量和管理方面的经验和实践,无疑具有重要的借鉴意义。

4. 强化质量检验机制

一是需要建立健全质量检验机构,配备能满足生产需要的质量检验人员和设备、设施。二是要建立健全质量检验制度,从原材料进厂到产成品出厂都要实行层层把关,做原始记录,生产工人和检验人员责任分明,实行质量追踪。同时要把生产工人和检验人员职能紧密结合起来,检验人员不但要负责质检,还有指导生产工人的职能。生产工人不能只管生产,自己生产出来的产品自己要先进行检验,要实行自检、互检、专检三者相结合。三是要树立质量检验机构的权威。质量检验机构必须在厂长的直接领导下,任何部门和人员都不能干预,经过质量检验部门确认的不合格的原材料不准进厂,不合格的半成品不能流入下一道工序,不合格的产品不许出厂。此外,为突出质量管理工作的重要性,还要实行质量否决,就是把质量指标作为考核干部职工的一项硬指标,其他工作不管做得如何好,只要在质量问题上出了问题,在评选先进、晋升和晋级等荣誉项目时实行一票否决。

五、结论

市场的竞争,首先是产品质量的竞争,领先的技术通过质量保证才能有领先的质量。质量需要严格的质量管理来确保,这就要求企业要建立产品设计、制造到售后服务全过程的运转有效的质量保证体系,实施对产品生产的全员、全过程的严格监控。作为全球最大的发展中国家,培育质量竞争优势日益成为我国参与全球更大范围、更广领域和更高层次的经济合作与竞争的重要举措,也是保障和促进中国制造可持续发展的重要举措。

参考文献

[1] 杨辉. 企业质量竞争力的形成机制与建设. 航天标准化,2008(1)

[2] 上海质量管理科学研究院. 质量竞争力. 北京:中国标准出版社,2006

[3] 蒋家东. 企业质量竞争力的内涵及其评价方法. 航空标准化与质量,2005(3)

[4] 唐晓芬. 质量竞争力研究. 上海质量,2002(10)

[5] 王洪伟. "中国制造"的标准命门. 新经济杂志,2010(1)

[6] 武振,王博然. 提升"中国制造"国际竞争力的分析与思考. 当代经济研究,2010(8)

[7] 贺朝铸. 企业标准化建设中存在的问题及对策. 中国质量,2007(4)

[8] 姜汝祥. 中国制造向日本学什么. 商周刊,2009(11)

2 提升高职院校产教结合执行力的途径

摘　要: 本文阐述了目前产教结合模式实行过程中存在的主要问题是执行质量,并从课程建设、师资队伍建设、提高学生职业素质等方面探讨了提升高职院校产教结合执行力的途径。

关键词: 产教结合　执行力　途径

20世纪90年代中后期,高职教育在我国得到了快速发展,产教结合作为做好高职教育的重要措施,经过国内许多高职院校对产教结合教育富有创意的探索,已形成了一些比较成功的模式,比如:产学研合作教育模式,学校和企业全过程、全方位合作的办学模式,工学交替模式,双向参与、分段培养的教育模式,"实训—科研—就业"一体化的办学模式,订单式培养模式等。

上述模式无疑为我国众多高职院校提高办学质量提供了良好的典范,但许多高职院校在执行这些模式的过程中出现了各种各样的问题,最终并未取得预想的效果。由此看来,要使产教结合取得更好的效果,除了要借鉴优秀的模式外,至关重要的问题就是要提高对优秀模式的执行力。

执行力是指组织在达成目标过程中所有影响最终目标达成效果的因素,对这些影响效果的因素都进行规范、控制及整合运用的话,组织就可提高执行力。因此,组织必须在战略和运营、人员与运营以及战略和人员这三组关系之间建立联系,才有可能从更大程度上提高执行力,有了良好的执行力,就能行之有效地提高产教结合的质量。

根据上述提高执行力的相关要素分析,在产教结合工作的执行过程中,涉及执行力的要素包括:产教结合相关模式的选择,人员因素(即相关企业和学校的决策者、管理者、教师、学生)以及理论,实训课程计划,教学模式的制定、调整和协调等。

如果能对上述相关要素之间的联系进行相关的整合研究,并从中发现产教结合相关模式在执行过程中的断点、盲点,找到弥补这些断点、盲点的途径,就又可能从很大程度上提高产教结合的执行力。

一、产教结合模式的选择与确定

高职教育所培养的是面向生产、管理、服务第一线需要的"下得去,留得住,用得上",实践能力强,具有良好职业道德的高技能人才,因此,从某种意义上讲,高职教育就是就业教育。高职教育所培养出来的学生应当是"应用型"人才,而非"研究型"人才。

上面提到的产教结合的相关模式基本都遵循了这种目标定位,强调旨在提高学生实际操作能力的实训内容的训练,只是在实行的途径和方式上有所不同,因此,高职院校在选择产教结合模式的时候,应根据自身专业特点、师资状况、办学条件以及企业情况等确定一个适当的模式,同时,还可以按照自身的办学思路对现有模式进行不断调整、完善,通过富有创造性的执行过程,形成自身独具一格的特色。

确定了适当的模式以后,还需建立流畅的产教结合运营体系,并在每一个运营环节配备最恰当的人选,以便能对运营环节保持良好的控制,使选择的模式得到完美的执行,才有可能使产教结合的目标真正落到实处。

二、课程建设

课程建设是提高产教结合模式执行力的一个重要因素,确立了相应的模式以后,应从以下几个方面加强课程建设,以便在课程方面形成对所选模式的有效支撑,从而确保产教结合的执行力。

1. 按照技术领域和职业岗位(群)的实际要求设置课程及精选内容。例如,江苏海事职业技术学院经贸系物流管理专业,在与企业的合作过程中,根据企业的实际需求,适时增加了第三方物流企业管理的课程内容。同时,还根据培养目标中对学生知识结构的要求,进行了相关课程的删减和调整,加强基础理论知识学习,加强英语和计算机应用能力训练,加强实际操作能力培养。今年暑假,经贸系开展走访企业了解毕业生情况的工作,从企业反馈的信息中发现,企业对学生Office系统的应用能力有着非常具体的要求,比如一分钟打字速度应达到30～40字,对Excel的多种使用功能也有具体的规格要求等等,为此,我们在课程设置中特别加强了对这方面能力的训练,以从更大程度上减少学生实际能力与企业实际需求的差距。

在课程设置中坚持"必须"和"够用"原则,即课程的内容应反映专业培养目标要求"必需"和"够用"的基础知识,以增强课程的实用性和实效性。

2. 利用选修课程,对学生的知识结构进行有效扩展、整合。一方面,通过有效的激励措施鼓励教师开发自身资源优势,开设多种富有特色的选修课,并要求教师按必修课的标准写出备课笔记,填写教学日志,制作相关教学文件,以保证选修课的教学质量;另一方面,鼓励学生在学好必修课的基础上,结合个人兴趣、爱好修习相应的选修课程,以从更大程度上拓宽知识面,提高自身综合素质。并从制度上加以确定,规定学生必须修满一定的选修课学分,才可以毕业,以此促进学生以更加个性化、人性化的方式使自己的知识结构更加符合未来职业生涯的需求。

3. 加强精品课程建设。在进行人才培养过程中,课程具有不可取代的重要性和基础性。课程是一种文化传递,它是人类智慧的结晶,是科学、技术、经济、文化发展历史的总结,又是现代文化发展前沿的反映。有计划、有目标地建设一批辐射性强、影响力大的精品课程,可以营造一种重视教学质量、重视课程建设、以人才培养为己任的良好氛围。因此,开展精品课程建设的工作也是对课程实行宏观管理、可持续地推进课程整体建设、提高教学水平的重要手段,是推进管理观念更新、实现教学管理创新的主要方面。为此,我院不仅在院、系的课程建设规划中对精品课程建设提出了相应的目标,而且还制定了相关的规定,对精品课程的建设工作做出具体的部署,以期通过此项工作促进更多的教师拓展教学思维,富有创意地完成课程的教学工作。

4. 突出高职院校特色,增加实训课程的比例。我院根据市场调查和企业的实际需求,实行"公共基础+专业模块+社会实践"的课程结构模式,遵循"实用、够用"原则确定实训课程的具体内容,使实训教学的比例达到40%以上。并且不仅从数量上增加实训课程的比例,还通过对实训课程教学过程的严格管理确保课程的质量。以我院经贸系物流专业为例,实训课程种类丰富,包括:认识实训、单证制作、电子商务实训、配送与仓储管理实训、物流管理信息系统实训、物流综合实训等。为了保证实训课程的质量,系里在教学环节进行了细致的管理,为每门实训课都制定了实训指导书、教学大纲、授课计划和评分标准,对每个实践教学环节、项目的教学目标、内容、要求、形式、手段、学时安排、与理论教学的衔接以及考核方式、方法等作出明确的规定,使实践教学规范化。要求教师写出详细的教案,到了实训基地后,还制定了实习培训跟踪记录表,由实习基地的指导教师和我校负责带学生实训的老师对学生每天的实训情况做出评估,要求学生在实训结束后写出详细的实训报告,这些管理措施使实训课程的效果得到了有效的保证。

三、加强对学生的职业素质教育,塑造学生健康向上的求职心理

高等职业教育近几年来发展很快,规模迅速扩大,很多学校投入了大量精力进行课程建设,改善教学设施、设备,与相关企业合作,以增强学校的竞争力,但却从一定程度上忽略了对学生职业素质的教育,使学生在求职及工作后出现了种种问题,主要表现在以下方面:

(1) 到了企业后,不能安心工作,跳槽现象严重;
(2) 知识结构与企业需求严重脱节;
(3) 眼高手低,动手能力比较差;
(4) 对未来职业生涯的定位较高,偏离自己的实际情况。

为此,应加强对学生职业生涯规划的教育,让学生尽早接触社会,调整自己的定位。帮助学生树立正确的职业理想,培养正确的职业价值观念。同时帮助学生了解就业形势,进行职业生涯规划。教会高职学生如何认清就业形势,收集就业信息,引导他们深入社会,帮助他们认清专业发展与职业发展的关系,设计职业生涯;教育学生在职业生涯规划中应考虑社会需要与自我目标的协调。培养学生的基层意识、吃苦意识。鼓励高职学生到基层单位去施展自己的才华。教会学生在了解就业形势的基础上对其职业生涯进行必要调整,传授有关就业技巧与相关就业技术知识(如签约、合同、劳保福利等);加强就业心理健康教育,缓解就业心理压力,保持良好心态。

四、师资队伍建设

在提高产教结合执行力的要素中,人的因素尤其是教师的因素无疑是至关重要的,因为他们是向学生传授理论和实践知识的主体,培养高质量学生的前提就是建设高素质的教师队伍。

与一般高等院校相比,高职院校衡量教师素质应该有其特殊的标准,应更加强调教师的实践经验,因此,高职院校的师资队伍建设应从提高教师的职业素质方面着手。

1. 引进有实践工作经验的教师

学校应从教师招聘环节就注重引进在相关行业有实践工作经验,同时又有相

应理论水平的人员,并对他们进行提高授课技巧的培训,使他们所具备的教学资源得到有效的整合,并运用到教学工作中,营造一种注重提高综合职业素质的教师文化氛围,建立一支具有行业背景的专兼职教师队伍。

2. 注重"双师型"教师队伍建设

对现有教师加强职业培训,是"双师型"师资队伍建设的重点。学校应充分利用现有的师资资源,加强对他们专业实践能力的培训,以适应高职学院教学的需求。具体途径:①通过加强实践教学环节,提高教师的专业技能。目前职教的发展以实践教学环节为主,这要求教师积极承担实践教学任务,在实践教学中,真题真做。同时在实践教学中完成培养学生动手能力、理论联系实际能力及运用已掌握的知识解决实际问题能力的教学任务。②安排教师到职教师资培训基地培训。由于现有教师的专业知识面较单一,难以适应面对职业岗位群培养目标的要求,学校应有计划、有目的地利用寒暑假对在职教师进行培训,可通过相近专业的短期培训,达到拓宽教师专业知识面的要求,通过培训,使教师的知识面拓宽,能够适应培养职业类学生一专多能的目标。

制定激励措施,促进"双师型"师资队伍建设。高职院校应重视在职师资培训,并制定相应的激励措施,把师资队伍建设纳入学校发展的总体规划,建立继续教育制度,根据学校发展的总体规划,结合实际,考虑现有教师和专业走向的需要,制定出学校师资队伍建设的培训计划,使教师在专业、学历、年龄、双师型比例和结构等方面适应学校发展的需要;同时要求专业理论教师根据自己专业或个人特长,结合学校的培训计划,制订个人的培训计划,注重对相关专业技能和实践能力的培养。并将"双师型"教师队伍作为考核的重要内容,把教师接受专业技能培训及取得技能证书情况,载入教师个人业务档案,与职务评聘、晋升、奖励挂钩,建立"双师型"教师评价考核体系。

基金项目:国家教师基金"十一五"教育科研规划重点课题
项目编号:CTF060123

参考文献

[1] 黄亚妮.高职教育校企合作模式初探.教育发展研究,2006(10)
[2] 罗振华.高职学生、专业培养计划和用人单位定位不均衡分析.职教论坛,2006(12)

［3］楼一峰.建立高职院校产学合作办学模式和运行机制.职教论坛,2006(9)
［4］吴万敏,史晓强,等.行业高职院校产学研结合模式研究与实践.广州:广州民航职业技术学院,2005
［5］卢晓春,姜远文."双师型"师资队伍建设面临的问题和对策.机械职业教育,2001(10)

3 构建能力导向的高职院校管理学实训体系

摘　要：本文依据行动导向理论中关于能力构成的相关理论，针对高职院校管理学教学的实践，提出专业、方法和社会三种能力中涉及的相应的管理能力，并提出进行相关能力提升的方法和途径。

关键词：能力导向　专业能力　方法能力　社会能力　实训体系

对于高职院校来说，《管理学原理》这门课程的教学目标至少有两个：一是管理学的基本理论和原理；二是引导学生用管理学的思维方式去观察、分析和解决组织管理中的实际问题。后者尤为重要。

基于上述教学目标，高职院校在构建管理学实训体系时，应注重从管理学的基本理论框架中剥离出学生必须掌握的能力，然后再采取行之有效的方法和途径对学生进行相关能力的训练。

一、管理学实训中的能力要素

根据行动导向理论中相关职业能力构成的理论，人的能力结构可分为专业能力、方法能力和社会能力。专业能力是职业活动得以进行的基本条件，但仅具备专业能力，而缺少跨专业的方法能力和社会能力，职业活动取得的结果往往事倍功半。

在管理学教学中，可将这些能力归结为不同的管理能力，从而构成管理学实训中对学生进行能力提升的培训要素，具体如下：

1. 专业能力。专业能力是指专业领域内从事生产、经营、服务等职业活动所需要的能力，它是知识和技能的综合。

这也是管理学课程教学中需要提升的核心能力，主要包括控制能力、组织与协调能力、信息处理能力、提供增长与发展能力、激励与鼓舞能力、冲突处理能力、策略性地解决问题的能力等。

2. 方法能力。方法能力是一种基本发展能力，它是指从事职业活动所需要的工作方法和学习方法,它包括科学的思维模式和基本技能。

归结到管理学教学中需着重提升的这方面能力主要包括:独立思考能力、分析判断与决策能力、获得与利用信息能力、创造力、学习能力等。

3. 社会能力。社会能力是指从事职业活动以及生活在社会中所需要的行为能力,包括:人际交往、公共关系及社会责任等。它既是基本的生存能力,又是基本的发展能力。

归结到管理学教学中需提升的此方面能力包括:团队合作能力、转换能力、口头及书面表达能力、承受能力等。

需要强调的是,尽管方法能力和社会能力与特定的、专门的职业技能知识无直接联系,是一种可迁徙的跨岗位、跨职业的工作能力,但它们是更好地获得专业能力的保证,因此在管理学实训中非常需要对这两方面的能力进行提升。

二、能力导向的管理学实训体系

在构建管理学实训体系时,可将上述能力要素有机地融合于理论教学环节,同时将课程分为理论与实训两条教学线索。理论教学,以管理学的四项基本职能——计划、组织、领导和控制为框架,形成一个理论教学体系;实训教学则结合理论和上述能力要素,设计实训内容。每次理论课结束后,紧接着就进行相关能力方面的实训,实训紧密联系刚刚讲完的理论,将会使学生对理论有更深刻的理解,能更深刻体会相关理论原理的现实应用。

1. 管理学的专业能力实训项目

案例教学法在管理学教学中的应用已十分普遍,但如何在能力导向的前提下灵活而富有质量地运用案例教学法从而提高管理学实训的执行力则仍然是一个新的课题。应用恰当就能有效提升学生的表达能力、沟通能力、组织能力、分析能力、自我管理能力等多方面的管理能力,进而达到举一反三的迁移性应用知识技能的目的。通过在不同管理情境下对现实案例设身处地的分析和研究,学生可以通过这个过程逐渐提高处理管理实际问题的能力。

案例教学的目的是通过一个个具体案例的讨论和思考,去诱发学生的创造潜能,这个过程并不关注能不能得出正确答案,真正重视的是得出答案的过程。

在进行案例实训时,可以案例为线索,形成一系列对各种管理能力进行训练的实训项目,从而对管理能力进行多方面的训练。

作为案例实训组织者的授课教师,在开课之前制订一个详细的案例实训组织计划至关重要,包括:案例类型、案例来源、发放案例素材的时机、案例讨论的具体组织形式及步骤、案例讨论过程中可能出现的问题及其对策等。

案例的选择是实训是否成功的关键,直接影响实训教学效果的好坏,因此应紧紧围绕需要培训的能力要素选择合适的案例。

教师应提前通知学生案例讨论的主题,指导学生分组,让学生自愿组成人数不超过 7 人的学习团队,并指派一名组长负责相关的组织工作,同时布置每个小组到网上或图书馆查询相关资料,团队成员分工合作准备好提纲、课件、案例宣讲的形式,然后指派一名代表届时到讲台上做案例宣讲,其他小组作为评委给宣讲者打分,并就案例宣讲中的一些问题展开讨论。通过此过程锻炼学生的组织协调能力、信息处理能力和制作书面资料的动手能力。

2. 管理学的方法能力实训项目

管理学包含的理论、概念较为抽象,只有将其灵活地运用于组织的管理实践中,才能显示其科学性和实用性,但学生对企业运作却知之甚少,若采用教师讲授、学生听讲的传统的教学方法,很容易造成学生厌学的倾向。因此,需要鼓励学生参与到教学过程中来,在教学中,教师与学生逐步建立一种融洽的互动关系,充分调动学生的积极性和参与性,从而培养学生主动进行探索、研究的意识。

将"学习团队"的教学形式贯穿于整个的管理学课程教学过程中,由学生根据自愿组成不超过 7 人的学习团队,共同完成教师布置的实训内容,在组长的主持下,共同策划,紧密协作,相互配合。教师逐步由知识传授者和教学监督者转变为学习指导者和协调者。

在实训教学中,教师应尽量鼓励学生参与,但要预先做好相关辅导:一是辅导学生如何收集和归纳资料;二是指导学生如何恰如其分地表达并证明自己的观点,适时做好总结。

课堂上,教师不是以讲解为主,而是充分运用布置学生预习和复习的环节,上课主要指出相关章节的学习要求和所应该掌握的知识点,对重点、难点知识作简要的说明,大部分时间是就本章节中所涉及的管理中的实际问题,引导学生进行思考和讨论。

例如,对管理概念的相关理解,可事先提出问题:管理的内涵与性质是什么?你如何理解管理对组织生存和发展的重要意义?提前指导学生以学习团队为单位在课外收集资料,进行准备,每组选一人进行课堂宣讲。在宣讲过程中,一个学生演讲完毕,随机抽取某个学生对其演讲内容和表达能力进行评价。这种实训方法,可以培养学生及时快速收集实际工作所需资料的能力、语言表达能力和归纳分析能力,课堂教学中充分训练学生这方面的能力,完全符合高职教育人才培养的基本目标。

3. 管理学的社会能力实训项目

角色扮演教学法特别适于培养学生的交际能力。角色扮演的应用范围很广泛,这种实训法能培养学生多方面的社会能力。由于社会交往和掌握处理问题的方法与几乎所有的职业都有或多或少的关系,因此角色扮演能够很好地提高培训效益。

角色扮演包括两个方面,即学习和掌握自己的角色并了解对方的角色。在角色扮演时既改善自己的行为能力,又注意到对方角色的反应,是这种方法的基本特点。角色扮演法是一种培养学生社会能力、交际能力的有效教学方法。通过不同职业角色的扮演或比较分析,使学生逐步接受各种"现实角色"的人格特征,揣摩所扮演角色的行为方式,设身处地地去体验、去理解管理的基本方法,掌握相应的基本技能,同时又能根据对方角色的言行作出合适的反应。通过这个方法,学生能了解和学会评价现实社会中各种角色的社会作用和自身位置。

但是,由于教学时间和情景模拟内容所限,难以让所有的学生都有扮演角色的机会,所以就有可能出现没有角色的学生参与意识和积极性不高的现象。因此应处理好参与角色和情景模拟者的关系,要让没有参与角色的同学积极协助参与角色同学进行演练,共同分析问题、设计情节、参与提问和总结等活动,以便通过演练过程中的相互协作甚至角色互换来达到增强团队合作精神的目的。

另一项用以提升学生社会能力的实训项目是辩论。辩论是一个集体项目,着重考察团队精神和处理冲突的能力。这项训练需要设定主题,组建正方和反方阵营,教师预先就如何开展辩论进行辅导,辩论的组织可指导学生安排落实,辩论时,可以按分组讨论和自由讨论两种方式进行。分组讨论是将情景模拟者分为两个小组,围绕某个专题,每组的成员依次发表观点,最后由一位同学进行总结。自由辩论则不分发言先后顺序,可以相互询问质疑。

用辩论会的方式来研习管理中的问题,充分体现了教学从"以教师为中心"向"以学生为中心"的教学思想的转变,教师成为学生自主学习的指导者和辅助者,通过这种方式能极大地引发学生的学习兴趣。

在辩论过程中,老师应注意观察每位辩论者是否注意倾听对方陈述的观点,表达的技巧是否有欠缺,进行辩论时小组内部的合作程度,特别是辩论者能否敏锐地抓住对方的漏洞进行反驳等等。

在实训过程中,应强调互动性,教师可放手让学生自己去做实训的相关组织、协调工作,教师在这些环节中只给予必要的支持和指导,最后的结论一定要由学生自主得出。

三、能力导向的实训体系的评估

以往的管理学教学中对学生的考评大多都是一次考试定成绩,这种考评方法容易滋长学生的投机意识。为了提高学生参与管理学实训的积极性和主动性,建立恰当的实训考评体系就变得非常有必要了。

在进行管理学成绩考评时,应适当提高实训成绩在整个管理学成绩中的比重,一旦实训成绩与学生的期末总成绩挂钩,这种考评就能更有效地激励学生更注重学习过程而不仅仅关注期末考试的成绩,让学生感到实训过程的每次参与,其质量如何都会影响最终的总成绩,这样不仅培养了学生主动学习的精神,提高学习质量,而且可以使考试结果能更真实地反映学习的实际效果。

管理学的考评也应由过去的"单一评价"转向"综合性评价",即全方位反馈评价或多源反馈评价。这种评价体系包括:其一,重视教学评价主体的多元化,在教学中将学生的自评和互评、学生与教师互评和教师的评价结合起来。这样的评价将对引导学生进行自主学习、考核学生学习成效、激励学生学习兴趣、促进学生自我发展产生深刻的影响。其二,教学评价的多样化,就是评价方法和评价手段的多样化,即评价采用多种评价方法,包括定性评价与定量评价相结合,智力因素评价与非智力因素评价相结合。其三,教学评价的差异化。教学评价应该承认学生在发展过程中存在的个性差异,因此评价要针对不同个性的学生采用有针对性的评价指标和评价要求,保证评价能够促进每个学生都在已有水平上不断发展。

参考文献

[1] 滕大春. 美国教育史[M]. 北京:人民教育出版社,1994
[2] 陈桂生. 教育学的迷惘与迷惘的教育学[J]. 华东师范大学学报(教育科学版),1989(3)
[3] 秦虹. 基于能力提升的高职院校管理学教学模式探析[J]. 管理观察,2009(1)
[4] 张志宇,张学军. 高职院校管理学原理课程教学改革探索[J]. 教学研究,2007(3)
[5] 姜海峰,马萍. 管理类课程课内实训环节的设计与实施[J]. 沈阳建筑大学学报(社会科学版),2008(10)

[6] 陈辉华,王梦钧.《管理学原理》参与式教学改革探讨[J].长沙铁道学院学报(社会科学版),2006,7(2)

[7] 曹伟明.高职管理学课程课内实训环节的设计与实施[J].江苏广播电视大学学报,2009(5)

[8] 董华英.高职管理学课程实践教学模式探究[J].中国科教创新导刊,2008(1)

[9] 张皓明.职业技术教育中行动导向教学模式的研究——中德职教现状对比及其启示[D]:[硕士学位论文].上海:华东师范大学,2006

4 基于能力提升的高职院校管理学教学模式探析

摘　要:本文阐述了目前高职院校管理学教学中存在的主要问题,构建了基于能力提升的管理学教学新模式,并提出了能力提升模式实施的相关途径。

关键词:能力提升　管理学教学　模式

高职教育的人才培养目标是培养符合社会经济发展需要,面向生产、建设、管理、服务第一线的高素质、高技能应用型人才,课程设置直接针对岗位需求,针对经济、社会发展的现实需要。一句话,高职院校培养的是实用型人才,而非学术型人才,因此更强调学生的动手能力。

所以,高职院校"管理学"课程的教学重点应围绕上述教学目标,不仅要让学生了解相关的管理学基础理论原理,更重要的还在于从一定程度上提升学生在管理方面的能力,让学生通过课程的学习能够主动适应现实的管理环境,在工作岗位上正确运用相关管理理论来解决实际管理问题。

但目前,高职院校管理学的教学不论是从教学目标上还是教学内容和教学体系上都沿用了普通高等院校管理学教学的模式,即更注重管理理论的系统性、完整性,从很大程度上忽略了对学生管理能力提升方面的训练。

一、高职院校目前管理学课程教学模式存在的问题

1. 教学方法和手段单一。在教学方法上,讲授法使用的比较多,讨论法、案例分析法、体验式教学做得不足或做得不到位,导致学生学习兴趣不大、积极性不高。管理学既是一门科学,也是一门艺术。作为一门科学,可以通过讲授教材中的理论知识让学生掌握,这方面不难做到;但管理学同时也是一门艺术,艺术来源于实践,没有实践也就无所谓艺术,因此,在管理学教学中,需要教师为学生提供理论的思维空间和实际的情境(案例),使其身处其中,来学习管理学。

2. 实训教学环节较少或几乎没有。在经管类高职学生培养计划中,要求实

习实训环节占有一定比例,不过这类要求大多只是在书面上体现得比较多,执行的力度远远不够。原因一方面在于教师在这方面的教学能力欠缺,导致在这方面做得不足,甚至不能进行这方面的工作;另一方面,市面上可供教师参考的、编写得比较好的实习实训类指导书或教材缺乏。此外,由于资金及其他条件的限制,使得实习基地建设跟不上需要从而限制了实习实训课程的开展。

3. 教学理念与实用型人才的培养目标不相适应。高校在师资建设方面对教师的学历非常重视,因此许多管理类专业毕业的研究生越来越多地走进高校,从事教学岗位。毫无疑问,此类师资具有较高的理论水平,进行理论知识的教学非常适当,但管理学同时还是一门实践性很强的课程,需要教师将自身对管理实践的体会、经验与学生分享,而这一点却是许多具有高学历、从高校直接走上工作岗位的教师所欠缺的,他们当中有过管理经验的不多,具有多年从事高层管理经验的人才更少,以这样的师资状况,在讲授实践性很强的管理学课程时,在某些方面难免会有点力不从心。

基于上述种种问题的存在,在高职院校中构建一个兼顾理论讲授与能力提升的教学模式变得很有必要了。

二、构建基于能力提升的三维模式

能力是指顺利完成某项任务的心理特征,是个体从事一定社会实践活动的本领,是在合理的知识结构基础上所形成的,是多种因素的综合。合理的能力结构是从事职业、适应社会、寻求发展的基本而关键的条件。

人的能力结构可分为专业能力、方法能力和社会能力。专业能力是职业活动得以进行的基本条件,但仅具备专业能力,而缺少跨专业的方法能力和社会能力,职业活动取得的结果往往事倍功半。

1. 专业能力。专业能力是指专业领域内从事生产、经营、服务等职业活动所需要的能力,它是知识和技能的综合。

这也是管理学课程教学当中需要提升的核心能力,主要包括控制能力、组织与协调能力、信息处理能力、提供增长与发展能力、激励与鼓舞能力、冲突处理能力、策略性地解决问题的能力等。

2. 方法能力。方法能力是一种基本发展能力,它是指从事职业活动所需要的工作方法和学习方法,它包括科学的思维模式和基本技能。

归结到管理学教学中需着重提升的这方面能力主要包括:独立思考能力、分析判断与决策能力、获得与利用信息能力、创造力、学习能力等。

3. 社会能力。社会能力是指从事职业活动以及生活在社会中所需要的行为能力,包括:人际交往、公共关系及社会责任等,它既是基本的生存能力,又是基本的发展能力。

归结到管理学教学中需提升的此方面能力包括:团队合作能力、转换能力、口头表达书面表达能力、承受能力等。

因此,高职院校管理学教学过程中应同时注重上述三种类型能力的共同发展,从而构建出基于管理综合能力提升的新型管理学教学模式。

三、能力提升教学模式实施的途径

1. 采取能力导向的案例教学法。案例教学法在管理学教学中的应用已十分普遍,但如何在能力导向的前提下灵活而富有质量地运用案例教学法从而提高案例教学的执行力则仍然是一个新的课题。应用恰当就能有效提升学生的表达能力、沟通能力、组织能力、分析能力、自我管理能力等多方面的管理能力。

基于能力导向的案例教学法可按如下步骤进行:

➢ 课前准备:提前两周通知学生案例讨论的主题,并给学生分组,每组人数不超过 7 人,并指派一名组长负责相关的组织工作,同时布置每个小组到网上或图书馆查询相关资料,在团队充分合作的基础上准备好提纲、课件、案例宣讲的形式,同时指派一名代表届时到讲台上做案例宣讲,其他小组作为评委给宣讲者打分。——通过此过程锻炼学生的组织协调能力、信息处理能力和制作书面资料的动手能力。

➢ 宣布规则:进行案例宣讲前宣布相关规则,比如时间要求、评分规则、方法等。

➢ 开始案例宣讲:要求学生根据事先所做的准备在规定的时间内就案例中的某个问题发表本小组的观点并进行论证,这个过程可以对学生的口头表达能力、逻辑能力、使用转换能力、承受能力等进行训练。

➢ 教师点评:通过点评对每个小组的案例宣讲进行必要的激励、指导和控制,从而使案例宣讲能按确定的导向进行下去,从而最大程度达到教学目标。

案例教学法的意义不仅在于案例的内容,更在于教学过程的有目的、有导向的组织给学生带来的能力提升。

在案例教学中,应强调互动性,教师可放手让学生自己去做案例宣讲的相关组织协调工作,教师在这些环节中只给予必要的支持和指导,案例的分析结论一定要由学生自主得出。互动式案例研究教学可以达到以下几个目的:提高学生的理解、分析和决策的能力;增强学生的学习积极性和参与意识;促使学生相互沟通,培养团队精神。

2. 通过设立网站形成一个教师与学生沟通的网络平台。师生互动交流的启发式教学不仅体现在课堂上,还体现在这些交流在课后的延续。

网络的普及为师生之间更多更有效的互动提供了很好的工具,教育部高教司自2003年启动的精品课程建设项目不仅可以使教师们免费分享到海量的教学资源,而且也是一个教师和学生互动的良好平台,教师可以利用其提供的开源软件建立一个管理学课程的专门网站,将自己所掌握的更多的管理学相关的学习资源放到网站上,和学生分享,扩充学生的学习视野,同时它可以使学生进行自学、自教、自测和自评,通过网上查阅、讨论、答疑、作业、测试等方式来学习,有效地提高学生的学习兴趣与自觉性,培养学生自主学习的能力。

3. 转变理论教学的理念。在理论课的授课内容上,应在介绍理论的同时,更多地结合自己对理论的理解和学生分享自己对理论与相关实践的体会,引导学生在自有的知识体系上形成对管理学的个性化的理解、应用,而不是照本宣科,因为学生已具备对理论的学习能力。同时鼓励学生主动思考,将理论很好地应用于解决问题的实践。提升学生发现问题、分析问题、解决问题的实际工作能力。

在教学过程中,教师应更多地扮演顾问和伙伴的角色,在教学方式上更多采取与学生平等沟通的讨论式教学,赋予学生更多的主动权和自主权,使学生由被动地接受转为积极地参与,学习的兴趣和效率自然都会得到提高。

参考文献

[1] [美]斯蒂芬·宾斯. 今日管理学. 北京:中国人民大学出版社,2009
[2] 杨国兰,陈兰. 企业管理类课程以职业活动为导向教学模式探析. 职业技术教育,2007(5)
[3] 谢欣,涂早武. 高职工商管理专业《管理学》教学改革的思路. 济南职业学院学报,2008(5)
[4] 于云波. 高职管理学课程教学改革与创新. 无锡职业技术学院学报,2006(3)
[5] 张志宇,张学军. 高职院校管理学原理课程教学改革探索. 教学研究,2007(3)
[6] 黄克孝. 构建高等职业教育课程体系的理论思考. 职业技术教育(教科版),2004(7)

5 以可持续发展为导向的中小型电器零售企业物流绩效管理

摘 要：本文从可持续发展的角度，阐述了企业完善物流绩效管理的必要性，分析了中小型电器零售企业的物流特点、物流在整个企业成本构成中的地位，进而针对中小型电器零售企业的物流特点，提出建立基于可持续发展导向的物流绩效评估体系需考虑的关键要素。

关键词：可持续发展　中小型电器零售企业　物流绩效评估

对于众多专业物流服务企业和其他企业的物流部门来说，完善的物流绩效能力的开发和衡量很大程度上是与卓越的绩效密切联系在一起的，因为一个基于可持续发展导向的有效的物流绩效衡量体系可以实时向物流运作者们传递很多对物流的高效管理来说必不可少的信息，而它们正是决定企业能否继续良性成长的关键。

物流在中小型电器零售企业成本构成中占有相当大的比重，因此企业迫切需要通过物流合理化、科学化的运作来提高企业的利润率，物流成本成为企业决策者最关注的经营要素之一，这也给物流的精细化管理带来了良好的发展环境。随着我国经济的迅速发展，企业竞争的不断加剧，建立一个完善的物流绩效评估系统对中小型电器零售企业来说至关重要。

物流作为企业提高竞争力的重要因素，要想使其能够健康地发展，必须对企业的计划、顾客服务、运输、存货等物流活动进行绩效评价与分析。只有这样，才能够正确判断企业的实际物流经营水平，提高企业的物流经营能力，进而降低成本，增加企业的整体效益。目前，我国中小型电器零售企业的物流仍处于起步和发展阶段，如果在完善物流系统的同时，适时进行绩效管理，对提高企业整体物流管理效率和可持续发展能力，具有重要意义。

一、以企业可持续发展为导向的物流绩效评估概述

可持续发展观既要考虑当前发展的需要，又要考虑未来发展的需要；不能以牺牲后期的利益为代价，来换取现在的发展，满足现在利益。

基于可持续发展观的企业,可持续发展是指企业在追求自我生存和永续发展的过程中,既要考虑企业经营目标的实现和提高企业市场地位,又要保持企业在已领先的竞争领域和未来扩张的经营环境中始终保持持续的盈利增长和能力的提高,保证企业在相当长的时间内长盛不衰。

从可持续发展的含义着手,结合中小型电器零售企业物流特征,本文认为,对于中小型电器零售企业来说,具有可持续发展能力的物流系统,应该是能动态地满足消费者的物流需求,能尽可能地节约资源,同时还能使其内在功能不断完善,并能促进经济、社会、环境和资源之间相互依存、相互作用、相互促进、平衡协调,保持永续发展的一种模式。

为了使企业的物流体系具备可持续发展能力,就需要在建立物流绩效评估体系时,充分考量可持续发展的理念,从而将能够衡量物流可持续发展能力的要素整合进具体的考核指标,只有这样,才能使企业的物流绩效管理越来越趋向于可持续发展的导向。

二、中小型电器零售企业的物流特点

(一) 物流配送的季节性

家电销售季节差异明显,特别是对那些季节性强的家电。比如电暖气的销售旺季一般在每年的冬季;空调、电扇的销售旺季一般在夏季。据调查,旺季的销售额比淡季高出十多倍。另外,家电产品的"假日经济"特点也很突出。有时受节假日商家促销的影响,家电的销售会猛增,随之而来的是消费者对快速物流配送的需求。通过快速周转带来的大批量销售才能获得与厂商争取资源的砝码。信息化、实时化是物流制胜的关键。

(二) 外包与自营相结合的物流模式

目前家电连锁企业的物流模式主要以自营和外包的结合为主,其中配送物流在很大程度还是以外包为主。显然,以目前家电连锁企业的发展状态,物流外包更加适应连锁模式的发展需要,它使得企业可以降低成本,投入更多的资源在市场竞争上取得优势。但是,外包也存在一些弊端,主要是责任不明确,以及和配送承运商的协调控制不够,因此带来一部分顾客的投诉和退货,造成服务上的缺陷。这些,都增强了企业进行物流绩效评估的必要性。

(三) 越来越多地采用集中配送的一体化物流服务方式

目前,主要的家电连锁企业在大家电配送方面,越来越多地采用了集中配送的一体化物流服务方式。集中配送是指销售者对已销售商品进行统一配送安排,将售出产品集中由配送中心发到到购买者指定的收货地点。主要特点是,在一定地区范围,连锁企业无论有多少销售点,其所有的实物库存均保存在配送中心,各销售点只有样机没有库存或仅有少量库存。销售时,各零售点将购买者和售出商品的信息传递到配送中心,配送中心根据购买者的地理信息和货物信息安排送货车辆,送货的同时完成检验、安装、调试、结算等服务。

(四)库存和配送在总成本中占比重高

随着家电零售业态的发展,目前,企业多采用多跑量然后从制造商那里获得返点的商业模式,因此就对库存管理效率提出了更高的要求。如果库存管理不完善,将严重影响企业现金流、信息流的顺畅进行,造成牛鞭效应,从而增加库存成本。同时,销售网络庞大,需要有健全的配送网络与之相适应,而配送中心的规划、仓库的选址建设、运输车队的管理、IT系统的规划等等,则需要投入大量的人力、物力和财力,所有这些,都将构成企业运营重要的成本要素。

三、可持续发展导向的中小型电器零售企业物流绩效评估体系构成要素

由于所处的行业不同,物流绩效评估的具体要求也不同。对于综合中小型电器零售企业来说,其向顾客提供的产品主要是无形产品即服务,因此,建立在一定成本基础上的服务能力、质量就成为物流绩效评估的主要内容。此外,再加上劳动效率和资产的衡量,所有这些,构成了中小型电器零售企业物流绩效评估的基本框架。

(一)成本

要控制物流成本,就要了解成本的构成,并对构成成本的支出进行细致的分析,其前提是要确定哪些支出构成了物流的成本。

1. 单位变动成本。此项成本是进行边际贡献分析的重要数据,了解此数据,再利用公式:总固定成本/(单价-单位变动成本)就可以算出保本销售量,保本点是营业利润为零时的销售水平,销售水平在保本点以下会发生亏损,在保本点以上就能赢利。当管理者评价产品的市场机遇时或当老产品需求下降时,保本点就会成为一个非常重要的因素。

2. 运输费用。运输成本的构成包括:油耗、路桥费、停住费、人工、折旧、维修保养、车辆保险、养路费、营业税等。运输成本的控制可从承运人(公司或个体)和

运输工具的选择、运输线路的合理确定、运费谈判以及充分利用运载工具的载重和体积及回程车等途径实现。

3. 销售量百分比。虽然成本的细分可以提供一些绩效评估所需的信息,但由于每日、每周和每季的量是不同的,绝对值很难对绩效水平进行全面的评估,所以需要用一些成本的相对数,经常使用的两个比率是:

● 成本占收入的比例:大部分公司预算是按销售额做出的,这样,仓库功能将根据历年货运成本与销售额的比例来分配费用。一般情况下,仓库费用占销售额的2%。

● 成本占订单处理数(或处理箱数)的比重:在保证一定服务标准的前提下,物流部门应以这项比率越来越低作为努力的方向。

4. 仓储成本。可以根据年末库存额和全年库存周转次数以及利息、工资、动力和用具成本、存货数量、税金、保险、仓库设施的折旧等指标统计出仓储成本。

5. 行政管理费用。可根据运输和仓储成本,按一定管理费率计算得到。其计算公式为:

$$(库存成本＋运输成本)×管理费率$$

6. 成本趋势分析。对内,可以把某几项构成成本的指标按季、按月进行横向比较,也可以按年进行纵向比较,如果不同年、季的成本差距过大,应分析原因,并试图找出降低成本的方法;而对外,则可以把相关指标在同比情况下和最强劲的竞争者或行业平均水平作比较,如果数值偏低,则说明企业在降低成本方面具有较强的竞争力。

(二) 客户服务

客户服务是物流运作中最具价值的方面之一,而针对物流的客户服务至少需达到四个目标,即时间、可靠性、沟通与方便,如果一个企业的物流部门在这方面的一贯表现始终处于行业平均水平之上,那一定是一个有吸引力的公司和理想的合作伙伴。对于综合中小型电器零售企业来说,下列衡量指标在众多的指标中占有相对大的权重。

1. 投诉率:受到投诉次数及投诉订单在处理总数中所占的比重。投诉率自然是越低越好。

2. 错误率:此数据包括仓库在收、发、存、退、移货物以及配送部门在送货的各个环节中发生的错误。其公式为:错误次数/个人月发货的总次数。首先,应按照物流部门的一段时间内的工作实际,制定出一个可以允许的上限,如果超过上限,就可界定为非正常情况。

3. 及时发送:这个评估对公司在当今市场获得竞争力十分重要。零售企业货物发送的特点是客户零散、配送范围广泛并且路线复杂,很难界定一个详细的标准。一般情况下,在某一特定时期,整个行业会有一个大致的送货要求。但随着竞争的激烈,对准时送货的要求将呈现越来越高的趋势,因此,企业在界定这一指标时,应尽量精确。

4. 顾客忠诚度:可通过内部数据库分析顾客再购买行为获得。按顾客到公司消费的次数分类,再购买行为在整个销售中所占的比例越高,顾客的忠诚度越高,忠诚度高的顾客越多,对公司的营销越有利。其实,对于流通商来说,能使顾客再购买,将会是比许多的广告宣传更有效的营销推动。

5. 销售部门反馈:物流是销售的一种延续,销售部门向顾客提供的产品不仅包括有形的产品,还有无形的服务,而物流服务的好坏就构成了无形产品的核心部分。物流直接影响着销售过程,因此物流和销售部门的相互沟通十分重要。销售部门反馈的主要数据包括:订单处理的速度、订单完成的准确率、运输准确度等。

(三) 资产衡量

1. 存货周转:存货周转表明年度内存货销售转换为应收账款的次数,其公式为:年销售额/年平均库存值。作为分子的销售成本是指所分析期间(通常是一年)的金额;作为分母的存货可以是年末数字,也可以使用平均数,当增长幅度不大时,可以采用期初和期末存货的平均值。对存货周转率的计算有助于判断公司存货管理的有效程度。公司对存货的管理越有效,存货越新鲜,越具有流动性,也即意味着销售存货的能力越强。

2. 平均存货水平:对于许多企业来说,存货是他们最大的一笔资金,所以改善存货绩效能产生显著的现金流量,同时还能提高赢利率,用"平均"二字,是因为这一指标一般来说指某一时间段内(而不是某一时刻)库存所占用的资金。这一指标可以告诉管理者,企业资产中的大多数是与库存相关联的,管理人员可根据历史数据或行业的平均水平来从纵横方面评价本企业的这一指标是过高还是过低。

3. 过时存货:不同企业,由于经营的实际情况不同,对过时存货的标准也有不同的界定,即使在同一企业,所处的季节不同,对属于过时存货的期限都会有不同的规定。但过时存货和存货周转这两个指标是紧密相连的。如果一个企业界定过时存货的时间段太长,高出了行业平均水平,那就说明存货周转的速度较慢,资产的利用率偏低。

4. 投资报酬率:能刚好满足所有资本供给者的收益率。投资报酬率的公式是:税后净利/资产总额。此数据可以衡量一个公司运用资产获取收益的成功程度,主要用来和行业平均水平作比较,如果低于行业平均水平,则不太令人满意,也即表明获利的成功程度较低。

5. 可供应时间:是指现有库存能满足多长时间的需求,这一指标可用平均库存值除以相应时间段内单位时间的需求来得到,也可以分别用每种商品平均库存量除以相应时间段内单位时间的需求量得到。如果在可供应时间缩短的情况下又能保持较高的服务水平,那就说明企业的存货管理是好的,资产的利用质量也是高的。

参考文献

[1] 吕永铮. 我国中小企业可持续发展研究. 企业技术开发,2011(8)

[2] [美]唐纳德 J 鲍尔索克斯,戴维 J 克劳斯. 物流管理:供应链过程的一体化. 林国龙,宋柏,沙梅,译. 北京:机械工业出版社,1999

[3] 卢贺荣. 中小企业可持续发展的因素分析. 东方企业文化,2011(1)

[4] 于慧琴. 中小企业可持续发展能力的模糊综合评价研究. 企业经济,2010(4)

[5] 王丽娜,刘俊萍. 浅议我国家电零售业供应链物流管理. 中国市场,2008(15)

[6] 杨涛. 家电连锁企业配送物流模式. 现代商业,2008(6)

[7] 从物流改革谈家电零售企业发展创造力——国美物流改革案例. 华人物流网,http://edu.wuliu800.com/2009/0107/12871.html.

[8] 刘玉奇,王超英. 精捷化通路——家电连锁企业物流配送体系的优化路径. 商业时代,2010(28)

[9] 翁心刚,魏新军. 论现代物流服务与企业竞争力. 中国流通经济,2003(11)

跋 兰心蕙性的小妹

小妹工作之后，经不住我的忽悠，最终决定辞职考研，也因之，我把她和自己都逼上了华山一条路。还好，小妹有优秀的本质，不负众望，考研、读研，然后像我一样，成为教师，也因之一直和我住在一起。因为老公长期出差在外，我也忙于工作，这么多年来，小妹帮我解决了不少家务劳动和生活困难，儿子对她的感情也很深，时常把小妹错喊成妈，直到儿子上大学，她才住回自己买的房子。

我一直想公开表扬她一番，当然也是发自内心地要表达我的感激，却苦于文字功底太差，总是词不达意，也一直未能付诸行动。这次小妹要出一本集子，我太想表达一下我的心情，也就顾不得会被拍砖了，即便文字再烂也要写且坚决不让小妹修改一个字。

小妹写得一手好文章，她读过的书、看过的电影，或者有令她感悟的事情，略加思考，便能炮制出一篇篇美文，文字清新流畅，观点明朗独特，通篇一气呵成，总是令我一口气读完才能抒发快意，之后便是无限的仰慕。

起初我是有些不服气的，心想勤能补拙，只要我努力，总有超过小妹的时候吧！然而即便我谦恭至低到尘埃里去刻苦钻研，亦无济于事，也许有些人的文字能力是天生的，我没长小妹那颗冰雪聪明的脑袋，也只有羡慕嫉妒恨了。不过我心理素质极好，日子久了，自我肯定自我表现的心理更甚，反倒觉得小妹写得好就像我写得好一样，我且敝帚自珍就是了。再说，身边有这么个好老师，又是免费的，我多练习，再不耻下问、虚心请教，总会有进步的。于是每每写了东东，都会提前讨好小妹，花言巧语加糖衣炮弹，然后再低声下气地请小妹帮助修改，经过小妹之手稍加润色，便会有化腐朽为神奇的功效，自己的文章就像一个平凡女子被高明的化妆师精心打扮一样，既端庄大方又妩媚温和，每每此时，便会对小妹大加赞扬。可是小妹早就知道我的伎俩，也每每还我一个微笑，算是接受和鼓励吧。

小妹是一名相当敬业的教师，备课授课极其认真，也深受学生欢迎，但却很是低调，除了上课和系里必要的活动，基本上都"宅"在家里，甚至"宅"得令人无法忍受,可是她却自得其乐极其享受。也许和她从事管理教学有关,即便宅在家里,也把读书、听音乐、吃零食、做家务等等安排得有条不紊。她爱看电影,也很有品位,通常她推荐给我的电影无论内容还是表演都很不错,令我在朋友面前很有谈资,我在朋友圈中也成了段位很高的电影控,朋友们觉得我很潮,我偷着乐,谁让你们没有这么可爱的小妹呢!只是她读书看电影的笑点和泪点实在太低,时常一个人对着电脑一会儿哈哈大笑一会儿又哭天抹泪的,令我哭笑不得忍俊不禁。

姐弟四人中,我和小妹在一起的时间最长,最默契也最臭味相投,我有各种冲动的时候,小妹是最无条件的积极响应者,某日我说想去逛街了,小妹立刻笑眯眯地说:"在哪儿集合?"我们会很快乐地逛上大半天,试穿N件时装回来却啥也没买。某日我短信说想出去走走,小妹马上回应,某处比较好玩,人少安静环境又很优美,于是两人立马行动,一番赏心悦目之后,心满意足地回家。再某日小妹已经上床睡觉,我突然想出去散散步,小妹便像影子般的跟在后面,令我感觉大好!作为铁杆跟屁虫,她要求的奖励并不高,一杯奶茶足矣。周末两人会各自抱着笔记本熬夜上网,时不时聊些网上看到的有趣的人与事,之后再爽歪歪地一觉睡到自然醒,幸福感爆棚。也许你觉得真是"天上掉下林妹妹"了,这么幸运,这个小妹有时也很难缠,比如她脾气很倔,一旦惹着她了,可了不得!家里无论是谁都得温言细语三番五次地赔礼道歉。我当然不会去捅这个马蜂窝,可有时儿子惹了祸,我就得小心翼翼地从中斡旋。

其实小妹心地善良待人仁厚,而且颇有革命战争年代我党地下工作者的坚强品质,至今我还记得小时候的一件事情。

我在姐弟中排行老大,父母便给予了我管理弟妹的特权,乃至于可以"动手"教训他们,我也因之有些肆无忌惮乱用权威。有一回小妹不听指挥,被我"胖揍"一顿,她居然绝不求饶,自然吃亏不小,事后我很担心小妹会向父母告我的状,但是小妹竟像江姐一样,既不求饶,亦不告状,还是妈妈背后责备我,打小妹太狠了。这事儿我至今记忆犹新,也让我对小妹刮目相看。也许是不打不成交吧,成年后反而是我俩感情最深,共同语言最多,兴趣爱好也最相投。

小妹和我一样,还爱逛书店,学文科的小妹时常会推荐好书给我,每次我们结伴逛书店不仅非常享受而且都会有收获,各自买了喜欢的书籍再欢喜回家。我读书是走马观花,看得快也忘得快,小妹读书很慢,却记得很牢,而且能活学活用,时常在与我交流读书体会时冒出惊人之语,令我汗颜的同时也受益良多,也使得我暗自提醒自己在读书的过程中要改掉囫囵吞枣的坏习惯。

说了这半天,还是不知道应该如何来表达我对小妹的欣赏和爱,突然想起一个词——"兰心蕙性"!

真心要感谢创造了这个词的人,因为这个形容,立马觉得小妹的形象很立体了,我自己的形象也温柔了许多!(哈哈,我还是这么自恋,这么爱自我表扬。)用这个词来形容小妹,实在是再恰当不过。

还想再说一句大俗话也是大实话,亲爱的小妹,下辈子,我们还做姐妹!

是为跋。

秦　霞